말하기·듣기 교육의 이론과 실제

Teaching Speaking & Listening
in the Primary School

Elizabeth Grugeon,
Lorraine Hubbard,
Carol Smith and Lyn Dawes

말하기·듣기 교육의 이론과 실제

이창덕·박창균·이정우·이정희 옮김

Teaching
Speaking
&
Listening
in
the
Primary School

도서
출판 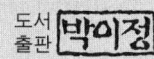 박이정

▌ 옮긴이들 ▐

이창덕_ 경인교육대학교 국어교육과 교수
『삶과 화법』, 『삶과 글쓰기』, 『교사화법교육』
'새로운 화법교육 연구의 방향과 과제' 외 다수

박창균_ 경인교육대학교 대학원 석사, 고려대학교 박사과정 수료
『국어과 수행평가』, 『국어교육과 미디어텍스트』
'대화분석을 적용한 말하기 교수-학습 방법 연구' 외 다수

이정우_ 경인교육대학교 대학원 석사, 고려대학교 박사과정
'초등학교 국어과 수업대화의 교사시작 대화이동 연구' 외 다수

이정희_ 경인교육대학교 대학원 석사
'교수-학습 상황에서의 교사 몸짓언어 연구' 외 다수

말하기·듣기 교육의 이론과 실제

초판 인쇄 2007년 10월 24일
초판 발행 2007년 10월 31일

지은이 엘리자베스 그루건, 로레인 허버드, 캐롤 스미스, 린 다우즈
옮긴이 이창덕·박창균·이정우·이정희
펴낸이 박찬익
편 집 김은영·김민영
펴낸곳 도서출판 **박이정**

주 소 130-070 대한민국 서울시 동대문구 용두동 129-162
전 화 (02) 922-1192~3, 팩스 (02) 928-4683
E-mail pijbook@naver.com
온라인 (국민) 729-21-0137-159
등 록 1991년 3월 12일 제1-1182호

ISBN 978-89-7878-956-1 (93700)

값 12,000원

옮긴이 머리말

    인간은 태어나서 사람들 사이에서 자라나면서 언어를 익히고, 그 언어를 가지고 의사소통을 하며 각자의 삶을 꾸려간다. 인간의 삶에서 의사소통이 중요하고, 의사소통 가운데 언어적 의사소통의 비중이 막대하다는 것을 아무도 부정하지 않는다. 언어적 소통 가운데 대부분은 말하기와 듣기를 통한 의사소통이다. 그런데 삶의 여러 장면 속에서 각자가 듣기와 말하기를 사용하는 양상과 그 능력은 사람에 따라 다르다. 또 대부분의 사람들에게서 말하기와 듣기 과정에 문제가 많이 발생하고, 본인들도 그것을 인지하고 고치고 싶어 한다. 여기서 말하기와 듣기 교육의 필요성이 대두된다.

    말하기 · 듣기 능력이 모자라는 아동들의 능력을 신장시키고, 말하기 듣기를 비롯한 의사소통 과정의 문제 점검과 해결 능력을 키워주는 것은 참으로 중요하다. 그런데 정작 학교교육에서 다루고 있는 말하기 · 듣기 교육을 들여다보면 문제가 있다. '이런 교육 내용과 방법을 가지고 수업을 하면, 정작 학습자들이 필요로 하는 말하기 능력 신장과 문제해결이 가능할까, 또 우리 사회가 안고 있는 의사소통의 문제를 해결하고, 바람직한 화법(말하기 · 듣기)을 구사하는 말하기 교육 결과를 얻을 수 있을까' 하는 의구심을 떨칠 수 없다.

    말하기와 듣기를 잘 하도록 교육하려면 무엇보다도 '말을 잘한다'는 것은 무엇을 잘한다는 것인가에 대한 말하기와 듣기 능력(화법력)의 개념이 분명해야 한다. 그리고 그 말하기와 듣기 능력(화법력)의 구성 요소가 무엇인가에 대한 화법력 구성 요소가 분명해야 한다. 특히 모국어로서 말하기와 듣기를 잘 하도록 하려면 현재 학습자가 아는 것과 하는 것을 제외하고, 알아야 하는 것과 해야 하는 것이 분명하고, 학습자가 잘못 알고, 잘못 행하고 있는 것이 무엇인지 분명히 정해져야 그것을 교육내용으로 체계화할 수 있을 터인데, 모국어로서 말을 잘한다는 것의 개념이 분명치 않고, 화법력의 구성요소도 명확하게 규명되지 않아서 모국어 말하기 듣기 교육의 내용이 부실해지는 중요 원인이 되고 있다. 현재의 초·중·고등 학교에서 말하기와 듣기 수업을 하지 않아도 학습자나 교사 모두 별 문제가 생기지도 않으며, 굳이 보충 수업을 할 필요도 느끼지 않는다는 설문 조사 결과는 현재의 모국어로서 국어 말하기와 듣기 교육의 문제점이 무엇인지 보여주는 단편이다.

이 책(*Teaching Speaking & Listening in the Primary School*)은 이런 어려움을 겪고 있는 말하기와 듣기 교육에 구체적 아이디어와 실행 방안을 제공해 주는 이론과 실제를 겸한 유익한 책이다. 한국보다 구어 사용에 대해서 일찍이 자료 조사를 실시하고, 정규 학교에서 구어 사용 교육을 강조한 영국에서 '구어와 새로운 교육기법(The Spoken Language and New

Technology; SLANT) 프로젝트에 참여한 교사 출신의 교수와 연구자들이 구술력(Oracy)과 말하기와 듣기 교육 관련 개념을 정리하고, 말하기와 듣기 교육 아이디어를 제공한 책이다. 말하기와 듣기 교육의 실제적인 주제들을 가지고 초등학교 저학년과 고학년으로 나누어 아동들의 대화 실태를 조사하고, 구어 발달을 위한 교육 아이디어를 제공하고 있다는 점에서 실행 상의 어려움을 겪고 있는 초등 말하기·듣기 교육에 큰 도움을 줄 것으로 본다. 특히 스토리텔링, 탐구 대화를 별도의 장으로 구성하여 세밀하게 다루고 있고, 교실에서 이루어지는 말하기·듣기 수업의 설계와 실시, 그리고 평가, 나아가서 국가가 추구하는 학습자들의 전반적인 문식력 발달에 대해서 통합적으로 다루고 있다는 점에서 통합적 문식력의 확대를 꾀하고자 국가 교육과정을 개정한 한국 교육계에 유익한 시사점들을 제공할 것이다. 이 책은 말하기와 듣기 능력이 무엇인가, 모국어 말하기와 듣기 교육에서 무엇을 가르칠 것인가, 무엇을 가지고 어떻게 가르칠 것인가를 고민하는 초등학교 현장의 선생님들과 교육 기관의 연구자들에게 이론의 정리와 실제적 교육의 획기적 전환의 계기를 마련해 줄 것으로 기대한다. 나아가서 이 책을 참고로 해서 우리나라의 현장 선생님들도 우리 아이들의 말하기와 듣기의 실태를 조사하고 분석하여, 그 자료와 자료 분석 결과를 토대로 실제 학습자들의 말하기와 듣기 수업을 연구하고, 시행하고, 학습자들의 말하기 듣기 능력과 언어생활 양상이 바뀌는 말하기와 듣기 교육 지침서를 낼 수 있게 되기를 바란다.

이 책이 번역되어 나오기까지 대학원 과정에서 국어교육을 공부하고, 또 대학원을 졸업하고도 매주 한 번씩 나와서 공동연구와 실제 수업 양상을 가지고 토론하고, 대안을 고민하면서 수고해준 '대화로 엮어가는 국어교육 연구회' 선생님들의 적극적 참여와 수고가 있었다. 마지막까지 번역하고 번역한 것을 돌려가며 읽고 고치고 수고해준 여러 선생님들께 감사를 표한다. 별로 상업성이 있어 보이지 않는 책을 흔쾌히 맡아 출판해 주신 박이정 박찬익 사장님과 까다로운 편집 과정의 수고를 해주신 출판사 선생님들께 고마움을 표한다.

2007년 10월
옮긴이

감사글 (Acknowledgements)

저자들은 베드폴드 드 몬폴트 대학(De Montfort, University, Bedford)에서 자신과 아동들의 활동 자료를 제공해 주며 함께 연구한 학생과 동료들에게 감사드린다. 특히, 포트필드 중학교(Portfields Middle School), 뉴폴트 패그넬(Newport Pagnell), 밀튼 케인즈(Milton Keynes)의 학생, 교사, 학부모들에게 감사드린다. 그리고 베드폴드 사우스웨이(Southway), 체리 나무 유치원(Cherry Trees Nursery Schools)의 교사와 아동들에게도 감사드린다.

'구어와 새로운 기술'(Spoken Language and New Technology SLANT) 프로젝트는 1990-1993년 경제사회연구회(the Economic and Social Research Council ESRC) (ref. R000232731)의 지원을 받아서 동 앵글리아 대학(University of East Anglia)과 개방대학(Open University)이 공동으로 수행한 연구였다. '대화, 추론, 컴퓨터'(The Talk, Reasoning and Computers TRAC) 프로젝트 또한 경제사회연구회(ESRC)(ref. R000221868)에 의해 지원 받은 것이다. 이러한 지원과 버킹검주(Buckinghamshire), 캠브리지주(Cambridgeshire), 밀튼 케인즈, 북햄프턴주(Northamptonshire), 놀포크(Norfolk)의 교사와 학생들의 협조에 깊이 감사한다.

후기에 도움을 준 베드폴드 드 몬폴트 대학 초등교육 학부과정 4학년인 로즈마리 스미스(Rosemary Smith), 린다 젠틀(Lynda Gentle), 비비안 프랜시스(Vyveanne Francis)에게 감사하며, 2장에 도움을 준 카렌 마틴(Karen Martin)에게도 감사한다.

저자들 (Contributors)

엘리자베스 그루건 (Elizabeth Grugeon)은 베드폴드 드 몬폴드 대학 초등교육 학부과정의 전임 강사(Senior lecturer)이다. 그리고 언어를 통한 아동 학습(Childern Learning through Language) 연구팀을 이끌고 있으며, 영어과 교수법의 모든 영역과 아동 문학 및 구어 문화 분야의 강의를 하고 있다. 또한 폴 가드너(Paul Gadner)와 함께 『교사와 학생을 위한 스토리텔링 기술 *The Art of Storytelling for Teachers and Pupils*』(David Fulton Publishers)의 공저자이기도 하다.

로레인 허버드 (Lorraine Hubbard)는 런던 데본(Devon)의 초등학교 교사였다. 그녀는 플리머스 저학년 언어 프로젝트(Plymouth Early Years Language Project)에 참여하였다. 그리고 유럽 사람들의 문식력에 관심을 가지고 있으며, 초등교육 학부과정의 영어과 전임 강사로 있다.

캐롤 스미스 (Carol Smith)는 오랫동안 초등학교 교사로 재직하면서 영어 연구가로 활동하고 있다. 그녀는 현재 밀튼 케인즈의 학습과 발달 이사회(Learning and Development Directorate)의 문식력 자문위원이다. 또한 허트폴드주(Hertfordshire)의 대학과 몬폴트 대학의 시간 강사(visiting lecturer)이다.

린 다우즈 (Lyn Dawes)는 밀튼 케인즈의 학교에서 초등 과학 연구자로, 개방대학에서 교사 전문가(teacher-researcher)로 재직하고 있다. 그리고 초등학교 말하기와 듣기 영역에서 폭 넓은 저술 활동을 하고 있다. 현재 드 몬폴트 대학의 신임교사 교육에 참여하고 있고 영국의 교육 의사소통 기술원 (the British Educational Communication and Technology Agency) BECTA의 현직 교육 공무원이다.

차례

제3장 스토리텔링을 통한 아동들의 구어 발달 ▷▷▷ 119

제4장 고학년의 구어 기능 발달 ▷▷▷ 145

서 론

1. 말하기·듣기 살펴보기

말하기는 학교에 와서 배우는 읽기, 쓰기와 달리 아동들이 학교에 들어 올 때 이미 습득하고 오는 기본 능력이다. 하지만 아동들의 말하기 능력을 우리가 당연한 것으로 여기고 학교에서 해줄 것이 아무것도 없다고 생각하는 것은 위험하다. 이 책의 목적은 말하기의 중요성을 강조하고, 그것에 주의를 기울이도록 하는 것이다. 왜냐하면 문식력(literacy)의 중심에 구술력(oracy)이 있고, 우리가 문식력에 접근하는 방법도 구술력이기 때문이다. 교사들과 연구자들은 말하기와 듣기의 평가 방법을 구안하고, 아동들이 언어를 어떻게 배우고 조직적으로 언어 능력을 발달시키는지 밝히려고 애쓰고 있다. 최근 정부 예고안들은 우리가 말하기와 듣기 교수법을 이해하고 접근하는 방식에 큰 영향을 끼쳤다. 이 예고안들은 책 전체에 걸쳐 계속 인용될 것이다.

『기초단계를 위한 교육과정 안내』[1]에서는 어린 아동의 의사소통과 언어 사용 신장을 학습의 핵심으로 다루고 있다.『국가 문식력 전략과 교수법』[2]은 문식력의 개념 정의에 말하기와 듣기를 중심 개념으로 다룬다.

---

1) Department for Education and Employment (DfEE)/Qualification and Curriculum Authority(QCA). (2000). *Curriculum guidance for the foundation stage*, PP. 44-5.

문식력은 읽기와 쓰기의 중요한 기능을 결합한 것이다. 또한 문식력은 그 틀에서 밝히지 않았지만 말하기와 듣기를 중요한 부분으로 포함한다. 구어 활동을 충분히 하는 것은 학생들의 구어, 문어 형식과 의사소통에 사용되는 언어 방식에 대한 이해를 높일 수 있다.

국가 문식력 전략의 문식력 시간(Literacy Hour) 기본 틀 및 그 도입부분에서는 말하기와 듣기의 중요성을 강화하고 있다. 문식력 시간의 수업설계에서도 밀도있는 상호작용과 아동들이 교사에 집중하고 신속히 반응하기 위해 속도를 조절하는 구두 의사소통을 요구하고 있다. 안내된 읽기와 쓰기 수업은 교사와 아동들 사이의 구두 의사소통에 의존하는 반면, 독립된 모둠 수업은 아동들의 적당한 자기 동기화와 협력적인 모둠 토의가 필요하다.

『국가수준의 교육과정』[3] 영어 학습 프로그램의 1/3에 해당하는 말하기 · 듣기에서 '지식, 기능, 이해'라는 제목 아래 '모둠 토의와 상호작용' 그리고 '드라마'를 소개했다. 이는 국가 문식력 전략의 좀 더 세부적인 규정을 지원하고 있다.

실습생을 위한 『회보 4/98』[4]의 '교수법과 신임교사 연수과정의 요구사항'에서는 신임교사 연수과정의 제도적인 요구사항을 규정하고, 교사들이 개정된 국가수준 교육과정과 국가 문식력 전략을 전달하기 위해 필요한 교과 지식을 상술하고 있는데, 개정판이 계속 나오고 있다. 2002년 개정판에서는 말하기 · 듣기의 역할에 대해 매우 강조하고 있다. 개정판에서는 구어 텍스트를 포함하게 될 새로운 텍스트의 정의를 제시하면서

2) Department for Education and Employment (DfEE). (1998c). *The National Literacy Strategy. Framework for Teaching.* London: DfEE.
3) DfEE/QCA. (1999). *National Curriculum.*
4) DfEE. (1998b). *Circular Number 4/98. Teaching: High Status, High Standards. Requirements for Courses of Initial teacher training.*

전체 학급의 상호작용 활동과 모둠 토의, 그리고 영어 교수법을 지원해 줄 드라마와 역할극을 활용하도록 권장하고 있다.

그러나 말하기와 듣기를 분명히 더 강조하고 있음에도 불구하고 여전히 읽기, 쓰기 교수법과 관련하여 구체적으로 안내하는 내용들이 훨씬더 많다. 말하기·듣기 영역은 정밀하고 체계적이지 않게 계획하고, 가르치고, 평가하는 국어 교육과정의 한 양상이라고 봐야할 듯하다(Howe 1997: 1). 말하기·듣기는 많은 교사들이 도움과 안내가 필요하다고 느끼는 영역이다. 이는 교육받고 있는 예비 교사들도 마찬가지이다.

초등교육 학부의 실습생들은 1998년 국가 문식력 전략을 시행하기 바로 전에 국가수준 교육과정의 말하기·듣기에 대해 논의하고 있었다. 한 여학생이 수업 시간에 늦게 들어와 교수가 자연스럽게 그녀에게 물었다. '말하기·듣기에 대해서 어떻게 생각하나요?', '우리가 지금하고 있는 모든 것 중에 가장 소중하다고 생각해요!' 그리고 그 대화는 우리가 어떻게 그것을 가능하게 할 수 있는가를 생각하게 하였다. 영어과 학습 프로그램의 요구사항('지식, 기능, 이해'와 '학습의 범위')을 나타내는 대화 기회를 어떻게 만들어 낼 수 있는가? 다른 교과에 적용하는 말하기·듣기 계획을 어떻게 세울 수 있는가? 그리고 학교 수업 경험에서 좋은 예들을 어떻게 이끌어 낼 수 있는가? 실습생들은 여러 학교에서 겪은 경험에 대해 이야기하였다.

실습생들은 자신들의 경험을 나누는 과정에서 말하기·듣기 교육은 간단히 규정하기 어렵다는 것을 분명히 알게 되었다. 말하기·듣기가 영어과의 제도적인 요구사항의 1/3을 할당받았음에도 불구하고, 말하기·듣기에 사용되는 시간이나 거기에 할애되는 수업 계획의 양, 평가의 결과가 항상 반영된 것처럼 보이지는 않는다. 한 실습생이 '말하기·듣기 수업에서는 학생들이 교사 질문에 제한적으로 반응하고, 교사가 말할 때는 다들 입을 다물어 버리는 것 같아요'라고 말하였다. 다른 실습생은 매우 다르게 말했다. '나는 유치원 수업을 참관했는데 유치원 수업에서는 말하기·듣기 교육이 잘 이루어지는 측면이 있어요.' 그 잘 이루어지는 모습은 '공식적인 장면에서는 질문을 받을 때에만 대답하고, 말할 차례를 지키면서 말하고, 비공식적인 장면에서는 아동들 서로 또는 교사나 어른과 함께 상호작용 하는 방식'으로 드러났다. 이 교실에서 파울린(Pauline)은 아동이 직접 이야기하고, 놀이를 함께 하거나 숫자 동요를 함께 부를 때 몰입하고, 적극적으로 크리스마스 작품 제작에 참여하고 있다는 것을 관찰했다. 또한 파울린은 아동들이 그들의 활동에 대해 신이 나서 말하는 것을 알게 되었으며, 아동에게 말할 기회를 주고 화자로서 자신감을 고취시키는 세심한 방법을 관찰할 수 있었다.

초등학교 저학년 교실에서 실습생들은 자신들의 말하기·듣기에 대한 이해 폭을 넓힐 수 있는 많은 종류의 예들을 볼 수 있었다. 예를 들어 '저는 아동들이 주의 깊게 듣고, 민감한 질문을 하는 정말 흥미로운 말하기·듣기 수업을 봤어요.' 이 수업은 실습생들이 교실에 우연히 들렀을 때 '어린이와 어른'이라는 프로젝트로 진행되고 있었다. 또한 실습생들은 대화와 모둠 활동의 범교과적 특성과 학생들이 스스로 학습을 조절하는 능력이 중요하다는 것을 깨닫게 되었다. '아동들의 모둠 토의가 얼마나 중요한지 그리고 아동들이 어떻게 그 기회를 조절해 나가는지 볼 수 있어요.' 다른 실습생들은 그들이 학교에 다닐 때 말하기·듣기가 상당히 제한적이었고, 말하기와 듣기를 활성화하거나 평가하기 위해 사용된 전략을 의식하지 못하였다고 하였다. '교사들이 이러한 기능을 평가하거나 발달시키기 위한 활동을 거의 하지 않았던 것 같아요.'

이런 경향은 고학년들과 함께 실습한 실습생들에게서 더 많이 드러나고 있다. 예를 들어 '제 경험상, 말하기·듣기는 교사들의 수업계획에 있어서 중요한 요소가 못되고 있어요. 모둠으로 아동들에게 토의를 시켰을 때, 아동들은 어려워했어요. 토의는 생각을 '나누는' 것이 아니라, 그저 '따라하는' 것 정도로 여겼어요. 아동들은 토의보다 선생님에게 자신의 생각을 직접 평가받는 개인적인 학습활동을 좀 더 편하게 느꼈어요.' 또한 버나딘(Bernadine)은 '모든 사람이 다른 견해를 가지고 있고 그 각각의 견해가 모두 타당한데도 아동들이 말하기 듣기를 배워야하는가'에 대하여 의문을 제기했다. 캐롤린(Caroline)은 그것은 그럴 수 있다고 인정하면서도 또다른 중요한 점을 지적했다. 말하기·듣기는 모든 아동들에게 그들의 생각이나 견해를 표현할 기회를 준다는 것이다. '저는 아동들이 종이 위에서라면 그렇게 잘 나타내지 못했을 생각이나 견해를 자신 있게 말하는 토의 수업을 보았어요.'

그러나 몇몇의 실습생들은 수업에서 드러나지 않는 문제들을 알게 되었다. 실습생 디(Di)는 수업에서 비디오 시청이나 토의 후에 이어지는 써클 타임(circle time)에 학생들 모두가 그들의 생각, 경험, 견해를 말하지만, 서로의 말을 귀 기울여 듣지 않았다고 하였다. 다시 표면적으로 드러나는 말하기의 낮은 수준을 언급하였다. 실습생 김(Kim)은 수업을 관찰하고 나서 다음과 같이 말하였다. '발표, 학급 모임, 크리스마스 공연 등의 말하기를 제외한 다른 말하기는 거의 고려하지 않은 듯해요. 아동들은 서로 토의하거나 사례에 대해 논쟁하거나 정당화하는 것은 거의 지도 받지 못해요. 아동들은 논점 없이 떠들다가 질문하면 대답하고, 때때로 왜 그런가를 설명해야만 해요. 이외의 다른 말하기는 일반적으로 무시돼요.'

오늘날은 모든 교사들이 말하기·듣기 목표를 국가 문식력 전략에 따라 짜기 때문에 그런 경우는 없을 것으로 본다. 그러나 많은 교사들은 읽기와 쓰기보다 말하기와 듣기를 위한 계획에 보다 자신감이 없다고 말했다. 안나(Anna)는 '저는 수업을 계획할 때 말하기·듣기의 중요성을 간과했고, 말하기·듣기에 자신감 있는 교사임을 느끼지도 못했어요.'라고 고백했다. 많은 실습생들이 안나와 같은 느낌이었다. 또한 실습생

김은 많은 사람이 관심을 가지고 있는 문제를 제기했다. '문제점들을 조정하는 것에 대해서 불확실한 것은 차치하더라도, 저는 말하기 · 듣기를 보다 장려하고 싶었고, 그러한 기능들을 가르치고 싶었어요. 그러나 이러한 기능들을 평가하는 것에 자신이 없어요.'

실습 중에 있는 많은 학생(실습생)들과 신임교사들은 말하기 · 듣기를 가르치는 것에 상당한 위험이 있다는 실습생 김의 말에 공감할지 모른다. 과거에는 신임교사 연수의 우선과제로 말하기 · 듣기에 많은 시간을 할애하도록 하였다. 그러나 앞으로는 그렇지 않을 것이다. 『영어과 지침서』[5] 와 2002년에 발간된 말하기 · 듣기와 관련되는 많은 국가 문식력 전략의 예고안과 Key Stage 3[6]의 새 국가 문식력 전략 안내에서 말하기 · 듣기가 주된 흐름이며, 실습생과 교사들은 말하기 · 듣기를 좀 더 자신감을 가지고 접근할 수 있을 것이다. 이 책은 좋은 수업의 예에 기초하여 영어과나 범교과적 교육과정에서 말하기 · 듣기의 중심화를 위한 이론적 설명을 할 것이다. 또 교실에서 대화를 발달시키기 위해 말하기 · 듣기가 문식력 습득을 위해 읽기, 쓰기와 대등한 지위를 가져야 함을 내세울 것이다.

2. 말하기 · 듣기의 제 문제

교사들이 최소한 영어와 관련된 교수법이 중요한 변화를 겪고 있다고 느끼는 것은 당연하다. 국가 문식력 전략의 시행은 많은 주목을 받았고, 문식력의 기준에 대한 관심은 아동이 학교에 입학하면서부터 계속적으로 영향을 미친다. 『국가 문식력 전략과 교수법』에서는 문식력의 기준을

---

5) DfEE/QCA. (1999). *English Orders*.
6) Key Stage 1: 5-7세, 1-2학년. Key Stage 2: 7-11세, 3-6학년. Key Stage 3: 11-14세, 7-9학년. Key Stage 4: 14-16세, 10-11학년

올리기로 하였다. 정부는 2002년까지 11세 아동의 80%가 Key Stage 2 국가수준 교육과정 시험에서 영어가 그 나이에 기대되는 기준에 도달해야만 한다는 목표를 덧붙였다. 이 목표에 도달하기 위해서 초등학교 교사의 실습과 전문성 신장에 관련된 새로운 전략이 도입되었다(DfEE 1998b: 5). 이러한 실습을 받는 실습생들에게 있어서 최우선적인 것은 그들이 국가적으로 설정된 기준에 따라 배운다는 것을 확신시키는 것이다(Literacy Task Force 1997: 22). 그 결과로서 교육 고용부(DfEE)는 이러한 기준들을 『회보 4/98』의 '신임교사 연수과정의 요구사항'[7]에서 제시하고 있으며, 뒤 이어서 『회보 4/98』의 '교수법'[8]이 개정되어 2002년에 재발행될 예정이다.

초등학교 영어를 위한 국가수준의 교육과정 신임교사 연수는 모든 초등학교 연수자들이 배워야만 하는 지식, 이해, 기능의 본질적인 핵심을 상세화하여 문식력의 중요성을 명료하게 제시하였다(DfEE 1998b: 20). 『국가 문식력 전략과 교수법』은 학교 교사들을 위한 현직 교육과 연수에 포함되었다. 교사나 연수 중인 교사들은 그들 자신의 지식과 이해에 대한 기준이 있어서 새로운 초점을 받아들여야 했다(DfEE 1998a). 연수를 받는 교사들은 『회보 4/98』에서 요구한 기준에 관련된 지식이나 이해의 상세화된 기록을 숙지하였다.

의무 교육을 받는 아동에게 국가적인 기본틀의 진단평가는 제도적인 요구 사항이 되었다. 『기초단계의 교육과정 안내』는 저학년 학습목표를 향한 '첫발 들여놓기'에서 대부분의 학생이 기초단계인 유치원이 끝날 때까지 성취해야 하는 것을 기술하였다. 기초단계의 교육과정은 6개 학습 영역으로 조직되는데, 그 중 하나는 '의사소통, 언어, 문식성'이다.

---

7) DfEE. (1998a). *Circular 4/98. Requirements for Courses of Initial teacher training.*
8) DfEE. (1998b). *Circular Number 4/98. Teaching: High Status, High Standards. Requirements for Courses of Initial teacher training.*

여기에서 의사소통과 언어의 사용과 발달이 어린 아동의 학습 중심이라는 것을 발견할 수 있다. 개정된 국가수준의 영어과 교육과정은 이에 근거한 것이다. 즉, 읽기, 쓰기를 배우는 수단으로써 말하기·듣기의 중추적인 중요성이 재확인되었다. 그러나 국가 문식력 전략의 교수법에서 말하기·듣기의 교수법을 명시하지 않았지만, 그것은 항상 내재되어 있는 것이다. 개정된 국가수준 교육과정의 유치원과 초등 단계의 말하기·듣기 학습 프로그램(DfEE/QCA 1999)은 '기능(skills)'의 범위를 '모둠 토의'와 '상호작용' 그리고 '드라마 활동'에까지 확장한다. 그 목적의 범위 내에서 특별히 제안된 '조사하기, 선택하기, 분류하기, 계획하기, 예측하기, 탐구하기, 설명하기, 보고하기, 평가하기' 등이 포함되어야 한다 (DfEE/QCA 1999: 24). 이러한 기능들은 국가 문식력 전략의 요구사항들을 보강하고 말하기·듣기의 중심 역할을 강화한다.

개정된 모든 국가수준 교육과정 교과들의 학습 프로그램에서는 통합된 교육과정 규정에 의해 말하기, 듣기, 읽기, 쓰기가 서로 중요한 관련이 있다는 것을 강조한다. 새로운 규정들은 이러한 연계성을 강조한다. 예를 들면, 영어과는 학생들이 언어를 사용하여 생각, 견해, 감정들을 의사소통하여 광범위한 다양한 목적을 이루기 위해 말하기, 듣기, 읽기, 쓰기 능력을 개발하는 것을 목표로 한다(DfEE/QCA 1999: 2).

그러므로 이 책의 주요 목적은 말하기·듣기의 가치에 대한 증거를 제시하고, 문식력에 대한 통합된 접근을 포함하여 교실 수업 전략으로 참고할 수 있는 자료를 제공하는 것이다. 그러나 교사들은 여전히 영어과가 '문식력'으로서 재개념화 될 경우, 빠지게 되는 것이 무엇인지 고려하기를 원한다. 따라서 문식력을 어떻게 정의하더라도 말하기·듣기의 중심적인 역할을 계속 증명할 필요가 있다.

각 장은 초등학교에서 말하기·듣기의 다양한 양상을 실었다. 1장은 이어지는 토의의 상황과 문제를 제기한다. 2장에서는 신임교사들을 위해 실제적인 관심사들을 살펴본다. 3장에서는 저학년의 스토리텔링과 내러티브의 이론과 실제를 결합한다. 4장에서는 Key Stage 2의 교사들이 아동들의 구어 발달과 연계성을 구성하는 방식에 대해 논의한다. 5장에서는 고학년 아동들의 모둠 협력적인 학습활동에서 대화를 위한 기본 규칙 교육에 초점을 맞춘다. 6장에서는 평가를 위한 다양한 접근 방법들을 두루 살펴보고 유치원과 초등학교 단계의 문제들과 연관시켜 본다.

제1장
말하기와 듣기의 개관

'문식력(literacy)'이 읽고 쓰는 능력이라면 구술력은 말하고 듣는 능력이라 할 수 있다. '구술력(oracy)'이란 용어는 1965년에 윌킨슨(Wilkinson)이 교실 대화 연구에서 처음 사용하였다. 그러나 이 책에서 말하는 문식력은 읽기와 쓰기 기능이 통합된 능력을 넘어서서 좀 더 폭넓게 구술력까지 포함하는 개념이다. 말하기와 듣기 능력(구술력)은 문식력의 토대가 되며, 문식력 교육은 말하기와 듣기에 의존하는 부분이 많기 때문에 구술력이 가지는 교육적 가치와 잠재력을 강조하고 있다.

교실대화 연구 초기에는 연구자들은 대화를 통한 학습 방식에 관심을 기울였으나, 1980년대 후반에 이르러서 영국에서는 국가 구술력 프로젝트(National Oracy Project 1987-1993)를 통해 말하기와 듣기에 관해 새로운 인식을 하게 되었다. 그 결과, 수업 중 말하기와 듣기의 중요성이 강조되고, 말하기 · 듣기는 국가 교육과정에서 읽기, 쓰기와 대등한 지위를 확보하게 되었다. 1장에서는 구술력에 대한 통시적 고찰과 아울러 학교 교육에서 구술력의 의의와 역할에 대해 전반적으로 살펴보도록 한다.

제1장
말하기와 듣기의 개관

1. 머리말

우리는 가르치면서 이제까지 전혀 알지 못했던 것을 알게 되거나 지금까지 알고 있는 것과는 아주 다르다는 것을 알게 될 때, '이피퍼니(Epiphanies)'[9]와 같은 특별한 통찰의 순간을 맞는다. 몇 년 전 나는 개방대학에서 '언어와 학습(Language and Learning)' 강좌를 맡은 적이 있다. 내가 맡은 연구 과제 중 하나는 반스(Barnes)의 『교실에서의 언어』[10]라는 연구의 일부였다. 그 당시 교사들은 이러한 연구를 통해 '교실 의사소통', '언어적 상황맥락으로서 교실', '학습을 위한 대화'라는 개념에 주목했으며, 이것은 교육 연구의 새로운 지평을 열었다. 이 새로운 개념은 많은

---

9) 역자주) '이피퍼니(Epiphanies)'는 기독교에서 그리스도가 顯現(현현)한 것을 기념하는 축제일을 가리킨다. 신격을 갖춘 사람의 출현을 말하는 것으로 일반적으로는 '단순하고 소박한 사건이나 경험에서 그것과 연관된 본체나 본질적 의미를 깨닫는 것, 또는 그 순간'을 의미한다.

10) Barnes, D. (1973). *Language in the Classroom. Educational Studies: A Second Level Course Language and Learning. Block 4*. Milton Keynes: Open University Press.

교사들에게 도전의식을 불러일으켰다. 그 당시 초·중등의 영어 교사들에게는 교실에서 상호작용적인 대화를 증진시키는 것이 익숙한 것이었지만, 다른 교과의 교사들은 모둠 협력 대화를 별로 중요하게 생각하지 않았다. 실제로 초등학생들의 대화는 학생들에 의해 시작되는 것보다 교사 질문에 대한 단순한 반응이 더 많아 보였다. 교실에서 학생대화가 얼마나 많이 일어나는가는 교사의 통제와 훈육 방침 따라 달랐다.

개방대학에서 수업을 듣는 교사들은 교사가 없는 상태에서 아동들이 특정 과제를 수행하는 모둠 토의를 녹음하는 과제를 하였다. 그 과제는 아동들이 함께 활동하거나 문제를 해결하기 위해 서로 도와야 하는 상황을 이해하는 방식에 대한 증거를 찾아가면서, 아동들의 토의를 문자화하고 무엇이 일어나고 있는지 기술하는 것이었다.

이 일은 그 당시에는 매우 특별한 것이었다. 반스는 교사들이 그 연구 과제를 하는 동안 여러 차례 독려를 해야만 했다.

> 여러분이 녹음하고 문자화하는 데 시간을 더 많이 쏟을수록, 그 속에서 어떤 일이 일어났는지 더 잘 이해할 수 있을 것이다. 말하기는 너무 뻔해서 세심하게 주의를 기울일 필요가 없다고 간과하는 실수를 범할 수 있다. 녹음기 덕분에 과거에는 거의 생각도 못했던 인간 행동의 여러 양상을 알 수 있게 되었다. 여러분은 우리가 직관적으로 경험하는 일상 대화 과정을 분명히 인식하고 있을 수 있지만 전혀 그렇지 않을 수도 있다. 대부분의 사람들은 대화 전개 방식을 체계적으로 배우지 않았기 때문에 일상 대화에서 어떤 일이 일어나는지 이해하기 위해서는 상당한 관심과 인내가 필요하다(1973: 21).

반스는 교사들에게 아동들이 대화하는 것을 녹음하도록 하며 다음과 같이 말했다.

나는 여러분이 교사가 없는 상태에서 아동들이 모둠별로 대화하는 것을 잘 살펴보기를 바란다. 아동들이 교사 없이 그들만 있을 때, 그들의 언어로 말하는 데는 몇 가지 이유가 있다. 가장 중요한 것은 아동들이 학습과제를 수행하는 과정에서 그들의 언어 능력을 어떻게 사용하는지를 볼 수 있다는 것이다(1973: 20).

내가 지도하는 교사 중 한 명은 시골의 조그만 초등학교에 근무하고 있는데, 교사의 문자화 자료와 해석은 내가 학생들의 대화를 이해하는 데 많은 도움을 주었다. 이 문자화 자료는 두 부분이다. 여러분도 직접 읽어보길 바란다. 교사가 교실에 들어오는 뒷부분의 문자화 자료를 보기 전에 아동들이 학습과제를 수행하는데 그들의 언어 능력을 어떻게 사용하는지 확인해 보라.

초등학교에 다니는 예닐곱 살 된 세 명의 아동들이 교사가 없는 가운데 양식장의 식용달팽이를 보면서 이야기하고 있다.

수잔: 어, 이것 좀 봐. 여기까지 왔어. 지금 잠깐 쉬고 있어….
제이슨: 어, 다시 간다!
수잔: 응, 좋아!
엠마: 슬슬 느리게 가…….
제이슨: 서로 가다가 부딪쳤어. (웃음소리)
엠마: 뿔 같은 게 네 개 있어.
수잔: 어디 어디?
엠마: 봐봐, 눈도 있어.
수잔: 근데, 그건 진짜 눈은 아냐. 실제로는 더듬이의 일부야, 그렇지? 그건 네가 생각하는 것보다 더 커져. 처음에는 더듬이가 안 보이지만, 점점 커져, 봐봐.

엠마:	어디 봐. 이제 진짜 나오나 보자.
제이슨:	달팽이가 움직이면 물기가 남아.
수잔:	그래, 자국이 남네. 아니… 움직이고 나면 자국이 생겨.
엠마:	내 생각에는 살에서 나오는 기름 같애.
제이슨:	어… 그건 아마… 물기… 알았다. 달팽이가 아주 느리게 가면 작은 흔적이 만들어지는 거야. 진짜 느리게 움직여.
수잔:	맞아, 제이슨. 그래서 사람들이 달팽이처럼 느리다고 말하는 거야.
엠마:	오, 봐. 달팽이가 집을 옮기는 것처럼 보이지.
제이슨:	그렇게 안 보이는데.
수잔:	달팽이가 집 안에… 있는 것 같지 않니? 집 안에서 움직일 때 꺼내.
제이슨:	꺼내지 마. 껍질 깨져.
엠마:	니가 달팽이를 꺼내면…껍질이 깨지고… 으, 끔찍해!
제이슨:	이봐, 온통 물이야!

이때 교사가 돌아와서 이야기에 합류했다. 뒷부분을 읽기 전에 이 간단한 이야기 과정에서 무슨 일이 일어났는지 생각해 볼 필요가 있다. 예를 들어, 아동들이 어떻게 상호작용하는가? 그들은 어떻게 언어를 사용하는가? 서로 이야기를 나누면서 이해하게 됐다는 증거가 있는가?

교사:	달팽이가 어떻게 움직이죠?
엠마:	아주 느리게요.
교사:	제이슨, 니가 말해 봐. 달팽이가 어떻게 움직인다고?
제이슨:	달팽이들은 혼자 밀고 나가요.
교사:	발은 몇 개죠?
수잔:	진짜 발은 없어요.
교사:	정말 없어요?
수잔:	네.
엠마:	저는 달팽이들의 발은 못 봤어요.
수잔:	진짜, 발이 하나도 없어요.

엠마:	미끄러… 배 바닥을 움직이며 미끄러져요. 미끄러지며 앞으로 나가요.
교사:	큰 발처럼 보이지 않아요?
모두들:	맞아요, 맞아요. (머뭇거리며 중얼거린다.)
교사:	눈은 어디에 있다고 생각하죠?
엠마:	조그맣게 튀어나온 데요.
수잔:	조그만 것이 보여요.
교사:	어떤 조그만 거요?
수잔:	배 바닥에 조그맣게 튀어나온 거 말이에요.
교사:	그래? 끝에 있는 조그만 거? 수잔은 어느 거라고 생각해요?
수잔:	제 생각에는 바닥에 있는 거 같아요.
교사:	바닥에 있는 거라고……. 그러면 거기 있는 뿔을 자세히 봐봐요. 달팽이가 바닥에 있는 뿔로 뭘 하는지 알아요?
수잔:	달팽이는 땅바닥을 더듬으면서 가고 있어요.
교사:	더듬으면서 간다고…. 그래서 바닥의 뿔을 뭐라고 하지요? 제이슨?
수잔:	팔? 아니, 팔같은 거….
엠마:	다리?
교사:	다리라고, 팔이라고. 제이슨, 달팽이가 더듬으면서 가는데 그걸 사용한다면, 그것을 뭐라고 할까요?
제이슨:	더듬이요?

(1) 일화에 대한 반성

우리는 이 학습활동에서 학생들이 어떻게 반응하는지 알 수 있다. 즉, '미끄러지듯이 느리게…', '뿔 같은 것이 네 개 있어'와 같이 그들이 관찰한 것을 탐구하고 정의하기 위한 사려 깊고 창의적인 언어 사용이나, '이거 기름 같애', '아마 물기일거야'와 같이 서로의 말을 듣고 반응하면서 모둠으로 활동하는 방식을 알 수 있다. 교사는 녹음한 내용을 자세히 들어보고 아동들이 스스로 관찰하고 묘사할 수 있다는 것을 발견하고 놀란다. 그리고 교사 자신의 과업을 시작하기 전에 아동들이 스스로 발견한 것을 말할 수 있는 기회를 좀 더 많이 주어야겠다고 생각했다. 또한 정확한 한마디 대답만 요구하는 폐쇄형 질문 방식은 안 되겠다고 생각하였다. 왜냐하면 이러한 질문 방식은 아동들 스스로 학습활동을 할 때 했던 방식과 같이 생각을 함께 나누는 것을 장려하지 못하기 때문이다. 5장에서는 학생들이 모둠 토의에서 함께 활동하는 방식을 자세히 살펴보고, 상대방이 한 말에 긍정적이고 무비판적인 '누적 대화(cumulative talk)'의 제한점이 무엇인지 살펴볼 것이다. 탐구활동을 하다가 서로 주의를 주기 시작하거나 그들이 달팽이를 다치게 할 수도 있다고 직접 걱정하는 것과 같이 어른이 있어야 되겠다고 느끼기 시작할 때 교사가 대화에 함께 참여하는 것도 가능하다. 비록 잘못 듣기는 했지만, 교사는 학생들이 특정 교과 용어를 적절하게 사용하도록 도와서 아이들의 활동을 계속 이어지도록 했다. 이 문자화 자료의 끝 부분에서 제이슨이 '더듬이'라는 말을 배웠다는 것을 알 수 있다.

우리가 더 이상 들여다 볼 필요가 없다고 판단한 이런 놀라운 자료를 선구적으로 연구한 것은 반스의 공적이다. 그 당시 나와 내가 지도하는 대학원생들은 엄청나게 많은 것을 배워가고 있었고, 아동들의 반응에 놀라워하고 아동들의 활동을 감동적으로 기술했던 것을 결코 잊을 수 없다. 반스는 아동들의 잠재력에 놀라워했고, 아동들이 같이 신나서 대화를 주고받으면서 무슨 일이 일어나는지 말하는 것을 흥미로워 했다. 그와 같은 말하기는 묘사하기, 질문하기, 숙고하기, 가설 세우기, 아이디어 공유하기 등과 같은 것이다. 서로를 모둠에 끌어들이기 위해 사용하는 '그렇지 않니?'와 같은 부가 의문문을 사용하는 방식이나 '내가 생각하기에는', '아마', '…같은 게 있어', '근데, 그건 …은 아니야', '그렇게 안 보이는데'와 같이 시험적으로 그들의 생각을 개진하는 방식에 관심을 가졌다. 즉, 교사는 아동들이 어떻게 관찰하며, 그들이 보았던 '*쉬고 있어*', '*간다*', '*슬슬 가*', '*부딪쳤어*'와 같은 장면을 설명할 단어를 찾기 위해 어떤 노력을 하는가에 주목하였다. 그리고 그들이 실험을 시작할 때 '*봐*', '*보이지*' 등과 같은 말로 서로 주의를 끌면서 '*움직이고 나면 자국이 생겨*', '*달팽이가 집을 옮기는 것처럼 보이지*' 등의 세부적인 말에 초점을 맞추었다. 그리고 교사가 교실에 돌아왔을 때 교사의 질문이 이러한 반성적 대화(reflective talk)를 어떻게 끝내게 하는지, 그리고 과제를 제시함으로써 아동들이 이미 알고 있는 것이나 그들의 흥미를 끌었던 것에 대해서 어떻게 말할 기회를 주지 않는지에 대해 기술하였다. 또, 아동들이 이미 '더듬이'라는 용어를 사용해서 달팽이가 움직이는 방법을 알고 있다는 것을 알지 못한 채 답을 요구했던 것에 대해 논의하였다. 교사의 27번의 발화 중에서 11번은 모두 질문이었으며, 제이슨은 2번의 발화를 했는데 둘 다 대답만 하였다. 대화에 참여하기 전에 아동들이 말하고 있었던 녹음 테이프를 문자화하면서 반스는 부끄러움을 느꼈다. 나 역시 아동들에게 귀 기울이지 않거나 그들이 이미 알고 있는 것을 찾으려 하지 않고 나의 과업만 강요하는 경우가 얼마나 많은지 잘 알고 있어서 그런 기분에 공감하였다. 이런 작은 일화를 계기로 나는 학습 대화의 중심에 있는 교사의 역할을 새롭게 깨닫고, 교사는 자기 자신과 학생들의 대화에 귀 기울일 필요가 있다는 것을 깊이 인식하게 되었다.

나는 대화와 학습 강좌를 소개할 때 교육대학 학생들에게 이 자료를 사용한다. 아동들이 무엇을 할 수 있고 무엇을 이미 알고 있으며, 아동들의 대화에 귀 기울이는 것이 얼마나 중요한지 4반 세기가 지났지만 이 자료는 여전히 설득력을 갖고 있다.

2. 구술력

여러분은 아마도 '구술력'이란 용어보다 '문식력'이란 용어에 더 익숙할 것이다. 구술력은 말하기·듣기와 관련되고 영어 학습 프로그램에 다음과 같이 자세히 설명되어 있다(DfEE/QCA1999). Key stage 1: '학생들은 분명하게 말하고 듣는이의 요구를 고려하는 것을 배운다. 학생들은 토의에 참여하고 적절한 논점을 만들어 가면서 작은 모둠이나 학급 전체로 활동한다. 또한 학생들은 다른 사람의 말을 주의 깊게 듣는 방법을 배워서 주요 논점을 파악하게 된다. 학생들은 상상력이 풍부한 언어를 사용하는 것과 역할 놀이나 연극 활동에서 자기의 생각과 느낌을 표현하는 것을 배운다.'(DfEE/QCA 1999: 16). Key Stage 2: '학생들은 상황맥락을 반영하여 말하는 방법, 말할 내용과 말할 방법을 목적과 청중에 적합하게 하는 법을 배운다.' 학생들은 모둠에서 여러 가지 역할을 맡아 봄으로써 다양한 요구 상황에서 도움을 얻을 수 있는 기회를 갖게 된다. 또한 학생들은 들은 것과 말한 것에 대해서 깊이 생각하면서 다른 사람에게 적절하게 반응하는 것을 배운다(DfEE/QCA 1999: 22).

이러한 상세한 요구사항들은 교육과정을 계획하고 조직할 때 모든 영역을 고려해야 한다는 것을 의미한다.

아동들의 대화를 단순히 목적 달성을 위한 방편으로만 보아서는 안 된다. 다음과 같은 대화의 잠재적 학습력을 훨씬 더 많이 인식할 필요가 있다. 아동들의 대화는 첫째, 학생들의 구어 발달을 돕는 방법이다. 둘째, 자료를 수집하여 궁극적으로 자료에 근거하여 학생들의 대화를 평가하기 위한 최선의 방법이다. 셋째, 이 모든 것을 통해 아동들과 상호작용하고 동료들과 토의하며 구술력을 생산적으로 만들 수 있는 분위기를 조성할 수 있는 방법이다(Howe 1997: 2).

이 책은 대화의 잠재적 학습력에 대해 살펴보고 우리의 계획이 아동들의 구어 발달을 어떻게 도울 수 있으며, 이 구어 발달을 어떻게 기술하고 평가할 수 있는지에 대해 탐구한다. 『언어의 사용: 일반적 접근』[11]에서는 언어와 학습이 범교과적으로 발달하는 방법을 고찰하였고, 국가 문식력 전략은 교실에서의 성취기준(standards)을 올리기 위한 실제적인 접근법을 소개하였다. 말하기와 듣기가 문식력의 토대가 된다는 것은 의심의 여지가 없다. 문식력을 가르치고 배우는 것은 말하기와 듣기에 달려있다. 이런 사실은 국가수준의 모든 교육과정 영역에서 확인된다. 그러나 말하기와 듣기는 제도화된 평가가 없기 때문에 그 지위가 읽기, 쓰기와 비교해 볼 때 덜 명확했다. 학교와 교사들은 대화의 발달을 평가하는 방법과 말하기와 듣기 평가에서 읽기와 쓰기처럼 지속적이고 관찰 가능한 평가 전략을 개발하는 데 자신이 없었다. 교육 기준청(Office for Standards in Education OFSTED) 장학사들도 말하기와 듣기가 읽기와 쓰기처럼 효율적으로 평가되지 않음을 인식해 왔다. 그들도 말하기·듣기에 대한 교사들의 불확실성에 공감하고 있다(National Association for the Teaching of English NATE 1996 참고). 이 책은 언어수행의 중요한 증거들과 신뢰할만한 평가 전략을 개발하는 방법에 주된 관심을 기울인다. 이러한 불확실성의 원인 및 말하기·듣기를 문자화하고 분석하고 평가하는 데는 시간이 걸리지만, 이같은 과정이 왜 필요하고, 교사들에게 '풍부한 자료(Norman 1992: 2)'인 문자화 자료가 왜 여전히 거론되는지 말해 줄 것이다.

(1) 구술력의 등장

1990년대 초 많은 지방 교육청 소속의 학교들이 국가적인 프로젝트로

---

11) School Curriculum and Assessment Authority(SCCA). (1997c). *Use of Language: A Common Approach.*

진행된 교실에서 대화의 역할에 대해 실제적인 조사를 하였다. 그 당시 '구술력'은 전문적인 유행어였다. 유치원, 초등학교, 중등학교 수준에서 지방이나 국가의 연구자와 교사들은 대화에 중심을 둔 학습이론을 기반으로 미지의 영역인 교실 연구를 시작했다. 국가 구술력 프로젝트(National Oracy Project NOP)는 새로운 분야를 개척해야만 했다. 그것은 말하기·듣기에 대한 새로운 '지식' 등을 구축했고, 국가수준 영어과 교육과정의 중요한 부분이 되었다. 비로소 말하기·듣기는 도달목표로서 읽기, 쓰기와 동등한 지위를 갖게 되었다.

(2) 국가 구술력 프로젝트(1987-1993)

이 프로젝트는 학교 교육과정 개발 위원회(School Curriculum Development Committee)가 만들고 국가 교육과정 위원회(National Curriculum Council NCC)가 관리하였다. 이것은 교사의 교실 행동 관찰을 근간으로 만든 교육과정 개발 프로젝트였다. 그 프로젝트의 목표는 다음과 같다.

- 5-16세의 학습 과정에서 활동적인 학습을 장려함으로써 말하기 역할을 강화한다.
- 구어 의사소통 기술을 가르치는 교수법을 개발한다.
- 16세 이상의 대학 시험을 위한 평가를 포함해서 말하기 평가와 말하기를 통한 평가 방법 개발한다.
- 범교과적으로 학생들의 언어 수행력을 향상시킨다.
- 교사의 기술과 실천을 향상시킨다.
- 학교에서 구어 활동의 가치에 대한 인식을 높이고 학습을 향상하는 수단으로 구어의 사용 기회를 늘린다(Norman 1992: xii).

국가 구술력 프로젝트는 쓰기 교육에 대한 이해와 실제에 막대한 영향을 미쳤던 매우 성공적인 국가 쓰기 프로젝트(National Writing Project 1985-88)와도 자연스럽게 연결되었다. 그러나 구술력 프로젝트는 여러 난관에도 불구하고 새로운 학습 양상이 되었다. 학생들의 학습 기초로서 점차 말하기의 중요성이 드러나게 되었다. 그 중요성은 암묵적으로 종종 인정되었지만 교육과정의 대부분 과목들에서 명시적으로는 거의 실현 되지는 못했다. 구술력 프로젝트는 말하기 · 듣기를 위한 국가수준 교육 과정 요구 사항의 내용과 초점에 강력한 영향을 미쳤다.

(3) 대화와 학습에 초점을 둔 초기 연구(1965-1976)

문식력과 수리력(numeracy)에 대비되는 구술력이란 용어는 1960년에 등장했다. 버밍험 대학에서 교실 대화를 연구한 윌킨슨이 '구술력'이란 말을 최초로 사용하였다. 그의 프로젝트는 일찍이 특히 대화를 통한 소집 단 협동 학습에서 개인의 학습 방식에 대한 증거를 찾는 것이었다 (Wilkinson et al 1965). 반스와 로젠(Harold Rosen), 런던 영어 교수 협의회 (London Association for the Teaching of English)는 성공적인 학습을 이끄는 교실 상황에 대하여 연구를 계속했다. 그 연구 결과는 영향력 있는 두 권의 책12)으로 출판되었다.

학생들의 학습이 모둠 협력 학습에 의해 강화될 수 있다는 여러 증거 들이 늘어나면서 교사들은 그때까지 확신하고 있던 강의식 교수법에 의문을 갖기 시작했다. 강의식 교수법에서 학생들은 듣고 있기만 하고 교사는 학습을 통제하면서 대부분을 말했었다. 그러나 연구의 초점은 학생들에게 자신의 언어를 사용하여 질문을 명확하게 하고, 배우는 주제 나 제재에 대하여 가정하거나 추측하도록 하는 방식으로 달라졌다. 교육

---

12) Barnes et al. (1969). *Language, The leaner and the school.* & Barnes. (1976). *From Communication to Curriculum.*

내용을 이해하는 과정에 학생들이 좀 더 적극적인 역할을 할 수 있다는 생각이 뿌리내리기 시작했다. 그런데 특히 소집단 학습 방법의 다양한 시안들을 제안했음에도 불구하고, 구어에 대한 많은 관심과 수많은 연구 프로젝트들은 학교에서 자리를 잡는 데 시간이 많이 걸렸다.

불록 위원회(Bullock Committee)의 영어 교수법에 대한 연구보고서『삶을 위한 언어』[13]에서는 구어의 사용과 소집단 교수 전략을 보고하고, 학교에서 언어는 범교과적으로 이루어져야 함을 강조하였다.

> 최근의 구어에 대한 관심이 높아진 것은 무척 반가운 일이다. 왜냐하면 학생들의 교육에서 구어의 중요성은 대한 신념은 아무리 강조해도 지나치지 않기 때문이다. 그러나 아직 해야 할 일이 많다. 모든 학교에서 우선적으로 해야 할 일은 학생들이 말할 필요가 있다는 것을 인정하고 학습에서 구어의 역할에 대해 진지하게 연구하는 것이다 (DES 1975: 10.30).

그러나 케이너(Keiner)가 설명한 것처럼 국가 구술력 프로젝트의 짧은 역사에서 보면 그 연구 보고서는 시기가 적절하지 않았다.

> 불행히도 그 보고서는 영국이 2차 세계 대전 이후 직면한 심각한 경제 공항 때 출판되었다. 1970년대에 제안된 과제와는 달리 교육 체제 자체의 근본적인 문제를 제기한 그 보고서의 권고를 지원하는데 사용할 수 있는 어떤 자금도 없었던 것이다(Keiner 1992).

1970년대와 1980년대 초까지 이어진 계속된 왕실 장학사(HMI Her Majestry's Inspectorate)의 보고서들은 말하기와 듣기의 발달에 거의 관심을

---

13) Department of Education and Science (DES). (1975). *A Language for Life*(The Bullock Reprot). London: HMSO.

보이지 않았음을 증거로 보여 준다. 그러나 왕실 장학사는 교실에서 열정적인 교사들이 구어 활동을 발달시키도록 독려하였고, 1982년 정부는 교육과정에서 구어 발달을 우선시 하도록 하였다. 1986년에 국가 구술력 프로젝트 계획이 완성되었다. 동시에 국가수준 교육과정을 설립하기 위한 제안이 교육개혁 프로그램 운동으로 시작되었다. 그래서 '영어과 교육과정은 모든 교실의 제도화된 과제로 말하기와 듣기를 수용하였다(Keiner 1992: 253).' 그런데 좋은 수업과 평가 모델은 거의 없다는 것이 문제로 드러났기 때문에 국가 구술력 프로젝트는 그러한 문제에 대한 해결책을 찾아야 했다.

> 국가 구술력 프로젝트가 자리 잡도록 오랫동안 애써 온 사람들은 프로젝트가 시작되고 몇 달 안에 갑자기 교실수업을 바꾸고 평가 기준에 대해서 신속한 해결책을 제시할 수 있을거라고 상상할 수도 없었다(Keiner 1992: 254).

(4) 국가 구술력 프로젝트의 계승

일이 이렇게 된 것은 당연해 보일 수 있다. 그렇다고 해서 반스, 윌킨슨, 로젠의 연구에서 학생들 학습의 중심에 구어를 둔 것을 과소평가해서는 안 된다. 그들이 언어 기능과 표준 영어의 관심사를 문식력 논쟁으로 끌어들임으로써 '대화(talking)'에서 '말하기(speaking)'로 그 주안점이 약간만 옮겨졌을 수도 있다. 그러나 말하기와 듣기, 읽기, 쓰기 세 가지의 언어 형식은 지금은 당연히 상호 의존적인 것으로 여겨진다. 말하기와 듣기는 문식력 발달의 중심으로 읽기, 쓰기 학습을 위한 통합적인 부분으로 인식된다.

1990년대 초반에 국가 구술력 프로젝트를 선도한 교사들과 연구자들은 국가 영어 교육과정에서 말하기·듣기 교육 요구수준의 기초를 마련했고 수업과 평가의 기준점을 마련했다. 그리고 그것의 출판은 교사 연수와 이후 연구의 실제적이고 이론적인 토대를 제공하였다.

앞서 살펴본 바와 같이 개정된 국가수준의 영어 학습 프로그램(DfEE/QCA 1999)은 모둠 토의와 상호작용의 중요성에 상당히 중점을 두었다. 새로운 주안점은 모둠에서 독립적인 활동이 필요한 문식력 시간에 보이는 학생들의 반응이다. 학생들은 '모둠의 일원으로 효과적인 대화'를 하기 위해 새로운 기능이 필요할 것이다(DfEE/QCA 1999: 22). 또한 이러한 기능은 특별한 교수법을 필요로 한다(5장 참고).

(5) 탐구 대화에서 모둠 토의와 상호작용

국가 구술력 프로젝트에 토대를 둔 구술력 활동에 대한 교육과정상 몇 가지 기초 원리를 11살짜리 학생들이 자신들의 시에 대해 토의한 문자화 자료를 통해 살펴보기로 한다. 문자화 자료를 읽기 전에 짧은 시를 읽고 동료와 미리 토의해 보라. 시에 대한 자신의 생각과 학생들이 반응했던 방식을 비교하는 것은 흥미로운 일일 것이다. 만약 다른 사람과 협력할 수 있다면 자신이 배우고 이해하는 과정에서 대화 가치에 대한 중요성에 대해 깨달을 수 있을 것이다.

(6) 모둠 대화 사례 관찰하기

블룸필드(Robert Bloomfield)의 문자화 자료는 '작은 먼지투성이의 붉은 딱정벌레'란 시에 대해 6학년 4명의 토의 내용을 녹음한 것이다. 그것은 18세기 시이고, 어려운 단어가 몇 개 있다. 학생들의 반응을 살펴보기 전에 시를 먼저 보자.

> ## 작은 먼지투성이의 붉은 딱정벌레[14]
>
> 작은 먼지투성이 붉은 딱정벌레가 힘겹게 기어가네.
> 부드러운 질경이 잎을, 넓은 평야를!
> 쉴 새 없이 걸음을 옮겨 계속 기어오르네.
> 마침내 딱정벌레 전율하는 잎의 정상을 정복하네.
> 얇은 날개를 쭈뼛쭈뼛 부벼대며 주위를 둘러보네,
> 땅에서 높이 올라와 신이 나네.

1) 활동

이 활동에 필요한 시간은 1시간 정도이다.

- 시를 읽고 친구들과 이야기해 보라. 가능하면 토의 내용을 기록해 두라. 학생들에게 시에 대하여 생각나는 것을 토의하도록 하라.
- 학생들이 시에 대해 오랫동안 토의를 계속하였다는 것을 염두에 두고 학생들 토의 발췌문을 읽어라. 긴 문자화 자료에 대한 부담을 갖지 말고 지금까지 사용된 일반적인 전략을 가지고 전체적 느낌을 파악하라.
- 좀 더 자세히 분석하기 위해 짧은 문자화 자료(5개의 발화)을 선택하라. 문자화 자료에서 매우 짧은 연속체를 자세히 살펴보면 모둠의 상호작용 방식과 개별적인 반응 방식에 대해 잘 알 수 있다. 다음 질문들이 도움이 될 것이다.

---

14) The small Dust-coloured Beetle

The small dust-coloured beetle climbs with pain
O'er the smooth plantain leaf, a spacious plain!
Thence higher still, by countless steps convey'd
He gains the summit of a shivering blade,
And flirts his filmy wings, and looks around,
Exulting in his distance from the ground.

1. 모둠의 일원으로서 역할

   (a) 각 사람들이 한 말을 뒷받침하는가?

   (b) 각 사람들이 한 말을 확장하는가?

   (c) 각 사람들이 한 말을 수정하는가?

2. 토론에서 시의 역할

   (a) 시에 토의를 한정하는가? 토의의 가능성을 열어 놓는가?

   (b) 만약 학생들이 살아있는 딱정벌레를 관찰하였다면 동일한 토의가 이루어졌겠는가? 만약 그렇지 않다면 그들이 시에 대하여 말하고 있는 사실은 토의에 어떤 영향을 주는가?

3. 보고 느낀 점

   (a) 어느 지점에서, 어떻게 문제 해결이 일어나는가?

   (b) 어느 지점에서, 어떻게 학습의 공유가 일어나는가?

문자화
자료

시에 대한 토의

마크:	작가는 어떻게 딱정벌레가 고통스럽다는 것을 알았을까? 그렇게 말한 부분은 '작은 먼지투성이 붉은 딱정벌레가 힘겹게 기어가네.'야. 작가는 딱정벌레의 고통을 알았을까?
켄네스:	아하, 이봐, 시미. 만약 무언가 작은 벌레가 어떤 작은 물건을 기어오른다면, 그건 우리에게 작지만, 그 벌레한테는 정말 크겠지. 그것은 틀림없이 지칠 거야. 너희들도 결국은 지치게 된다는 것을 인정해야해, 그렇지 않니?
존:	그래, 너는 이 시가 뭘 말하는지 알고 있구나. 딱정벌레가 잎을 기어오르는 것은 어려웠을 거야, 그렇지 않겠니?
마크:	딱정벌레는 틀림없이 숨이 찼을 거야. 왜냐하면, 내 말은,

	있잖아, 계속가면…….
존:	음.
마크:	잎, 만약 잎이었다면 잎 맞지? 딱정벌레한테는 잎은 별로 큰 게 아냐.
존:	그래 맞아. 딱정벌레의 종류에 따라 다르겠지만….
켄네스:	'넓은 평야.'
존:	아니. '넓은 평야'라는 말은 상당히 크다는 뜻이야….
켄네스:	딱정벌레한테는 크지.
크리브:	내 생각에는 그 딱정벌레는 틀림없이 작아. 잎이 별로….
존:	딱정벌레는 많은 다른 종류가 있지만 그것은 아마도 작을 거야.
크리브:	만약 그것이 닥 나뭇잎이 아니라면, 꽤 큰 것일 수 있어.
존:	아님 장군풀….
마크:	작은 딱정벌레한테는 무척 어려운 일이었을 거야, 그렇지 않니? 특히, 그 색깔은….
켄네스:	맞아.
크리브:	딱정벌레의 다리는 분명히 크진 않아.
존:	아주 길진 않지.
켄네스:	다리는 우리에 비하면 굵은 것이 아니지만 딱정벌레한테는 분명히 굵은 거야.
존:	그래, 그렇게 보면, 딱정벌레 다리는 그럴 수도 있겠다.
마크:	딱정벌레들이 이것을 나뭇잎이라고 생각한다면 쉽게 날아서 올라갈 수 있을 텐데, 그렇지 않니?
존:	그래, 딱정벌레가 날개를 가지고 있느냐, 그렇지 않느냐에 따라 달라.
켄네스:	그래, 왜 딱정벌레가 높이 날 수 있다면 나뭇잎을 기어오르겠어?
존:	그래, 그것은 틀림없이 날 수 없을 거야, 그렇지?
마크:	그게 틀림없을 거야. 왜냐하면 '얇은 날개를 쭈뼛쭈뼛 부벼대며'라고 했어.
켄네스:	그래, 딱정벌레는 작은 날개를 갖고 있지만, 날 수 없어.
존:	그래, 타조나 펭귄처럼 말이야.

마크:	나는 어떤 딱정벌레인지 궁금해. 무당벌레나 우리 모두가 알고 있는 딱정벌레일 수도 있어.
존:	다시 말하자면, 날개는 약하고 작아서 아래로 날 수 있지만, 위로 날지는 못해.
존:	그래, 아마도 딱정벌레는 높은 곳에서 날아야 할 거야. 너희들도 알다시피, 그래서 그것은 떨어지지 않고, 날아오를 수 없어.
마크:	바람을 타야해.
존:	딱정벌레가 바람을 안고 날 수 있을지 궁금해.
켄네스:	'작은 먼지투성이의 붉은 딱정벌레'라고 했어.
존:	그것은 아마도 나무 딱정벌레일거야.
크리브:	쥐며느리(Woodhouse).
존:	그래, 쥐며느리. 그거 말이야. 그리고 그것의 크기를 입증할 수 있는 말은, 음…….
마크:	'쉴 새 없이 걸음을'
존:	'쉴 새 없이 걸음을 옮겨 계속 기어오르네.'
켄네스:	'땅에서 높이 올라와 신이 나네.'
존:	그래서 잎은 클 뿐만 아니라 그 식물은 아주….

2) 논평

여러분은 4명의 학생들이 과제를 해 나가면서 딱정벌레의 종류를 알아보기 위해 세부적인 주의를 기울이는 결정 방식에 관하여 일반적인 대화를 했을지도 모른다. 현미경 아래에 표본을 놓고 살피는 방식으로 쉽게 조사할 수도 있지만, 여기에서 그들은 자신들이 필요로 하는 단서와 증거를 제공하는 단어가 있는 시를 세밀히 살피고 있다.

이제 위의 질문에 대한 답을 알았을 것이다.

1. (a) 서로의 생각을 뒷받침하는 표현 방식:
   음……그래…… 그것이 뭘 말하는지 알고 있구나!

(b) 서로의 의견을 확장하는 방식:

 마크: 작가는 어떻게 딱정벌레가 고통스럽다는 것을 알았을까?
 켄네스: 딱정벌레는 틀림없이 지쳤을 거야.
 존: 그래, 딱정벌레한테는 어려웠을 거야.
 마크: 딱정벌레는 틀림없이 숨이 찼을 거야.

(c) 서로의 말을 수정하는 방식:

 존이 마크의 의견을 수정한다. 그들은 쉽게 나뭇잎 위까지 날
 아오를 수 있어, 그렇지 않니?, 딱정벌레가 날개를 가졌느냐에
 따라….

 상호작용을 좀 더 자세히 살펴보면 학생들이 아이디어를 시도해보고 추측하는 시험적인 방식을 확인할 수 있다. 처음 5개의 발화에서 그들이 사용한 방식의 예로 확인할 수 있다.

 질문하기: *딱정벌레의 고통을 어떻게 알았을까?*
 추측하기와 가정하기: *만약 무언가가 작다면…그것은 틀림없이 지*
         쳤을 거야.
 추론하기: *딱정벌레한테는 어려웠을 거야.*
 증거대기: *그것은 틀림없이 숨이 찼을 거야. 왜냐하면…*
 확언하기: *그것은 틀림없이 지쳤을 거야. 너는 그것을 인정해야 해.*
 가정임을 알리기 위한 표지 사용하기: *그렇지 않을까?*
 아이디어를 표현하기 위해 서로의 노력을 인정하기: *왜냐하면, 내*
         말은, 너도 알다시피….

2. 학생들은 살아있는 딱정벌레를 관찰하기보다 단어들의 의미에 주의를 기울이며 토의한다. 학생들은 딱정벌레의 크기에 대한 가정을 뒷받침하기 위해 단어들의 의미를 활용한다. 마크, 존, 켄네스가 문자화 자료 마지막 4줄에서 텍스트를 인용하지만, 동시에 그들이 갖고 있는 곤충과 식물에 대한 지식과 경험에서 끌어

오는 방식에 주목할 필요가 있다.

3. (a)와 (b)에서 여러분은 아마도 학생들이 딱정벌레의 크기 가늠과 그것이 날 수 있는지에 대한 토의를 통해 문제를 해결하고 학습하는 예를 확인할 수 있다. 그러한 예는 *아마도 그것은 높은 곳에 있어야하고, 바람을 타야하고, 딱정벌레가 바람을 안고 날 수 있을지 궁금해…* 등과 같은 것이다.

3. 학생들의 대화와 학습

국가 구술력 프로젝트에서 함께 연구한 교사들은 자신이 가르치는 학생들의 말하기와 듣기를 녹음하고 분석하는 데 많은 시간을 보냈다. 그리고 교사들이 도달한 결론 중의 하나는 모든 학생들은 '대화를 통해 의미를 형성하고 동료와 함께' 모둠으로 활동할 기회가 필요하다는 것이었다(Des-Fountain and Howe 1992: 146). 교사들은 함께 활동한 학생들에 대한 관찰을 통하여 학생-학생 대화의 가치가 높다는 것을 보여주는 몇 가지 일반적인 원리를 이끌어 냈다. 교사들은 이론과 실제의 차이를 좁히기 위해서 반스가 말한 학습에서 대화 역할에 대한 이론적인 탐구 방법을 적용하였다. 교실 현장에서 드러난 그 원리들은 학생들이 사회적이고 상호작용적인 대화를 교실 안에서 나누게 된다는 주장을 뒷받침한다.

- 학습 준비는 새롭게 할 수 있다.
- 학생들은 여러 가지 아이디어를 가지고 활동할 수 있다.
- 학생이 새로운 정보를 이해하기 위한 다양한 기회가 만들어질 수 있다.
- 함께 공부하는 학생들은 학습 과정을 공동으로 지원할 수 있다.
- 언뜻 떠오른 생각은 잘 구조화된 집단 활동에 의해 보다 명료화될 수 있다.

여러분은 학생 간 대화의 가치에 대해 고려할 수도 있을 것이다. 다음 질문들은 여러분 자신의 원리를 이끌어내는 토대가 될 수 있다.

- 학생들이 논쟁하기 전에 과제에 대하여 대화할 수 있도록 어떻게 도울 수 있을까?
- 함께 아이디어를 공유하는 것의 장점은 무엇인가?
- 모둠에서 교사의 도움은 언제 필요한가?
- 교사가 모둠에 참여하지 않으면 어떤 차이가 생길 것인가?

여러분은 다음 아이디어들에 대해 깊이 생각해 볼 수도 있다.

- 대화를 통해 학생들은 그들이 이미 알고 있던 것을 회상하고 재검토할 수 있으며, 화제에 대해 좀 더 알고 싶은 것을 명확히 할 수 있다.
- 만약 학생들이 이미 자신의 아이디어를 드러냈다면, 그들은 학습과정에서 더 많은 것을 얻을 수 있을 것이다.
- 읽고 쓰는 것이 익숙하지 않은 학생들은 새로운 정보의 의미를 형성하는 데 대화를 사용할 수 있다.
- 아이디어들은 어떤 소리로 표현되는지 알아 볼 수 있다.(내가 소리내어 말하기 전에 내가 의미하는 것을 어떻게 알 수 있을까?)
- '잠정적인' 의미들은 모둠이 협의하여 공유한 이해를 통해 형성될 수 있다.
- 학생들은 '잘 모르겠어.'라고 말하기 쉽기 때문에 그냥 시험삼아 한 번 해보도록 하는 것이 효과적일 수 있다.
- 협력적인 동료와 모둠 활동을 하는 것은 학생들이 정작 필요로 하는 공동체 언어나 다양한 언어를 배울 수 있다.
- 학생들은 다른 친구들이 말할 때 그 말의 가치를 인정하는 즉각적이면서 관련된 반응을 하며 실제적인, 진정한 청자가 될 수 있다.
- 대화에 참여하면서 평가하는 사람들은 함께 대화에 참여하거나 조용히 기다리면서 '생각하는 시간'이 필요함을 인정하게 된다.

- 학생들은 서로의 생각을 이해하고 확장하고 의미를 명확하게 하기 위해 서로에게 질문하는 것을 더 좋아할 게 틀림없다(Norman 1992: 144-5).

학생들이 시(작은 먼지 투성이의 붉은 딱정벌레)에 대해 이야기를 나눈 문자화 자료에 대해 토의하면서 어느 정도 이러한 원리들을 확인하고 확대 적용하는 것을 확인할 수 있을 것이다.

(1) 인지적 발달에서 탐구 대화의 중심 역할

지난 10년 동안 국가 구술력 프로젝트의 활동에서 비롯된 연구는 지적인 발달에 작용하는 모둠 대화의 효과와 교사가 교실에서 학습을 위한 사회적 맥락을 형성하는 방식에 대해 많은 것을 알게 되었다. 굳윈은 『논리 정연한 교실』[15]에서 국가수준 교육과정은 중요한 점을 놓칠 수 있다고 지적한다. 첫째, 말하기와 듣기 학습 프로그램은 대부분 인지적인 측면을 배제하고 사회적 기능의 발달만을 강조한다. 둘째, 탐구 대화의 중심 역할에 관한 영어과 지침서에서 구체적인 안내가 부족하다. 셋째, 학습자들은 학습과제로 대화를 통해 그들 스스로 이해하는 방식에 대해 거의 인식하지 못한다. 이와 같은 인지적 대화의 탐구적 특성은 국가수준 교육과정에서 사회적인 요구와 충돌하는 것처럼 보인다 (Goodwin 2001: xii).

이와 같은 인지적 측면에 대한 관심은 로이 코덴(Roy Corden)의 연구에서도 반복된다(2000: 97).

성공적인 모둠 학습이 이루어지기 위해서 교사는 대화와 학습의 관계적(소통적) 측면과 인지적 측면을 고려해야 하고, 사회적 상호의

---

15) Goodwin, P. (2001) (ed.). *The Articulate Classroom. Talking and Learning in the Primary School.* London: David Fulton Publishers.

존성 및 인지적인 요구와 관련지어 활동 과제를 주의 깊게 구조화해야
한다.

닐 머서(Neil Mercer 2000: 1)는 모둠 대화의 사회적인 기능과 인지적인
기능을 관련짓기 위해서 '상호사고(interthinking)'란 말을 만들어 냈다.
그는 '상호사고'를 다음과 같이 설명한다. '우리는 문제를 해결하고 경험
의 의미를 형성하며 함께 생각하기 위해 언어를 사용한다. 우리는 '상호
사고'를 당연한 것으로 여기며, 이것은 인간이 일을 이뤄가는 핵심이다.'

4. 협력 대화와 평가

다시 국가수준 교육과정을 살펴보면, 교육과정 개발 과정에서 많은
원리들이 제시되고, 그 결과는 개정된 국가수준 교육과정으로 수렴되었
다는 것을 알 수 있다(DfEE/QCA 1999). 영어와 다른 교과 학습 프로그램
들은 협동 학습의 가치를 강조하고 있다. 그래서 우리는 우리 연구 계획
에서 협력적인 구어 활동을 위한 영역을 확보할 필요가 있었다. 국가
구술력 프로젝트에서는 범교과적으로 말하기와 듣기를 중요하게 보고,
모둠 토의를 문자화 자료로 옮겨 적는 것이 아주 중요하다는 데 모두
찬성하고 있다.

(1) 대화 자료의 수집과 활용

우리는 교사들이 학생들의 대화를 수집하고 분석할 수 있는 시간이
부족하다는 것을 안다. 따라서 학생들이 모둠으로 함께 공부할 때 그들
자신의 대화를 스스로 녹음하도록 할 수 있다. 학생들이 협력적인 토의에
귀 기울이고 듣고 반성하는 것은 자신의 활동을 평가하고 대화와 학습

사이의 관계에 대해 명확히 표현하는 기회를 제공한다. 6장에서는 이를 위해 사용할 수 있는 양식을 제시한다. 역할놀이나 드라마 활동에서 자신의 대화를 녹음하는 것은 목적과 청중에 적절한 표준 영어를 인지하고 사용하는 핵심 기능에 관한 토의 자료를 제공할 수도 있다. 아마도 영어 학습 프로그램에서는 평가를 목적으로 하여 말하기와 듣기를 확인하고 기술하는 것이 가장 어려울 것이다. 쓰기와 읽기는 분명히 모든 교육과정 교과에 녹아들어 있다. 읽기와 쓰기는 설명하고 다룰 수 있는 특별한 텍스트를 생성한다. 하지만 말하기와 듣기는 범주화하기가 어렵다. 국가 수준의 교육과정은 영어 학습 프로그램 전반에 나타나는 '지식, 기능, 이해(Knowledge, Skills and Understanding)'와 '학습 범위(Breath of Study)'의 두 개의 대 영역으로 구성되어 있다. 말하기·듣기 수준 기술은 일반적으로 기술되었고, 학생들을 정확한 등급에 따라 수준별로 배치하기는 쉽지 않다.

(2) 수준별 배치

우리는 마크, 켄네스, 존, 크리브가 도달했던 수준을 정하려고 노력했다. 2단계에서 학생들은 '주의 깊게 듣고, 다른 사람의 말에 보다 적절하게 반응'할 수 있어야 한다. 우리 생각으로는 문자화 자료의 증거를 통해 모든 학생들이 2단계에 도달하였다고 확실히 말할 수 있다. 우리는 학생들의 언어 수행에 대해서만 말하고자 한다. 3단계에서 학생들은 '다른 상황맥락에서 자신 있게 대화하고 들을' 수 있어야한다. 문자화 자료만으로는 수준을 설정할 수 없고 우리는 일정 시간 동안 다양한 활동에 대해 살펴볼 필요가 있었다. 우리는 개별 학생들이 '영어를 사용할 때 표준 영어에 대한 의식이 나타나기 시작하는 시기'에 대한 증거가 필요했다. 문자화 자료를 보면, 비표준적인 형식으로 사용된 ain't와 같은 것이 이러한 증거로 나타나고, 친구들과 같은 비공식적인 집단에서 통용어로 사용된 것은 적절하다고 말할 수 있다. 학생들이 '쉴 새 없이 걸음을 옮겨 계속 기어 오르네.'와 같이 시를 인용하는 방식은 자신감 있게 어휘를 증가시킨다는 것을 보여준다(2단계). 학생들이 나이와 발달 단계에 맞는 4단계에 도달했다면 그것을 다음과 같이 기술할 수 있다.

> 4단계. 학생들은 다양한 상황맥락에서 자신 있게 대화하고 듣는다. 학생들의 대화는 심사숙고하여 아이디어 발전시키기, 사건을 기술하고 그들의 생각을 분명하게 전달하기 등의 목적에 적합한 것이다. 학생들은 토의에서 주의 깊게 듣고 말하며 다른 사람의 아이디어와 견해에 반응하여 질문을 한다. 학생들은 표준 영어 어휘와 문법의 특징을 적절히 사용한다(DfE 1995a).

학생들의 모둠을 4단계로 자신 있게 설정할 수 있었지만, 모둠의 개별 구성원에게 단계를 부여하는 것에 대해서는 확신할 수 없었다. 학생들은 모둠의 상호작용과 협력을 통해 4단계에 도달하고, 아마도 4단계에 도달하기 위해 필요한 기능들을 학습했을 것이다. 본질적으로 말하기와 듣기의 상호작용적이고 사회적인 특성은 평가하기가 어렵다. 그러나 이런 류의 모둠 토의는 학생들이 그들 스스로 성취할 수 있었던 것이라기보다 학생들이 더 높은 단계의 활동을 경험할 수 있도록 해 준다고 볼 수 있다(말하기·듣기 평가에 대한 확장된 논의는 6장 참고).

5. 지식, 기능, 이해

Key Stage 1, 2의 요구사항에서도 말하기·듣기와 관련된 매우 특별한 언어 학습을 하려면 교사는 언어 학습 방식에 대해 확실히 알고 있어야 한다고 조건을 제시한다. 교육부의 모든 학습 프로그램에서 언어지식

(knowledge about language)에 관한 국가수준 교육과정의 요구사항에 대해서 많은 교사들이 어려워했다. 신임교사 연수과정은 연수생의 언어지식 개발에 초점을 두었다. 그리고 1998년 이후 국가 문식력 전략은 현장에서 실천하고 있는 교사에게 상세하고 새로운 지침을 제공하였고, 『쓰기를 위한 문법』, 『저학년 쓰기의 발달16)』과 같은 책은 창의력 발달을 위한 선도적인 교실 수업을 지원하였다.

최근에 이르러서야 초등학교 학생들의 언어 구조와 사용에 대한 지식이 좀 더 체계적으로 발전되어야 한다는 것이 공감을 얻고 있다(Bunting 2000: 19). 그러기 위해서 교사는 교육할 언어에 대한 자신감을 가져야 한다. 구어·문어의 구조와 이와 관련된 말하기·듣기·읽기·쓰기를 가르치기 위한 방법을 잘 알고 있어야 한다. 그래서 많은 사람들이 암묵적으로 인정하고, 당연히 그럴 것이라고 여겨지는 지식들을 다시 살펴보는 것이다. 교사는 스스로 적절한 전문용어를 알고 사용하며 교수법을 잘 이해하고 있다는 확신을 가져야 한다. 언어를 사용하는 모든 화자의 암묵적 지식을 명시적 지식으로 표현해 보이는 것은 초등학교 고학년의 말하기·듣기 활동의 중요한 측면이다.

> 언어에 대하여 말하고 언어를 연구할 기회는 절실히 필요하다. 이런 활동은 매일의 일상적인 교실에서 일어날 수 있다. 우리는 이러한 기회들을 성찰하고 탐구할 필요가 있다. 나는 이것들을 '우발적 기회(incidental opportunity)'라고 부른다. 따라서 언어에 대해 보다 집중적이고 지속적인 주의를 기울이고, 언어가 핵심적인 목적이 될 수 있는 활동과 프로젝트 및 수업 시간을 계획할 필요가 있다. 언어는 문식력 시간을 넘어서, 영어 교육과정 내용으로서 확고한 위치를 확보해야 한다(Bunting 2000: 20).

---

16) NLS. (2000b). *Grammar for Writing.* & NLS. (2001). *Developing Early Writing.*

신임교사 연수과정(DfEE 1998a와 2002에 개정)에서 요구사항은 교사 자신이 지식에 대한 충분한 확신을 가져야 한다는 것이다. 그리고 교사는 학생들의 언어가 작용하는 양상에 대한 암묵적인 지식에서 자신과 타인의 글이나 말을 평가하기 위해 언어를 명시적으로 이해하는 단계로 발전한다는 것을 확실히 이해해야 한다(DfEE 1998a: A.1.a). 말하기・듣기에 관한 한 교사는 학생들이 가정과 일상생활의 비공식적이고 개인적인 언어 사용과 다른 청중들의 요구를 인식하고 다양한 언어 형식을 조절할 수 있는 공식적이고 비개인적인 언어 사용 방식이 균형 있게 발달할 수 있게 도와주어야 한다. 이는 국가수준 교육과정에서 학생들의 언어에 대한 지식과 이해에 대한 요구사항들을 반복하여 반영하지만, 교사가 이러한 발달의 특성에 대해 알고 이해하며, 그것을 달성할 수 있는 방법을 강조하는 것이다.

'말하기와 듣기(DfEE, 1998a: 3.A.i-iv)'에서 교육부는 이러한 발달은 '초기의 계속적인 경험'에 달려있음을 강조하고 있다.

  i. 다른 목적으로 사용되는 폭넓고 다양한 상황맥락의 구어.
  ii. 구어에 광범위하게 노출되어 얻을 수 있는 언어의 소리, 구조, 양식, 또 이런 것들과 문어 텍스트 사이의 관계.
  iii. 듣기, 토의하기, 다시 말하기, 이야기 꾸미기, 차례대로 이야기하기, 사건 기술하기.
  iv. 구어와 문어가 관련되는 방식…

여기에서 핵심 단어는 '경험'과 '이해'이고 읽기와 쓰기 교육에 좀 더 구체적으로 작용한다. 예를 들어 학생들이 '음소를 확인하고 잘 조합하여 단어를 만드는' 음성적 기능을 교육할 때 학생들의 구어 듣기 경험이 결정적인 역할을 한다(DfEE 1998a: B.5.d.iii). 구어를 사용하고 듣는 것은 개별적인 단어를 인식하여 읽는 학습 과정의 출발이고 전체적인 텍스트의 의미를 이해하는 과정으로 옮겨가는 선결 조건이다. 이야기, 논픽션 텍스트 듣기와 시 형식에 따라 낭송하기 등은 좀 더 구체적인 읽기 교육의 토대를 제공한다. 국가수준의 신임교사 연수과정은 이 목표에 도달하기 위해 학생들이 폭넓은 범위의 구어를 보다 일찍 경험해야 함을 강조한다. 그러나 그것은 또한 구어와 문어 구조에 대한 교사들의 이해에 달려 있다.

(1) 언어지식

국가수준의 신임교사 연수과정은 '학생들이 표준 영어로 분명하게 발음하고 일관되고, 효과적으로 잘 말하기 위해서'는 계획된 활동이 필요함을 강조한다. 그리고 교사는 학생들이 다른 상황맥락에서 일련의 사용역(register)을 활용하고, 토의에 효과적으로 참여하고 주의 깊게 들을 수 있도록 해야 한다(DfEE 1998a: B.5.g.i-iii). 또한 교사는 학생에게 원하는 구어 기능의 모델을 제공해야 할 것이다. 교사는 개별 학생과 대화할 때 사용하는 구어 기능을 이용하여, 모둠과 학급 전체와 대화하고, 생각을 확장하고 탐구하기 위해서는 학생들이 할 수 있기를 바라는 종류의 질문과 토의에서 말차례 규칙, 듣기의 중요성에 대해 시범을 보여야 한다. 교사는 큰 소리로 다양한 텍스트를 읽어 표준 영어 사용뿐만 아니라, 미묘한 의미를 전달하기 위해서 억양과 휴지의 중요성을 잘 보여 주어야 한다. '문학의 양상에 비평적이며 상상력을 발휘하여 반응하고 그들이 읽는 텍스트를 평가'해야 하는 모둠 토의에서 교사는 학생들이 필요로 하는 역할 모델이 되어야 한다(DfEE 1998a: B.5.vi).

(2) 말하기 · 듣기와 문식력 시간

초기 시행 단계에서 국가 문식력 전략의 틀이 결국 걸림돌이 된다는 생각들이 있었는데, 질문과 대답은 형식적으로는 적절하게 상호작용이 이루어짐에도 불구하고 교사의 말은 학생들의 반응을 제한한다는 점이 있었다. 코덴(Corden 1999)에서는 '부끄러운 구어 무시 현상'에 대해 기술하고 있다. 국가 문식력 전략의 틀에서는 특별히 '문식력은 단순히 읽기와 쓰기만의 기능들의 통합일 뿐 아니라 말하기와 듣기 능력이 문식력의 핵심요소다.'라는 주장에도 불구하고(DfEE 1998b: 3), 문식력 전략 활동 틀에서는 말하기 · 듣기가 명백하게 포함되지 않았다. 문식력 전략의 시작단계에서는 국가수준 영어과 교육과정의 읽기 · 쓰기의 제도적인 요구사항을 만족시키는 데 초점이 맞춰져 있었다. 그럼에도 불구하고 문식력 전략이 여전히 말하기와 듣기 발달에 기여하는가에 대해서는 논쟁의 여지가 있다. 휴이(Maureen Hughes 1999)는 국가 문식력 전략이 말하기와 듣기의 희생 아래 읽기와 쓰기를 강조하는 그릇된 주장에 반론을 제기하였다. 그녀는 문식력 시간에 기르고자 하는 읽기와 쓰기 능력은 폭넓은 대화를 통한 언어 및 인지 기능 발달의 기회를 제공하는 다양한 말하기 상황맥락 안에서 증진되는 것이라고 주장하였다.

국가수준의 교육과정의 신임교사 연수과정과 국가 문식력 전략의 틀은 매일 시행하는 문식력 시간의 체계적인 교육을 하는 데 필요한 지식을 상세하게 규정하고 있다. 예를 들어, 잘 끊어 읽기부터 상대방과 조화롭게 상호작용하면서 말하기까지 직접 가르치는 시간을 두도록 하고 있다. 읽기 교육에서도 소리가 서로 다른 것을 확인하고 정확히 반응하며, 소리를 잘 알아듣고 음성에 관한 지식을 쌓아가는 체계적인 듣기 기능을 발달시킬 것을 강조하고 있다(DfEE/QCA 1999: En2 1a-e:18). 이야기하기, 끝소리 맞추기, 같은 글자로 시작하기(두운), 단어 놀이 등은 학생들이 단어의 개별 음소 및 결합된 소리를 듣고, 확인하는 것을 도와준다. 듣기 기능은 초기 읽기에서 결정적인 역할을 한다. 또한 쓰기 교육에서도 말하기와 듣기 기능은 절대적으로 필요하다. 실제로 말하기와 듣기는 제대로 쓰기 위한 모든 글쓰기의 바탕이 된다.

국가 문식력 전략의 초기 시행에 대한 평가물(OFSTED 1999)은 읽기 교육이 좀 더 체계적으로 구조화되었고, 국가시험에서 향상된 결과를 가져왔지만, 쓰기에 있어서는 두드러진 발전을 보이지 않았다고 보고하였다. 앞서 언급했듯이 국가 문식력 전략은 이와 관련된 문제를 다룬 학습 교재 두 권을 출판하였다.『쓰기를 위한 문법』[17]은 쓰기 교육에서 문장 수준의 목표와 관련하여 쓰기 능력을 다루고 있다.『저학년 쓰기의 발달』[18]은 어린 아동들의 쓰기 교육에 초점을 맞춘 것이다. 두 권 모두에서 국가 문식력 전략은 말하기, 쓰기와 학생들의 인지적 발달을 연결 짓는 것이 대단히 중요하다고 강조한다.

> 쓰기능력의 발달은 또한 학생들의 폭넓은 사고 능력 발달에 영향을 끼친다. 쓰기의 탈맥락적이며 겉으로 명확히 드러나는 특성은 아동들이 언어에 대해 점점 많이 생각해 보도록 한다. 쓰기에서 아이디어를 구조화하고 재구조화하는 방법을 통해 아동들은 상상력을 확장하고, 좀 더 복잡하고, 추상적이고 논리적인 관계로 표현하며, 추론과 비판적인 평가의 기능을 발달시키게 된다. 또한 이것은 다시 구어 의사소통 능력에 피드백 된다(NLS 2001: 8).

이야기를 말하는 것과 다시 말하는 것이 문자 텍스트의 특징과 성격에 영향을 미치는 방식은 3장에서 논의한다.

(3) 쓰기를 위한 말하기

쓰기를 위한 말하기는 이제 국가 문식력 전략의 중요한 한 국면처럼

---

17) NLS. (2000b). *Grammar for Writing.*
18) NLS. (2001). *Developing Early Writing.*

되었다. '쓰기는 목적과 내용을 얻기 위한 토의하기처럼 말하기에서부터 시작되어야 한다. 이는 단순히 아이디어를 자극하는 것 이상으로 아동들이 쓰려고 하는 것에 대한 내용, 배열, 문체를 포착할 수 있도록 도와주어야 한다.(NLS 2001: 15).'고 주장한다. 특히 교육의 장면에서는 쓰기 발달에서 구어와 읽기 모두의 역할이 강조되고 있다. '이야기 구조로부터 문어의 특징과 구두점에 이르기까지 학생들은 쓰기에 필요한 많은 것을 스토리텔링, 함께 읽기, 그리고 구두 상호작용을 통해 얻을 수 있다(NLS 2001: 25).' 쓰기를 위한 말하기는 이제 문식력 시간의 모든 국면(상보적인 쓰기, 독립적인 쓰기, 계획된 정규 학교 학습과정)에서 중요한 요소로 인식되고 있다.

(4) 영어가 유창하지 못한 학생들을 위한 준비

국가수준 교육과정은 학생들이 학교나 사회에서 동등한 기회를 가질 경우 다양한 목적으로 영어를 사용할 있도록 하는 데 지대한 관심을 기울이고 있다. 그러나 부가적인 언어로서(EAL) 영어를 획득하는 학생들에게 동등한 기회가 주어지는 것처럼 보이지는 않는다. 학교 교육과정 평가원의 『부가적인 언어로서의 영어교육』[19]에서는 핵심 원리를 설정하여 이러한 문제를 다루고 있다. 이 책에서는 모든 교사가 교과의 내용뿐만 아니라 영어를 가르치기 위해 가져야할 책임을 명확히 규정하고 있다. '구어, 문어의 효과적인 교육 내용은 각 교과 내용의 교수·학습에 스며들어 있어야 한다.(SCAA 1996a: 7).' 부가적인 언어로서의 영어교육의 교수 목적은 '다른 언어와 문화에 대한 지식을 쌓는 것(SCAA 1996a: 2)'임을 강조하고 전체 학교 정책 개발의 필요성을 규정하고 있다. 영어

---

19) SCAA. (1996a). *Teaching English as an Additional Language: A Framework for Policy.*

학습 프로그램[20]은 부가적인 언어로서의 영어교육 학습자의 요구에 특별한 관심을 기울이고 언어에 초점을 둔 활동 기회를 제공하도록 하고 있다. 국가 문식력 전략에 따라 소수 민족 학생들의 성취 수준을 올리려는 교사를 위해 만들어진 특별 학습 교재인 『부가적인 언어 교육으로서의 영어 학습 지원』[21]을 제공하고 있다. 이 교재에서는 모든 다른 기능의 발달을 위한 전제조건으로 구어 발달의 중요성을 강조한다.

영어과 지침에서는 하나의 기능이 다른 기능의 발달을 뒷받침하도록 듣기, 읽기, 쓰기 통합을 위한 원리를 제시한다. 부가적인 언어로서의 영어교육을 공부하는 학생들에게 이 원리는 매우 중요한 것이다. 읽기와 쓰기는 시각적인 언어 모델을 제공함으로써 구어를 발달시킬 수 있고, 반면 텍스트에 초점 둔 듣기와 말하기 참여 경험은 학생들이 접하기 쉬운 어휘나 개념에 친숙하게 한다. 학습 프로그램을 통합하는 활동은 학생들이 한 영역에서의 효과를 다른 분야에 활용할 수 있도록 도와준다 (SCAA 1996A: 8).

1998년 국가수준 교육과정의 신임교사 연수과정에서 연수생들은 '영어가 아직 유창하지 못한 학생들을 위한 효과적인 준비'를 할 필요성을 제기한다(DfEE 1998a: B.5.i.i-iv). 학생들에게 구어 또는 문어로 반응하도록 하기 전에 모범적인 구어 표준 영어를 듣고, 활동에 참여하는 충분한 기회를 주어야 한다. 이는 모든 학생들에게 실용적이지만 특히 영어가 유창하지 못한 학생들에게는 더욱 그렇고 본다. 새롭게 교사자격을 취득한 교사는 연수과정이 끝날 때까지 학생들의 구어를 확장하는 활동에 대해 스스로 자신감을 가져야 한다. 그리고 2개 국어를 쓰는 사람 및 다른 인적 자원, 시각 자료, 이야기책, 이중 언어(dual language) 교재 등과

---

20) DfEE/QCA. (1999). *English Programmes of Study*, 49.
21) NLS. (2000a). *Supporting Pupils Learning English as an Additional Language*.

같은 부가적인 자료 사용 등과 관련지어 보다 세밀한 교수 학습 계획을 세울 필요가 있다(DfEE 1998a: B.5.i.iv).

(5) 말하기 · 듣기 평가와 계획

『회보 4/98』[22])에는 영어과 교수 · 학습에서 평가를 위한 실습생의 준비에 관한 내용이 담겨 있다. 연수과정을 통해 신임교사는 학습자의 발달 과정을 평가하는 형성평가, 진단평가, 총괄 평가 방법들에 대해 자신감을 갖도록 하고 있다. 이는 말하기와 듣기에서 교사가 학생들의 말을 듣고 평가하는 활동과 계속되는 다음 수업에 평가의 정보를 효과적으로 사용하는 데 자신감을 갖는 것과 관련된다. 즉, Key Stage 1, 2에서 교사는 그 단계의 기술수준과 관련된 성취 기준을 인식하고 학습자들의 성취 수준을 판단할 수 있어야 한다. 말하기 · 듣기 평가에 대해서는 6장에서 자세히 논의하기로 한다.

6. 교사-학생 대화

국가 구술력 프로젝트는 상호작용적이고 협력적인 활동으로서 대화와 학습에 대해 우리가 좀 더 잘 이해하도록 했을 뿐 아니라, 또한 2개 국어 병용, 성, 교사와 학생의 대화, 다른 교과 수업대화 등과 같은 다른 문제들에도 관심을 기울였다. 이것은 이 장의 앞부분에 화자로서 자기 자신에 귀 기울이고 점검할 필요성을 강조했던 달팽이에 관한 문자화 자료를 돌이켜보게 한다. 그 자료에는 교실에서 '질문하기'의 기능에 대한 많은 토의거리가 있었다. 우리 모두는 교사의 마음 속에 있는 것을

---

22) DfEE. (1998a). *Circular 4/98 Annex A, Section B.*

학생에게 추측하도록 하는 종류의 질문을 익숙하게 사용한다. 그러한 질문들은 학생들이 계속해서 주의를 집중하고 있는지를 알아보거나, 이미 배운 지식을 기억하는지를 시험하는 것이다. 이러한 질문들은 종종 폐쇄적인 단답형 질문들이며, 깊이 있는 생각을 끌어내거나 요구하지 않고, 단지 용어 혹은 특별한 활동과 교과에 필요한 전문 용어를 공통적으로 사용하도록 하게 할 뿐이다. 달팽이에 관한 문자화 자료에서 교사는 이러한 예를 보여준다.

교사: 달팽이가 밑 부분에 있는 뿔로 뭘 하는지 알아요?
수잔: 달팽이는 땅바닥을 더듬으면서 가고 있어요.
교사: 더듬으면서 간다고…. 그래서 바닥의 뿔을 뭐라고 하지
        요? 제이슨?
수잔: 팔? 아니, 팔 같은 거….
엠마: 다리?
교사: 다리라고, 팔이라고. 제이슨, 달팽이가 더듬으면서 가는
        데 그걸 사용한다면 그것을 뭐라고 할까요?
제이슨: 더듬이요?

이런 방식은 특정 교과에서 사용하고 있는 전문용어의 개념 정립을 위해 자주 사용되고 있는 일반 전략이다.

10개 교과의 국가수준 교육과정의 서문에는 좀 더 전문적인 교수방법을 위한 관심사가 논의 되고 있다. 말하기·듣기 지침서에서는 학생들은 다양한 규모의 집단이나 청중들에게 이야기 말하기, 조사하기, 발전시키고 명료화하기, 예상하기, 토의하기, 묘사하기, 관찰하기, 설명하고 추론하기, 질문하고 대답하기를 위해서 특별히 학생들은 다양한 목적을 위한 구어를 사용할 수 있어야 한다고 규정하고 있다. 다른 상황맥락에서 활동할 때 학생들은 그들이 다양한 상황에서 꼭 선택해야만 하는 것들에

대해서 유의하도록 해야 한다는 것이다. 말하기와 듣기 활동을 통하여 점차 학생들은 다양한 사용역을 활용하고 인식하게 될 것이다.

Key Stage 2에서는 학생들이 다른 교과에서 사용된 특별한 양식이나 그 장르만의 어휘와 문법적인 구조를 활용함으로 이러한 선택들을 명확히 할 것을 강조한다. 이 단계에서 학생들은 그들이 말하고 싶은 것을 조직하고 좀 더 복잡한 의미의 의사소통을 가능하게 하는 어휘와 통사구조를 사용하는 방법을 배워야 한다(DfEE/QCA 1999: 22).

이러한 목표를 달성하는 데 모둠활동은 중요한 역할을 한다. Key Stage 2의 학생들을 위한 목표에는 모둠 토의와 상호작용을 통한 조사하기, 선택하기, 분류하기/계획하기, 예상하기, 탐구하기/설명하기, 보고하기, 평가하기를 포함해야 한다(DfEE/QCA 1999: En 10a-c: 22).

7. 교수·학습: 교과별 언어

국가수준 교육과정의 신임교사 연수과정의 마지막 부분은 모든 신임교사가 필요로 하며 알고 있어야 할 영어에 대한 특별한 지식과 이해를 다루고 있다. 신임교사들이 갖고 있는 영어 교과 자격증은 언어에 대한 체계적인 이해와 그것을 활용하는 방식, 그들이 공부한 영어, 교사들이 가르쳐야 할 영어에 대한 자신감을 제공하기에는 충분하지 못하다(DfEE 1998a: C).

교사는 학생에게 설명할 때 정확한 용어와 개념을 사용하여 설명할 수 있어야 하고, 그것들에 관한 지식은 학생들의 발달 정도를 기술하고 분석하는 정보를 제공해야 한다는 점이 중요하다. 효과적인 교수의 바탕이 되는 영어에 대한 지식과 이해는 문서로 상세히 기록된다. 어쨌든 이 모든 것들은 말하기·듣기 교수법에 영향을 미칠 것이다.

연구 결과에 따르면 저학년 학생들의 경우 교사들이 쓰기에서 '내러티브(narrative)'와 '설명(recount)' 양식에 의존하는 경향 때문에 좀 더 전문화된 교육과정에 접근하는 것이 제한되어 왔다고 한다(Wray and Lewis 1997). 어린 학생들은 보다 추상적인 개념을 선택하거나 익숙하지 않은 형식으로 쓰여진 책에서 정보를 취할 때 어떤 도움이 없다면, 연대기적이며 이야기에 기초한 접근을 가장 편하게 느낄 것이라는 가정에 대해서는 의견이 분분하다. 사실적인 텍스트는 비연대기적인 이야기와는 다른 문법적 구조를 사용하는 것이 특징이다. 이야기는 '옛날 옛적에(Once upon a time)', 곰 세 마리가 '있었는데(were)', 그들은 … '살았다(lived)'와 같은 능동태, 과거 시제를 사용하는 경향이 있다. 사실적인 텍스트는 곰은 4개의 다리를 '가진(are)' 동물이다. '그들은 추운 나라에서 발견된다.'와 같은 수동태, 현재 시제를 사용하는 경향이 있다. 읽고 쓰는 텍스트의 이런 차이에 익숙해지도록 하는 것은 학생들이 텍스트를 보다 다양하게 사용하도록 하는 데 도움이 될 것이다(Barns and Sheeran 1992; Wray and Lewis 1997). 예를 들어 사실적인 텍스트를 크게 소리 내어 읽는 것을 듣고 기술하고 논쟁이 필요한 구두 발표를 하도록 하는 것은 학생들이 쓰기에서 요구된 것과는 다른 관습과 형식을 인식하게 하는 데 도움이 된다고 본다.

국가수준 교육과정 Key stage 1에서는 학생들에게 인쇄물 및 ICT (information and communications technology)에 기반을 둔 정보 텍스트를 포함한 폭넓은 텍스트들을 도입하여, 사실적이고 비문학적인 정보를 읽을 수 있게 할 것을 요구한다. 또한 학생들은 다양한 독자를 고려하여 쓰고, 정보를 조직, 설명할 수 있어야 한다고 본다.

국가 문식력 전략에서는 비공식적인 일상어에서 교과 담화를 다룰 수 있는 언어로 저절로 이동하지 않음을 인식하고, 국가 문식력 전략 틀에서 학생들이 점점 더 넓은 범위의 사실적인 장르에 대처할 수 있는 구체적인 전략을 제공하고 있다. 『쓰기를 위한 문법』에서는 사실적인 텍스트의 조직과 언어적 특징을 요약하고, 활동 단원 별로 사실적인 쓰기를 위해 더욱더 복잡한 문법적 구조를 발달시키는 방법을 보여 준다.

> 유치원 시기에 언어에 대한, 언어를 통한 대화 학습처럼 학교에서의 학습은 교육과정의 다양한 교과에서 마주칠 수 있는 다른 담화 장르(즉, 의미 구성 방식)에 참여하고 모방하기 때문에, 거의 대부분이 담화에서 계속되는 도제(apprenticeship)처럼 보일 수도 있다(Wells 1992: 291).

앞서 살펴 보았던 두 개의 문자화 자료에서 아동들은 이러한 도제 제도의 초기 단계에 있다. 달팽이에 대해 이야기한 모둠의 어린 학생들은 기본적인 협동의 규칙을 배웠다. 귀 기울여 듣기와 말차례 바꾸기, 가설 세우기와 추측하기 등과 같은 것이다. 그러나 학생들은 주로 누적 대화(5장 참고)를 사용하고 보다 자신감 있는 탐구 대화를 활용하기 위해 교사로부터 도움을 받을 필요가 있다. 시에 대해 토의하고 있는 11세 학생들은 증거를 다루고 의미를 공유하며 훨씬 더 깊이 있는 토의를 진행하였다. 두 집단 모두 교실에서 다양한 경험을 통하여 이러한 방법을 배우게 되었다. 교사는 이런 과정을 통하여 학생들이 앞으로 사용해야 할 전문 교과 담화에 참여할 수 있는 토대를 마련하였다.

(1) 교사의 역할 관찰하기

1995년의 국가수준의 교육과정에서는 교과 지침은 언어 학습의 문제를 자세히 다루지 않았다. 영어과는 다른 교과에 전이할 수 있는 폭넓은 범위의 기능을 책임져야 한다고 생각하고 있었다. 그러나 그런 역할을 담당하기 어렵다는 인식들이 모아져, 범교과적인 언어의 역할에 대하여 공동 이해의 필요성을 전반적으로 다룬 『언어의 사용』[23]을 출판하게 되었다. 이 책의 주제는 학습에서 언어의 역할, 전문적인 개념과 어휘 습득의 필요성 그리고 구어와 문어의 특별한 사용에 관한 것들이다.

> 학생들은 교과 지식과 이해를 발전시킴에 따라 그들이 의미하는 것을 더욱 더 수준 높고 정확한 방식으로 말할 필요가 있다. 이것을 통해 학생들은 좀 더 미묘한 구분과 보다 복잡한 아이디어를 표현할 수 있게 된다. 그렇게 하기 위해 학생들은 좀 더 발전된 어휘뿐만 아니라, 문법 구문들, 숨겨진 의미의 전달 방식이나 논증 전략을 사용하게 된다(SCAA 1997c: 6; NLS 2000b: 154-5).

이런 학습은 전문 교과와 관련된 텍스트를 통하여, 교과와 관련된 자신들의 쓰기를 통하여, 주로 다른 교과 교육에 포함되는 대화를 통하여 다양한 방식으로 이루어진다. 핵심 요약 소책자는 국가수준 교육과정의 각 교과에 시리즈로 첨부된 것으로 적절한 교수·학습 전략을 제안하고, 머릿속으로 언어 발달을 계획하는 것과 관련하여 지침을 제공하고 있다. 연구 프로젝트 『언어를 통한 아동 교육』[24]은 Key Stage 2에서 교사가 교과 전문어로 가르치는 방식을 분석했다(Sampson et al. 1998; Grugeon et al. 1998). 그 연구에서는 어린 아동들이 그들이 이해하지 못하는 현상을 설명하기 위하여 일상의 언어와 경험을 사용하는 것을 발견하였다. 예를 들어 달팽이는 '모자'를 가진 것으로 기술될지도 모른다. 좀 더 복잡한 아이디어에 직면함에 따라 그들은 적절한 전문용어를 학습할 필요가 있다. 교사는 그 교과에만 해당하는 특별한 언어를 소개할 필요가 있다. 이 연구에서는 교과 영역의 학습 내용은 한 교과의 초심자인 학생들과 함께 만들어 가는 것이라고 제안한다. 학생들은 한 교과에 대해 잠정적인

---

23) School Curriculum and Assessment Authority (SCAA). (1997c). *Use of Language: A Common Approach*. Hayes: SCAA.
24) School of Education at De Montfort University. *Children Learning through Language*.

이해를 하고 있으며, 교사는 이를 확실하고 독립적인 이해로 발전시키도록 도와준다. 현재 계속 수집되고 있는 자료에 대한 초기 분석 자료는 교사가 개별 교과의 언어를 가르치고 아동 스스로가 사용하도록 하는 방법을 보여주고 있다.

이러한 예는 Key Stage 2의 5학년 학생들이 고대 이집트인들에 대해 배우고 있는 역사 수업 녹화 자료에서도 볼 수 있다. 교사는 학생들이 그 주제에 대해 쓰고 이해하기 위하여 사용해야 하는 특별한 언어와 사고방식을 수업에 도입하고 있다. 교사의 관심은 이중으로 나타난다.

1. 학생들의 엄밀하고 정확한 언어 사용을 촉진:
   "여러분이 무언가를 요구할 때, 그것을 무엇이라고 하지?"
2. 교과의 특수한 전문용어를 도입:
   "미라를 만들 때 쓰는 용어를 이해하는 사람 있니?

또한 동시에 교사는 학생들이 역사적인 텍스트 읽기와 쓰기에서 사실적인 텍스트의 전형적인 언어 구조를 사용하도록 한다. 교사는 "누가 신에 대해 말해 볼 사람?"하고 질문한다. 이것은 학생들에게 객관적인 방식으로 일반화하고 반응하도록 하며, 고대 이집트 문명에 대해 배운 것을 적을 때 필요한 종류의 구문 구조들을 연습하도록 한다. 이 질문에 대한 다음 대답들은 학생들이 적절한 구문 구조를 사용하기 시작했다는 것을 보여준다.

- 대부분의 신들은 그들이 거느리는 무엇이가를 갖고 있음을 의미하는데, …
- 이집트에서 고양이를 죽인다는 것의 의미는 ….
- 신들은 하나의 가족과 같은 것이었는데, ….

아즈텍에 대한 또다른 수업에서 교사는 중요한 역사적 개념을 도입한다.

교사:	좋아요. 역사 수업에서 여러분에게 필요한 기능 중의 하나는 증거를 찾을 때 눈을 사용하는 것이에요. 누가 최초의 자료에 대해 말해 볼까요?

만약 아동들이 역사적인 자료의 특성을 이해하지 못한다면, 그들은 역사학자와 같은 사고 과정에 참여할 수 없을 것이다. 교사는 학생들이 질문을 하도록 하고 정의를 내리는 방식을 공유하도록 한다. 학생들이 만족스럽고 구체적인 정의에 도달하면, 교사는 학생들의 제안을 확인하고 더욱 심도있게 발전시켜 줄 수 있다.

교사:	정말로 중요한 것은, 여러분이 실제로 연구하고 있는 시기로 거슬러 올라가는 것이에요. 그래서 만일 여러분이 700년 전의 아즈텍 문명을 연구하고 아즈텍에 의해 만들어진 약 700년 된 조각상을 가지고 있다면 그것은 최초의 자료이며, 여러분이 매우 자세히 볼 수 있고 어떤 결론을 이끌어낼 수 있는 중요한 증거가 됩니다.

교사는 학생들에게 증거를 사용하는 것과 종종 가설적인 결론을 이끌어내는 방법을 계속해서 상기하도록 한다. 교사는 질문하기 과정을 통해 학생들에게 질문하도록 하고, 관찰하고, 가설을 세우고 증거의 신뢰성과 타당성 문제를 숙고하도록 한다.

교사:	아즈텍 제국의 다른 영토에서 발견한 10개의 코트리크 (Coatlicue 아즈텍 문화의 조각상) 조각상들이 대체로 모두 닮았다면, 그것은 무엇을 입증하는 것일까요?
벤:	그것은 제국의 모든 영토에서 여전히 동일한 신을 경배했다는 것을 입증하는 것입니다.
교사:	맞아요. 그것은 동일한 신을 경배했다는 것을 입증하고 있어요.

소피: …그리고 그들은 신들이 매우 닮은 것으로 생각했어요.

교사: 바로 그거야. 그들은 모두 신들이 닮았다고 생각을 하고 있었어요. 그래서 여러분은 모든 아즈텍 제국에서 의사 소통이 잘 이루어졌다는 것을 알 수 있습니다.

전체 학급과 활동하면서 교사는 그 과정에 대한 학생들의 지식과 이해를 이끌어 내고 확장하기 위해 질문을 한다. 교사는 명료화를 요구한다.

"누가 그것에 대해 자세히 말할 수 있나요? 여러분은 그것에 대해 어떻게 알았나요?"

교사는 새로운 어휘를 도입하여 학생들의 생각을 자세히 설명하거나 확장한다.

교사: …그들이 인간을 희생시켰다는 의미인가요? 그것은 인간을 대하는 그들의 태도에 대한 어떤 면을 보여 주는데….

교사는 학생들에게 이차적인 자료가 한계를 가질지도 모른다는 가능성을 소개한다.

"이 그림이 우리에게 조각상이 얼마나 큰지 보여 주나요? 이 책은 그 점에서 약간 실망스러워요…"

(2) 교과 담화를 활용하는 학습

모든 교과는 고유한 기본적인 규칙이나 특수한 담화가 있으며 또, 교사가 대화를 위한 활동을 조직하는 방식에 크게 의존하여 도달할 수 있는 것으로 보인다.

녹화했던 모든 수업에서 교사는 역사학자처럼 시범 보이는 행위를 보여준다. 교사는 '자료, 증거, 문제, 특징, 연구, 관찰, 세부사항, 결론' 등과 같은 전문적인 용어를 사용한다. 교사는 가설적이고 탐구적인 언어를 사용한다. '만약…라면, 그것이 …일지도 모른다고 생각하는 사람? 그럴 것 같지는 않지만, 나는 그것이 아마도 …라고 생각한다. 마치 그것이 …을 의미하는 것처럼 보인다.' 교사는 학생들에게 사려 깊으며 동시에 잠정적인 방식으로 반응하도록 한다. '왜냐하면 그것은 아주 중요했기 때문이야, …ㄹ 수도 있어, …내 생각에는 그것은 아주 큰데, 왜냐하면 아주 큰 사원을 생각해 냈기 때문이지, …마찬가지로 만약 여러분이 교회에 걸어 들어간다면…'

교사는 학생들이 역사적인 증거를 다루는 과정에 개입한다. 학생들에게 좀 더 면밀히 관찰하고 그들이 볼 수 있는 것에 대해 추측하고 가설을 세우며, 주장을 정당화하고 비공식적이고 일상적인 언어와는 다른 적절한 전문용어를 사용하도록 한다. 학생들은 지식의 '공동 구성(joint construction)'이라 알려져 온 이러한 방법을 통해 활동을 해 나간다.

> 교실 대화의 가장 중요한 기능 중 하나는 그것이 함께 이해해 나가는 것을 발전시키는 수단이라는 것이다. 행위와 대화를 함께 나누는 것을 통해 교수·학습 과정에서 참여자들은 좀 더 나은 교육적인 활동을 위한 상황맥락의 토대를 제공하는 공통 지식(common knowledge)을 형성하게 된다(Mercer, in Norman 1992: 217).

8. 개인차

이 장에서 말하기·듣기를 위한 활동을 계획할 때 생각할 필요가 있는 몇 가지 문제들을 제안하였다. 만약 구술력을 중요시하는 교육과정에 모든 학생이 동등하게 참여하도록 도와주고 싶다면, 교실에 특별히 모둠이나 개인과 관련하여 고려해야 할 필요가 있는 것들이 많이 있다. 예를 들어, 말하기와 듣기에서 성별 차이를 민감하게 의식할 필요가 있다. 어린이들이 학교에 올 때쯤에는 그들은 이미 자신들의 성과 성 정체성에 의해 다르게 말하는 방식을 알고 있다(Swann 1992). 따라서 교수-학습 계획과 평가에서 학생들의 성을 고려할 필요가 있다.

> 아동들이 성의 제약으로부터 자유로워지고, 영어 학습자로서 소년, 소녀들의 다른 욕구를 만족시킬 수 있는 긍정적인 발판을 마련하는 것을 교육목표로 삼는 것은 그들이 가르치는 모든 학생들이 교육과정을 넘어서 더 나은 성취 기회를 창출하도록 도와주는 것이다(Browne 1996: 182).

또한 개인적으로 말하기와 듣기에 어려움을 갖고 있는 아동들이 있다. '서투른 언어(poor language)'를 사용하는 아동, 듣기 장애나 말의 순서를 바꾸는 아동을 위해서는 특별한 전략을 적용해야 한다. 이 문제들은 다음 장에서 말하기와 듣기 교수 전략을 살펴볼 때 논의하기로 한다.

9. 맺음말

과거 30년 이상을 지나온 것을 돌이켜보면, 처음에 아동들의 구어에 관한 전문적인 연구로 시작했던 연구 주제가 교수·학습에서 말하기와 듣기, 읽기와 쓰기 사이의 상호관련성에 대한 인식으로까지 확장되었다. 구술력은 이제 국가수준 교육과정의 3가지 영어 학습 프로그램 중의 하나로 완전히 통합되었다. 이런 변화에 대한 추진력은 교사가 탐구하고 함께 반성할 수 있는 실제 교실 실천 사례에 기초한 교육과정 프로젝트에서 비롯된 것이다.

팀을 이루어 책을 쓰는 동안 우리는 참여 민주주의에서 평생 배워야할 가치가 있는 교육 목표의 중심으로서 말하기와 듣기 능력에 더욱 깊은 관심을 가지게 되었다. 말하기와 듣기 능력의 발달은 아동들이 그들 가족과 공동체 구성원들 간의 상호작용을 통해 얻어지는 아동 자신들의 언어 지식의 발달로부터 시작한다. 말하기와 듣기 능력은 공식적 학습을 시작하면서 구조적 전략들을 통해 촉진되고, 기초 진단평가에서 확인된다. 궁극적으로는 각자가 자기 능력을 관리하고, 독립적이고도 자립적인 성인이 되어 한 시민으로서 언어를 자신감을 가지고 사용하도록 하는 데 이르게 하는 것이 목표가 된다.

 더 읽을거리

Bunting, R. (2000). *Teaching Language in the Primary Years*, 2nd edn. London: David Fulton Publishers.

Corden, R. (2000). *Literacy and Learning Through Talk*. Strategies for the primary classroom. Buckingham: Open University Press.

Goodwin, P. (ed.) (2001). *The Articulate Classroom. Talking and learning in the primary school.* London: David Fulton Publishers.

Mercer, N. (2000). *Words and Minds. How we use language to think together*. London: Routledge.

제 2 장
저학년의 대화

어른들은 보통 아동들이 언어를 쉽게 배우고, 언어 사용에 저절로 익숙해지는 것으로 생각하기 쉽지만, 사실 아동들은 혼자 말을 배우고 저절로 사용하게 되는 것이 아니라 가정과 공동체 안에서 대화를 주고받으면서 끊임없는 노력을 통해 대화의 표현과 원리를 익히게 된다. 아동들의 말하기 능력은 결코 쉽고 자연스럽게 습득되는 것이 아니라 오히려 수많은 대화과정을 거친, 아동 자신과 주변 사람들의 의식적인 노력의 결과다.

부모나 교사의 중요한 역할 중의 하나는 미숙한 아동의 대화를 도와주며 대화를 이어가면서 대화 능력을 익히게 하는 것이다. 어른과 아동의 대화는 테니스 경기와 같아서, 어른은 아동이 서투르게 친 '공(말)'을 받기 위해 이리저리 뛰어다니고 아동이 쉽게 공을 치도록 넘겨주어야 한다. 특히 교사는 학교라는 새로운 담화 공동체에 들어온 저학년 학생들에게 가정에서의 부모 역할을 대신해 주어야 한다. 저학년 교실에서 가르치는 교사는 먼저 어린 학생들의 언어 사용 양상과 그 발달을 잘 이해하고, 수업에서 일상생활과 연계된 말하기·듣기 활동을 치밀하게 계획해야 한다. 2장에서는 학생들의 삶이 반영된 재미있는 저학년 교실의 말하기와 듣기 활동들에 대해 살펴보도록 한다.

제 2장
저학년의 대화

1. 머리말

내가 처음 발령을 받고 유치원에 갔을 때 '왜 아이들이 화장실에 가겠다고 선생님께 예의바르게 말하지 않는지'에 대해 투덜거리며 우리 반 아이들의 서투른 언어 사용에 대해 동료교사에게 불평했던 것이 기억난다. 마틴은 다소 조심스럽게 대답하였다. "음, 너는 어떤지 모르겠지만, 우리 집에서는 화장실에 가겠다고 말하지 않고 간단다." 나는 웃었지만 속으로는 약간 화가 났다. 나는 그 아동이 손을 든 후 "허바드 선생님 화장실에 다녀와도 되겠습니까?"라고 말하기를 기대했었다. 나는 교사로서 사회·경제적으로 가난한 환경 속에 살아가는 많은 아동들을 우리가 원하는 문식력 수준에 도달할 수 있도록 도와주어야만 했다. 아동들이 우리가 원하는 문식력 수준에 가능한 빨리 도달하게 하기 위한 최선의 방법 중에 하나는 '예의바르게' 말하도록 하는 것이었다. 다른 유치원 선생님과 이야기하면서 그들의 불만도 나와 같다는 것을 알았다. 우리는 아동들이 성공적으로 학습하고 동시에 사회적으로 적절한 언어로 요점을 들어 명료하고 간결하게 말하기를 기대하였다. 교사로서 우리가 원한 것은 우리 자신의 자라온 환경을 반영하는 문화적으로 특수한 언어였다. 만일 아동들이 이와 일치하지 않으면 아동과 그들의 부모들을 모자라는 사람으로 여겼다. 결국 아동들이 지난 5년 동안 어디에서 지냈는지에 대해 특히 그 부모를 비난했다.

돌이켜보니 마틴의 말은, 4~5세 아동들은 가정에서 학교로 상황이 변했다는 것과 언어는 환경 변화를 암시하고 있음을 처음으로 알려주었다. 1985년 데본에서 교사생활을 할 때 나는 가정과 학교에서의 어린 아동들의 말하기에 대한 연구에 참여하려고 열심히 준비하였다. 그 준비로서 1984년 티자드와 휴이가 쓴 『어린 아동들의 학습』[25]을 읽었고, 이는 나의 교직 생활에 결정적인 영향을 주었다. 이를 통해 나는 아동에 대한 내 언어적 요구 수준이 매우 부적절한 것이며, 언어 발달에 대한 나의 지식 또한 적당하지 않다는 것을 알았다. 나는 아동들의 가정생활에 대해 거의 알지 못했으며, 나의 지식이 추측에 근거한 것임을 깨닫기 시작하였다. 내가 학급에서 아동들의 언어 능력과 실제적인 모습을 파악하게 된 것은 바로 그들 가정을 방문하여 부모와 이야기를 나누었을 때였다.

2. 이 장의 목적

이 장의 목적은 대화의 가치와 중요성에 대해 다시 언급하고, 수업상황에서 어린 아동들과 함께 할 수 있는 교사들의 좋은 수업을 유도하기 위한 것이다. 이는 문식력 발달의 필수적인 부분인 말하기와 듣기에 관한 것이다. 특히 교사들은 문식력 시간에 말하기와 듣기 능력의 발달을 위해 급진적으로 그들의 활동을 바꾸려 하지 않는다. 이 장은 교사들이 저학년

---

25) Tizard, B. and Hughes, M. (1984). *Young Children Learning*. London: Fontana.

교실의 일상생활에서 대화의 힘에 대해 생각해 보는 것을 도와준다.

(1) 어린 아동의 대화

가정이나 학교에서 어른과 아동의 언어사용 방식에 대한 이해는 자연스러운 대화나 언어 자체의 발달 방식에 대한 기초가 된다. 말하기와 듣기는 테니스 게임과 유사하다. 말 그 자체는 테니스공이며, 화자와 청자는 두 명의 선수이다. 서브를 넣는 사람(server, 화자 speaker)이 서브를 받는 사람(receiver, 청자 listener)에게 말을 던지면, 치는 사람(hitter, 화자 speaker)이 되어 말을 되받으며 서브를 넣는 사람/서브를 받는 사람에게 다시 되돌려 보낸다. 이러한 주고받음은 아마도 공이 짧게 떨어질 때(오해나 불명확한 표현)까지 계속되며, 경기장 안으로 말하기(공)를 되받아 치기 전에 경기자 중 한 명이 짧은 공(오해나 불명확한 표현)에 손을 뻗어 되쳐야만 게임이 지속된다. 어른과 어린 아동 사이의 대화는 유아의 공놀이와 유사하다. 어른은 공(말)을 되치기 위해 이리저리 뛰어야 하며 특히, 경험이 미숙한 선수(화자)의 팔(귀) 쪽으로 공(말)을 쳐줘야 한다. 나는 유아와 하는 이러한 경기(대화)가 매우 자연스러운 반응이라는 주장에 동의하지 않는다. 데이비스는 『정상적인 행위로서 말하기』[26] (Wilkinson et al. 1991: 111)에서 말하기가 쉽다는 것과 사용이 자연스럽다는 것이 오히려 언어와 학습에 있어서 그 중요성을 과소평가하는 원인이 된다고 보았다. 말하기는 명시적으로 지도할 수 있고 높은 지위를 가지며, 교실 안에서 체계적으로 기록되어지는 읽기나 쓰기와 다르다. 그러나 우리는 교실에서 대화를 명시적으로 가르치지 못할 뿐만 아니라 녹음과 문자화는 어려운 과정이다. 또한 대화의 일시성은 평가를 위해 대화를 추적하는 것을 어렵게 한다.

---

26) Davies. *Speech is part of normal behaviour.*

최근에 국가 문식력 전략의 출판물『저학년의 쓰기 발달』에서는 성공적인 쓰기 수업을 위한 기준들 중의 하나로 '쓰기를 위한 준비로서 말하기, 다시 말하기, 텍스트 다듬기' 등의 풍부한 구어 경험을 포함시켜야 한다고 지적하였다. 그 책의 '말하기에서 쓰기까지'라는 부분은 말하기와 쓰기의 차이점에 대해 설명하고, 이 둘 사이의 긴밀한 상호관계에서 대화의 중요성에 대해 간단히 언급한다.

　　대화는 읽기나 쓰기에 선행하는 것으로 그 중요성을 이해하기 위해 초기의 말하기 그 자체에 관심을 가질 필요가 있다. 뉴솜 부부(Newsom and Newsom, 1975)와 쉴드(Shield, 1978)와 같은 연구자들은 남의 눈에 띄지 않는 소형 마이크와 녹음기를 사용하여 엄마와 아이 사이의 상호작용을 면밀히 관찰하였다. 아이들의 몸짓과 얼굴의 움직임뿐만 아니라 아이와 대화를 할 때 종종 어른들이 사용하는 아기언어나 엄마언어(motherese)를 조사하였다.

　　다음은 엄마와 3개월 된 아기 사이의 대화이다. 이 장면에서 어른의 몸짓, 얼굴표정 그리고 목소리의 어조를 쉽게 떠올릴 수 있다.

앤:	(웃는다.)
엄마:	오, 정말로 귀여운 웃음이야.
	그래, 귀엽지 않니?
	정말.
	정말 귀여운 미소야.
앤:	(트림한다.)
엄마:	정말로 좋은 냄새야.
	정말로, 냄새 좋지?
	정말.
	정말.
앤:	(모음의 발성음)
엄마:	목소리도 참 예쁘지.

（엄마는 앤에게 우유를 주고 있다. 앤이 우유병을 뺀다.）

엄마: 다 먹었니?

　　　다 먹었지?(우유병을 뺀다.)

　　　그래, 잘 먹었니?　　　　　　　　　　(McTear 1987: 65)

이 문자화 자료에는 엄마의 긍정적인 조율 기능(Bruner 1983: 39)이 있는데 이러한 상호작용이 대화의 양상을 띠게 한다. 대화처럼 보이는 이런 상호작용은 대화의 기초를 형성한다. 몸짓이나 말은 무작위적인 것이 아니라 동시발생적이며 질문과 대답과 같은 사회적 방식에 따른다. 가튼과 프래트(Garton and Pratt, 1989: 22)는 '유아언어에는 몇 가지 경향이 있다'라고 결론을 내렸다. 특히 그들은 어른들이 유아의 몸짓이나 언어에 대한 초기 시도에 민감하다는 것을 강조한다. 그것이 바로 어른들이 유아의 언어능력을 발달시키기 위해 의도적으로 아기들의 의미에 대해 조율하는 것이다. 이처럼 유아들이 무언가 말하기 위해 시도하고 있다는 어른들의 추측은 매우 단순한 것이다.

(2) 가정에서 대화

브라이스-히스(Brice-Heath 1983), 티자드와 휴이(1984), 웰스(1987)는 가정 대화의 풍부성에 대하여 주목할만한 연구와 출판을 하였는데, 1986년에 데본 지역에서 '어린 아동의 언어 프로젝트(early years Language Project)'를 시작하였다. 이 프로젝트에서 가져온 전형적인 문자화 자료는 4살 어린이와 어머니의 대화이다. 그 가족은 도크랜드 지역 중심가에 살았고, 그 지역 방언으로 말하였다. 문자화 자료에서는 어머니가 곧 학교에 들어갈 4살 된 어린이 로스에게 학교 급식에 대해 설명한다.

로스: 점심을 싸가지고 가야하니까 도시락을 싸 주셔야 해요.

엄마:	음. 너는 닐 형처럼 밥을 먹을 거야.
로스:	학교 급식이요?
엄마:	그래 닐 형처럼 학교 급식을 먹어야 해.
로스:	그럼, 저에게 도시락을 안 싸 주시겠다는 거네요.
엄마:	그게 아니란다. 만일 네가 학교 급식을 먹으면 그곳 사람들이 요리를 해 주기 때문에 도시락을 가지고 갈 필요가 없단다.
로스:	아니에요. 학교에는 요리 기구가 없어요.
엄마:	학교에는 요리 기구가 있단다.
로스:	엄마가 잘 모르는 거예요.
엄마:	그래.
로스:	엄마가 가서 만들어요?
엄마:	아니, 엄마는 급식을 만들 수 없단다. 학교에서 음식을 만들고 너는 다른 친구들과 함께 앉아서 먹기만 하는 거야.

이와 같은 대화 후에 엄마와 로스는 로스가 갈 학교에 대해 이야기하고 있다.

엄마:	자, 로스 네가 학교에 가는 것은 글을 쓰고 책을 읽고, 철자를 배우기 위해서란다. 그렇지?
로스:	엄마는 글자를 쓸 수 없어요.
엄마:	쓸 수 있단다.
로스:	아니요. 못 써요.
엄마:	엄마는 쓸 수 있어요.
로스:	엄마가 4살 때엔 글자를 쓸 수 없었어요.
엄마:	그래. 엄마가 왜 학교에 갔을까? 배우기 위해서. 네가 학교에 가는 이유는?
로스:	배우기 위해서요.
엄마:	그래.
로스:	엄마도 배우기 위해 학교에 갔었어요?

엄마:	그럼.
로스:	엄마는 이제 안 가요?
엄마:	그래, 지금은 학교에 안 간단다.

엄마는 로스에게 학교에 관한 지식을 깊게 해 주기 위해 그들의 공동체 언어를 사용한다. 이는 티자드와 휴이(1984)가 '지적 탐구의 통로'라 했던 것이며, 유치원에서는 찾아보기 힘든 말하기의 예이다. 로스는 적극적인 말하기 방식에 의해 학교생활의 중요한 양상에 대한 의미를 형성한다. 로스의 엄마는 설명을 통해 학교 급식에 관한 로스의 오해를 없애고, 로스를 안심시키려고 한다. 로스와 엄마는 의사소통을 잘 하고 있으며 '기본 규칙들'을 잘 보여준다. 우리가 명심해야 할 것은 가정에서 말하기는 학교에서 말하기와 다르긴 하지만 불충분한 말하기는 아니라는 점이다. 『생활을 위한 언어』27)에서 학교와 가정은 분리되어 서로 다른 문화를 갖고 있기 때문에 아동들의 가정 문화와 언어를 무시해서는 안 된다고 하였다. 이는 마치 남의 집에 가서 함부로 행동할 수 없는 것과 같다(DES 1975: 286).

(3) 논평 1

이 문자화 자료에서 구어는 학교에서 우리가 기대하는 언어와 다른가? 어떠한 방식인가? 아마도 여러분은 두 화자 사이에 더 균등한 '힘의 균형'이 있다고 느낄 것이다. 엄마와 어린이는 매우 친밀한 관계이므로 많은 말을 한다. 때때로 이러한 말들은 관습적이지 않지만, 그들 사이에서만 사용하는 것이다. 그리고 어린이는 자기를 혼란하게 했던 의미를 찾으려고 한다. 과연 분주한 교실 속에서 어린이가 그렇게 할 수 있을까?

---

27) Bullock Report. *A language for Life.*

(4) 학교로

물론 교사들은 가정에서처럼 일대일 대화를 되풀이 할 수는 없다. 그러나 만일 의사소통의 '기본 규칙들'이 가정에서 형성된다면 교사들은 그것을 잘 활용해 나갈 수 있다. 『기초단계의 교육과정 안내』는 저학년 학습목표에서 언어와 의사소통에 관한 목적들을 제시하고, 명확하게 듣고 말하는 것을 언급한다. 유치원을 마칠 때 아동들이 다음과 같은 것을 할 수 있어야 한다.

- 다른 사람과의 상호작용하기, 계획과 활동에서 협의하기, 대화에서 말차례하기
- 지속적으로 주의 깊게 듣기, 적절한 논평, 질문, 행동으로 들은 것에 반응하기
- 이야기, 노래, 음악, 라임, 시에 반응하며 즐겨 듣기와 이야기, 노래, 라임, 시를 스스로 만들기
- 어휘 확장하기, 새로운 낱말 소리와 의미 탐구하기
- 자신감을 가지고 잘 들리도록 분명하게 말하기, 청자의 반응을 인식하고 조절하기, '부탁'이나 '감사'와 같은 대화의 예 찾기
- 상상을 위한 언어 사용하기, 역할과 경험을 재연하기
- 배열하고 조직하여 말하기, 사건이나 느낌, 아이디어와 사고를 명료화하기
- 정확한 인과적 상관성에 따라 이야기 다시 말하기, 이야기의 언어적 유형 도출하기

이러한 목적 성취를 위한 방법에 대한 보다 구체적인 안내는 '교사는 무엇을 해야 하는가'에서 설명한다.

유치원 교사들은 '내가 그것을 가져왔다.(I bringed it)'나 '내가 그것을 해냈다.(I dided it)'와 같은 용법에 대한 몇 가지 문제를 중점적으로 다룰

때 『기초단계의 교육과정 안내』의 의사소통, 언어, 문식력 부분의 핵심 용어인 '발달하기', '격려하기', '탐구하기' 등을 상기할 필요가 있다. '-ed'를 첨가하는 과거 시제에 대한 과잉 적용은 어린 아동들이 자신의 말하기 '규칙'에 맞추기 위해 가설을 세우거나 노력하고 있다는 증거이다. 그러나 이미 유치원 이후에 '학생들에게 표준 영어 말하기의 주된 특징의 일부를 소개해야 하며 또 그것들을 사용하도록 교육해야 한다.' 는 『국가수준 교육과정』(DfEE/QCA 1999)의 요구사항이 있다. 그러므로 이것을 중점적으로 다룰 방법을 고려해야 한다.

말하기 지도를 위한 다양하고 접근 가능한 방법들이 있다. 첫째, 아동들이 말하는 것을 듣고 그리고 나서 정확한 형식을 갖춰 대답하도록 한다. '저 손가락 베었어요.(I cutted my finger)', '저런, 손가락을 베었니?(Oh dear, you cut your finger?)' 둘째, 직접적인 교정의 방법도 있다. 하지만 이는 지속적인 효과가 거의 없고, 어른에 대한 극단적인 좌절감을 경험하게 할 우려도 있다. 셋째, 좀 더 효과적인 방법으로 수업에서 대화의 다양성을 생각하게 하는 것이다. 여러 가지 상황에서 다른 방식으로 말하는 것은 문제를 간접적이면서 실제적인 방식으로 다룰 수 있다.

예를 들어 Key Stage 1에서 인기 있는 화제는 '우리들'이다. 이를 위한 좋은 도입 방법으로 교사는 자신이 사진 속의 아기로 돌아가 가족에 대한 이야기를 하는 시범을 보여준다. 다음 단계는 아동들이 아직도 집에 남아있는 아기 때의 책이나 옷, 장난감, 사진 등을 학교로 가져오도록 한다. 이러한 화제는 잠재적인 학습력이 풍부하며, 종종 부모나 다른 교육과정 영역을 포함하는 것으로 확장된다. 큰 장점은 아동들이 바로 자신의 환경에 대한 지식과 경험을 쌓아간다는 점이다. 구어에 초점을 맞추는 것은 중요하며 비록 저학년 교실에서 대화의 상당 부분이 자연적으로 일어난다고 할지라도 대화에 대해 이야기하는 특별한 수업은 재미있고 유용하다. 아동들이 아주 어렸을 때 사용하던 언어의 종류에 대해 생각하게 하기 위해 다음과 같은 질문을 할 수 있다.

- 네가 아기였을 때 물 달라고 어떻게 말했니?
- '감사'와 '부탁'의 말을 어떻게 했니?
- 지금은 어떻게 말하니?
- 학교에서는 어떤 식으로 물을 달라고 하니?
- 친구나 선생님, 교장선생님들께 어떤 식으로 인사하니?
- 우리가 이것을 글로 쓸 수 있겠니? 네가 알아낸 것은 무엇이니?

낱말이나 문장에 주목하게 한다는 점에서 큰 종이에 이러한 것들을 쓰도록 하는 것은 중요하다. 때로는 '개인 언어' 혹은 '관습적인 동의어'라고 불리는 가족에 관한 언어에 대해 토의하기 위해 다음과 같은 간단한 표를 만들 수 있다.

	1살	5살
엄마	maaa	mum
아빠	daaa	dad

위의 표는 더 많은 나이나 단어의 추가에 의해서 보다 복잡하게 만들 수 있다. 이 표는 개인 또는 학급 전체의 활동을 통해 만들 수도 있다. 아마도 기술적이고 섬세한 교사는 아동들의 개인 언어와 말하고 쓰는 폭넓은 문제에 대해 반성하게 할 수 있다. 예를 들어, '우리가 말하는 모든 것들을 쓸 수 있는가?'와 같은 것이다. 중점적으로 다루어야 할 필요가 있는 특별한 양상들은 청자와 상황맥락에 적응하는 것이며, 아동들이 지금까지 사용한 말하기 형식과 표준 언어를 구별하는 몇 가지 특징들을 도입하는 것이다.

여기에서 핵심은 아동들이 언어(대화) 자체에 대하여 말하는 것이다.

아동들은 언어에 대하여 대화를 통해 배우고 있으며 이는 곧 메타언어를 습득하고 있는 것이다. 교사들은 분주한 유치원 수업 속에서 지속적으로 말하는 환경에 둘러싸여 있기 때문에 말하기의 중요성을 간과하기 쉽다. 그러한 원인 때문에 말할 기회를 제공하지 않을 위험성이 있다. 말하기 · 듣기는 우연적인 것이 아니며 명확한 계획을 수립해야 한다.

(5) 논평 2

'우리들'이라는 화제에서 말하기와 듣기를 위한 특별한 목적은 무엇이었는가? 여러분은 아마 자신의 말하기에 대한 반성, 말하기와 쓰기의 차이점, 여러 가지 상황에 적절한 말하기의 차이점에 대한 인식 등에 대해 생각했을 것이다. 물론 어떤 목적들은 학습 프로그램을 고려할 필요가 있을 것이다.

3. 뉴스 타임

뉴스 타임은 저학년 교실에서 선생님 앞의 카페트에 모인 아동들과 함께 할 수 있는 전통적인 활동이다. 뉴스의 교환, 이야기 '보여주기와 말하기' 또는 교사들이 가르치려고 하는 구체적인 점을 강조하는데 유용하다. 많은 교사들은 이 시간이 아동들이 스스로 구어로 표현하는 시간이 된다고 믿기 때문에 뉴스 타임에 상당한 시간을 할애한다. 그러나 최근 연구인 국가 구술력 프로젝트(1989-1993)에서는 뉴스 타임은 아동들보다 교사가 말할 수 있는 기회이며, 아동들의 말하기 발달을 제한할 수 있다고 평가한다. 다양한 뉴스 타임은 때때로 써클 타임이라 불리기도 한다. 이 써클 타임에서 여러 가지 개별 활동을 시도하고, 자신의 감정을 표현할 수 있도록 한다. 다른 관찰자들(Housego와 Burns 1994)은 영국의 문화적 규범이라는 상황에서 이러한 개인적인 상호작용 형식이 적절한가에 대해 의문을 가진다. 그러나 아직 많은 사람들은 말하기와 듣기를 활성화시키기 위해 카페트에 모이는 것을 가치롭게 여긴다. 아동들은 종종 최근의 사건들을 갑자기 말하거나 새로운 장난감을 보여주는데, 이때 교사는 아동들이 듣고 싶어하는 이야기를 해 줄 필요가 있다. 우리는 써클 타임의 유용성과 그것이 효과적으로 사용될 수 방법에 대하여 재검토해 보아야 한다.

- 짝이나 모둠으로 뉴스를 교환하기
- '직소'(Howe 1997: 20 참고)에서 서로의 뉴스를 들은 후 모둠을 바꿔 다시 말하기
- 목적을 가지고 피드백하기. 예를 들어, 특별한 항목에 주의를 끌거나 유사한 사건을 강조하기 위해 멈추기
- 가장 좋아하는 장난감을 가지고 말하기

이러한 생각들은 새로운 것이 아니다. 그러나 우리는 일상적인 과정을 평가할 필요가 있으며 '친숙한 가운데 낯선 것'을 발견하려고 노력해야 한다. 즉, 우리는 뉴스 타임의 잠재적인 학습을 재검토해야하고, 대화를 통해 경험을 공유하는 것이 왜 가치로운가를 재발견해야 한다.

(1) 논평 3

뉴스 타임을 활용할 다른 방식은 무엇일까? 교사의 역할은 무엇이어야 하는가? 여러 가지 고려 사항 가운데 촉진자, 청자, 그리고 관찰자로서의 교사를 생각할 수 있다. 당신은 여러 사람 앞에서 자신의 감정 표현을 요구하는 것이 정당한지에 대하여 의문이 생길 수도 있다. 그리고 아동이 여러 사람 앞에서 자신의 감정 표현을 꺼려한다면 어떻게 해야 할까?

4. 스토리텔링

　나의 가족은 최근에 엄마, 아빠, 고모 · 이모, 삼촌, 사촌, 형제, 자매가 모두 모였다. 많은 가족들과 함께 모여서 일상적인 일화들을 이야기 하였다. '… 했을 때를 기억하니', '네가 어렸을 때 …'와 같이 이야기를 꺼내기도 하고, 전쟁, 휴일, 결혼식, 생일에 관한 이야기들, 감상적이고 슬픈 이야기들, 오래 전의 가족 이야기를 하였다. 일화를 보다 재미있고 기억에 남게 말하기 위하여, 가족 내에서 위치를 확보하고 누가 끼어들기 전까지 발언권을 유지하기 위하여, 모두들 원래 이야기를 조금은 바꾸어 말하였다. 나는 갑자기 우리 모두가 능동적인 참가자로서 스토리텔링을 하고 있다는 것을 알았다. 그런데 이러한 이야기들은 처음, 가운데, 끝으로 면밀히 구성된 것은 아니었다. 그 이야기들은 모두 거칠고 반복적이었다. 어떤 것은 틀림없이 사실에서 약간 벗어난 것이었고, 극소수의 이야기만이 완전한 문장과 표준 영어로 전달되었다. 어쨌든 여기에서 일어났던 것은 경험을 드러내는 것이며, 윌킨슨(1970)이 말했던 '말하기 경험 그리고 경험의 말하기'였다.

　이야기하기를 통해서 우리는 경험의 의미를 찾고 대화를 통해 우리는 삶에 응집성을 유지하면서 과거 경험을 회상한다. 웰스(1987), 챔버(Chambers, 1992), 팍스(Fox, 1993)는 '이야기하기'의 중심으로 우리의 삶을 연구하였다. 웰스는 『의미 구성가』[28]의 결론에서 작가는 '의미를 찾고 이야기를 구성하고, 그것을 말과 글로 다른 사람과 공유하는 것은 인간의 본질적인 부분이다.'(Wells 1987: 222)라고 요약하였다. 3장에서 스토리텔링에 대해 보다 깊이 있는 논의를 할 것이다.

---

28) Wells, G. (1987). *The Meaning Makers: Children Learning Language and Using Language to Learn*. London: Hodder & Stoughton.

학교에서 아동들은 그들의 생일, 장난감, 아기 또는 손가락을 약간 벤 이야기 등을 서로에게, 선생님에게, 급식 아주머니에게 이야기한다. 이 이야기들은 다듬어지지 않은 것이고, 끝이 없으며, 아마도 매우 짧은 것이지만, 그럼에도 불구하고 그것은 스토리텔링의 시작이다. 선생님의 역할은 좀 더 세련된 수행을 하도록 아동들이 이야깃거리를 확장하는 방법을 찾아 활동에 참여하도록 하는 것이다. 우리는 아동들의 초기 시도를 가치롭게 여길 필요가 있으며, 아동들에게 이야기를 말하고 읽어줌으로써 학급 안에 문학적인 환경을 조성할 필요가 있다. 이야기하는 것을 도와줄 수 있는 아주 유용한 도구로 인형을 사용할 수 있다.

(1) 인형

인형은 만드는 과정뿐만 아니라 공연에서도 이야기를 위해 사용할 수 있으며, 아동들의 이야깃거리를 확장하는데 도움을 줄 수 있다. 영어가 모국어가 아닌 아동들은 그들의 제2언어뿐만 아니라 모국어를 말할 때도 인형을 도구로서 사용할 수 있다. 책 한 권도 좋은 출발점이 되는데, 잘 알려진 이야기는 아동들이 이야기를 좋아하고, 이야기를 탐구하고 그들의 것으로 만들 수 있게 한다(Clay 1979: 55). 예를 들어 『토피와로』는 단순한 줄거리를 가진 전통적인 인디언 이야기이다. 그 이야기는 모자를 팔기 위해 시장에 가는 길에 건방진 원숭이들을 만난 늙은 모자장수에 관한 것이다. 원숭이가 모자를 훔치고 토피와로가 원숭이들을 속여서 그 모자들을 다시 갖다 놓도록 하는 내용이 전개된다. 이중언어(dual language)로 된 책은 두 언어 간의 유사점과 차이점을 강조하는데 이러한 상황이 유용하게 이용될 수 있다. 우리들은 다음과 같은 단계들을 고려해야 한다.

- 영어/공동체 언어로 이야기 읽기
- 두 가지 언어로 쓰기의 차이점 살펴보기
- 영어/공동체 언어로 이야기 다시 말하기
- 아동들이 영어/공동체 언어로 이야기하는 것을 녹음하기
- 운율적 또는 음악적인 반주 포함하기(예를 들어 인디언 드럼)
- 관련된 전통적인 이야기하기
- 간단한 인형(예를 들어 완두콩 막대기나 종이판) 만들기
- 관객에게 공연할 준비하기

모국어와 그 문화에 지위와 신뢰성을 부여하기 위해서 이중언어를 사용하는 아동의 모국어 탐구는 중요하다. 이것은 이중언어 화자뿐만 아니라 영어만 사용하는 아동들에게도 중요하다. 어떤 종류의 공연을 통해 자신감을 얻는 것은 매우 중요한데, 이 공연은 부모나 보조교사가 필요한 공연이 될 수도 있다. 또한 우리는 데이비드(David 1990)와 시라 브레치포드(Siraj-Blatchford 1994)의 연구에서 모국어에 대한 격려가 아동들의 제2언어를 성공적으로 함께 발달시킬 수 있음을 알 수 있었다. 더욱이 아동들이 제2언어에 자신감을 갖기 시작하면서 두 언어 간의 균형은 좀 더 깊이 있는 인지적인 이점(Mills and Mills 1993)을 제공할 수 있는 잠재력을 가지며, 중간언어(interlanguage)의 발달을 이끌어 낼 수 있다. 중간언어는 아동들이 사용과 시도를 통해 발달되는 언어 체계를 일컫는 데 사용된 용어이다. 중간언어는 두 가지 또는 그 이상의 언어를 오가는 이동과정에서 일어날 수 있는 데 그때 새로운 지식과 이해를 발달시킨다. 영어만을 사용하는 교사의 문제는 다른 언어로 이야기하는 아동을 어떻게 평가하는가이다. 교사나 유아원 보육사, 보조교사, 부모들과 같은 다른 공동체 언어 사용자들이 여기에서 중요하다. 예를 들어 『토피와로』를 편잡어로 녹음한 것은 처음엔 그 시간에 아파서 학교에 못 온 편잡어

화자를 위하여 만들어진 것이었고 녹음의 목적은 그를 좀 더 기분 좋게 하는 것이었다.

대화를 통한 학습은 교육과정의 다른 영역에 이로움을 가져다준다. 그러한 연구물과 관련된 대화는 제도적인 요구사항 측면에서 분석할 가치가 있다. 세부 영역은 다음과 같다.

- 이야기하기
- 적절한 언어를 사용하여 공연에 참여하기
- 듣기
- 분명하고 자신감 있게 이야기하기
- 청중을 고려하기

인형 만들기는 문제해결하기, 질문하기, 설명하기, 정당화하기, 추론하기, 가정하기와 관련된 말하기를 포함한다.

그러나 『토피와로』와 같은 전통적인 이야기에는 다른 측면들이 있다. 전통적인 이야기들은 매우 도덕적이며, 교육과정의 다양한 측면들을 다룰 수 있는 자원으로서 사용될 수 있다. 우리는 최근 교육기준청의 요구를 염두에 두고 그런 이야기들의 더 광범위한 양상과 중요한 문제들을 다룰 수 있는 방법들을 생각해 보아야 한다. 연구자들은 학생들의 정신적, 도덕적, 사회적, 문화적 발달과 학교에서 문화적 다양성을 효과적으로 가르칠 수 있는 방법들을 보고하도록 요구받는다. 이러한 요구사항은 저학년 학습목표 특히, 개인적, 사회적, 정서적 발달 측면이 국가수준의 교육과정에 반영된 것이다. 이러한 요구를 제시하는 하나의 방법은 이야기를 통해서이다[29].

---

29) 이러한 문제를 제기하는 이야기의 몇 가지 예는 헤스터(Hester)의 『여섯 명의 장님과 코끼리 The Six Blind Men and the Elephant』, 콜과 클레시(Cole & Cressy)의

(2) 논평 4

이야기가 어떻게 교육과정의 정신적, 도덕적, 사회적, 문화적인 측면의 문제를 다룰 수 있을까? 여러분은 말하기·듣기 요소를 확인할 수 있는가? 위에 열거한 책들은 가족의 죽음, 목적을 이루기 위한 협동, 타인의 의견에 귀 기울이기 등과 같은 문제를 다룬다[30].

5. 문제 해결

'조사하기와 문제 해결하기 활동은 학생들이 배운 것을 새로운 상황맥락에 적용하거나 확장하는데 효과적이다(OFSTED 1995: 69).' 교사들은 이것을 이미 인식하고 있지만, 교육기준청에 의해 밝혀졌듯이 교실에서 학생들이 배운 것을 새로운 상황맥락에서도 능숙히 사용할 수 있도록 하는 방법에 대해 숙고해야 한다. 이에 대한 하나의 방법으로 모둠 협력 대화가 있다(5장 참고). 과학이나 기술 문제를 해결하기 위한 협력 대화는 아동들이 학습하기 위해 대화를 사용한 예이다. 종종 이러한 상황맥락에서의 대화는 산만한 것이 특징이다. 즉 문장은 완결되지 않고, 단어가 반복되고, 대화에서는 상당한 방해 현상이 일어날 지도 모른다. 아동들이 문제 해결 활동을 위해 모둠을 만들어 활동을 수행하기 위해서는 서로 대화하는 것을 과제로 요구해야만 한다.

『14마리의 쥐와 한 마리의 고양이 *Fourteen Rat and a Ratcatcher*』, 존 버밍햄(John Burningham)의 『할아버지 *Granpa*』, 톨스토이(A. Tolstoy)의 『커다란 무 *The Great Big Enormous Turnip*』 등이 있다(Baumfield 1996 참고).

30) 이야기에 대한 보다 깊이 있는 연구와 아이디어를 위해서는 『이야기로 시작하기 *Start with a story(Sylvester 1991)*』와 『새로운 세계 이해하기 *Making Sense of a New World(Gregory 1996)*』를 참고.

(1) 분류하기 게임

- 각 모둠에 작은 종이 조각과 동물, 식물, 음식, 텔레비전 프로그램 등의 화제를 충분히 제공한다. 각 모둠은 다른 모둠에 주어진 화제가 무엇인지 모르도록 한다.
- 각 모둠은 각각의 나누어진 종이 조각에 범주의 예들을 적는다. 예를 들어 동물 모둠은 각 종이 조각에 동물의 이름을 적는다.
- 모둠은 이름들을 구분하고 분류한다. 교사는 모둠이 왜 이러한 방식으로 하위 범주의 예들을 조직했는지 물어본다.
- 다른 모둠과 종이를 서로 바꾸도록 한다. 서로 다르게 분류할 것인가? 다른 모둠에 주었던 제목을 추측할 수 있을까?

(2) 논평 5

이 활동은 어떤 결과를 가져오겠는가? 현재의 역사나 지리 공부에 학생들의 결정을 반영하고 게임과 연결시킬 때, 이 활동이 학급 전체의 주의를 이끄는 데 유용하다는 것을 알 수 있을 것이다.

(3) 핀을 먹는 동물 게임

이것은 엑세터 대학교에서 학부 학생들이 아동들의 모둠 활동을 위해 다시 고안한 문제 해결 활동이다.

- 핀을 먹는 동물의 몸통을 그린 그림을 나누어주고, 다양한 발, 꼬리, 머리를 연결하게 한다.
- 다음에 아동들은 그들이 숲 속을 통과하면서 핀을 먹는 동물의 몸통에 가장 잘 어울리는 머리, 발, 꼬리를 결정한다.

핀을 먹는 동물

    그가 살고 있는 핀 나무들이 있는 숲은 핀으로 된 많은 곡식들로 꽉 채워져 있다. 적들은 그를 공격하기 위해 뒤로 살그머니 다가간다.

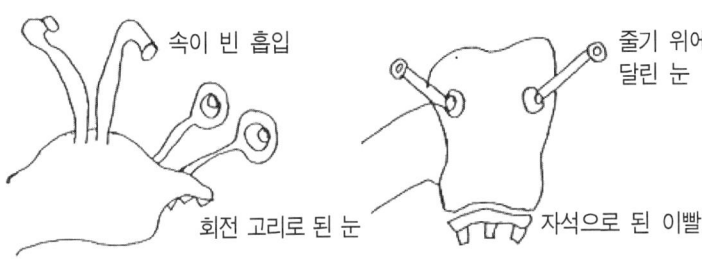

속이 빈 흡입

회전 고리로 된 눈

줄기 위에 달린 눈

자석으로 된 이빨

날카롭게 중앙에 솟은 하나의 뿔

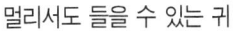

멀리서도 들을 수 있는 귀

회전식 목

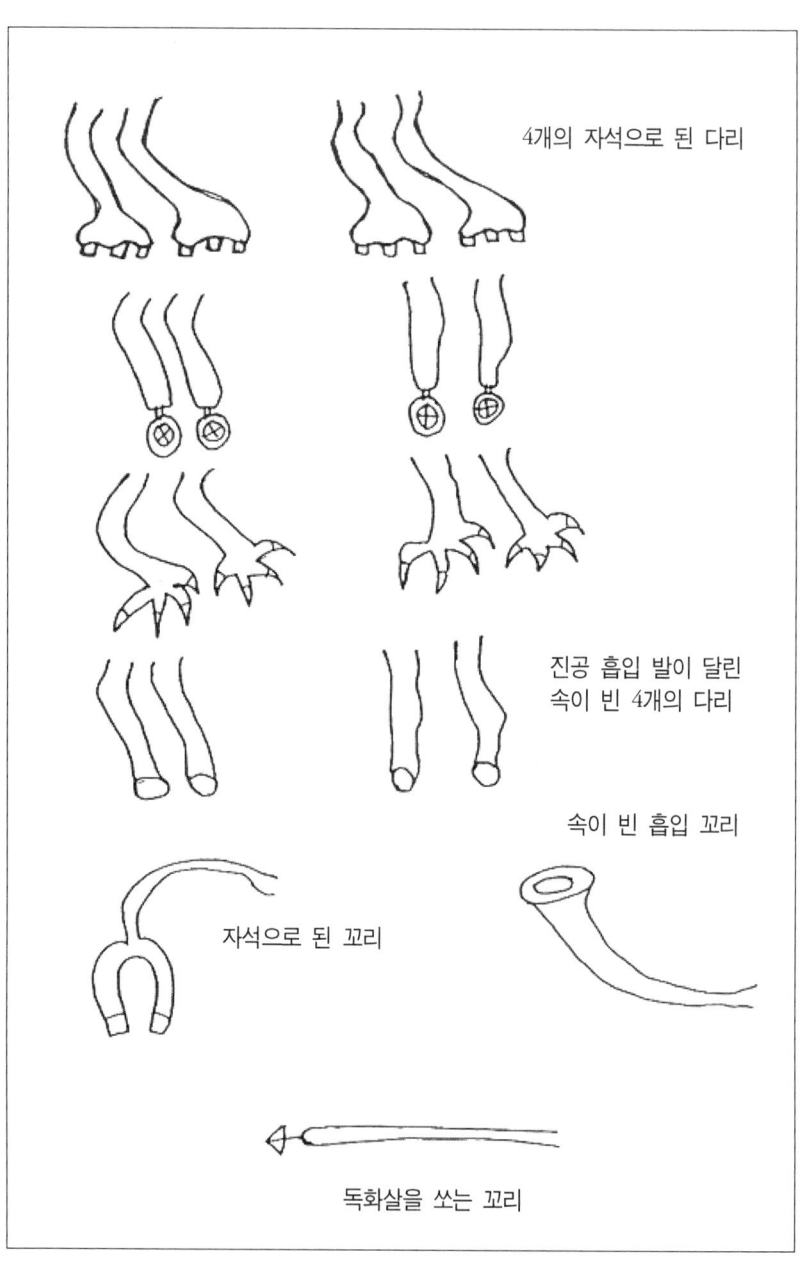

4개의 자석으로 된 다리

진공 흡입 발이 달린
속이 빈 4개의 다리

속이 빈 흡입 꼬리

자석으로 된 꼬리

독화살을 쏘는 꼬리

〈그림 2.1〉 핀을 먹는 동물

그것 자체가 하나의 학습 경험으로 정확한 답이 있는 것은 아니지만, 이러한 과제에서 추론하기, 정당화하기, 추측하기, 가설 세우기, 분류하기, 설득하기의 수준은 상당히 높다. 이런 활동은 조사나 분석보다 가치로운 것이다. 왜 국가수준의 교육과정에서 그러한 수업을 해야 하는가? 그 목적은 아동들의 말할거리를 확장시키고 효율적으로 의사소통하도록 하는 기능과 활동을 향상시키기 위해서이다. 아동들은 그들의 입장을 정당화하기 위해 어휘를 선택하고, 말차례와 같은 토의의 관습을 배운다. 어린이들은 대화를 통하여 그들의 사고를 발전시킬 것이고, 토의를 통하여 아이디어를 확장할 것이다.

말하기와 듣기, 모둠 상호작용에서 '지식, 기능, 이해'(DfEE/QCA 1999)는 모두 분명히 다루어졌을 것이다. 아동들은 청중을 고려하여 모둠의 다른 구성원들에게 그들의 말하기를 적용하고 분명하게 말한다. 표준 영어와 언어 변화의 문제는 교사에 의해 명백히 제기될지 모른다. '학습 범위'는 핵심 용어이며, 이러한 활동은 어린 아동들에게 목적을 위해 조사하기, 아이디어를 명확하게 발전시키기, 가능성을 토의하고 예상하기 등의 말할 기회를 제공할 것이다.

또한 교육기준청이 보고했던 좋은 수업을 구성하는 교실의 조직과 관리, 구분과 평가, 자료와 시간의 활용, 아동들에 대한 교사의 기대와 같은 다른 측면을 고려할 필요가 있다.

① 좋은 수업

이는 교사의 적절한 방법과 조직의 활용을 필요로 한다. 활동을 완수하기 위해서나 수업의 목표를 중점적으로 다루기 위해서 아동들은 모둠 협력학습을 할 것이다. 4명 이내의 모둠은 모든 학생들이 과제 수행에서 책임을 지도록 한다. 시간 제한을 주는 것은 학습의 속도를 독려할 수 있다. 자료는 단순하고 최소한의 준비와 설명이 필요한 것이어야 한다.

각 모둠은 교사 없이 활동하고 '동료들과 함께 긍정적이고 경제적으로 상호작용'한다(OFSTED 1995: 70). 학기말에 교사는 모둠장을 통하여 각 모둠의 공동 결과물을 함께 모으도록 한다.

② 구분과 기대

아동들이 유능한 모둠에 배치될 수 있느냐 없느냐는 교사의 결정에 따른다. 교사는 우수한 아동들을 다른 아동들과 함께 한 모둠으로 구성할 것인가, 우수한 아동끼리만 모둠을 구성할 것인가에 대해 고민할 것이다. 소심한 아동들이 조용한 아동과 함께 공부하는 것이 이득이 될 것인가? 우리가 과제를 쉽게 또는 좀 더 어렵게 만들 수 있는 방법은 어떤 것이 있는가?

③ 평가

교실에서 하나의 특수한 모둠이나 몇 명의 아동들이 평가의 대상이 되거나 혹은 교사가 전체적인 수업에서 가설 세우기, 표준 영어와 같은 특수한 말하기에 귀 기울여 들을 수도 있다. 어떻게 평가 내용을 기록할 것인가? 아마도 교사는 각각의 아동들을 위한 말하기·듣기 기록부를 가지고 있을 것이다. 만약 교사가 목표하는 말하기에 대한 증거가 조금이라도 있다면, 이것은 교사의 목표 달성을 위한 또다른 활동을 계획하는 데 도움이 될 것이다(6장 참고).

(4) 논평 6

이 활동에서 교사의 역할은 무엇인가? 예를 들어, 듣기와 관찰하기처럼 활동 중에 여러분이 개입할 필요가 있는 시간이 있을 것이다. 모둠 토의를 수업에 도입하는 것은 유용할 것이다.

(5) 소리나는 시

이러한 종류의 활동은 시를 가지고 할 수 있는 것이고 특히, 수업 시간에 다 같이 떠올리며 활동할 때 매우 유용하다. 실습생들과 함께 활동하는 동안 베네트(Jill Bennett)가 편집한 『소리나는 시』란 책의 시를 활용하였다. 그 책에는 열차가 철커덩 하는 소리와 시끄러운 재즈 밴드에서부터 물고기 비늘의 부드러운 소리와 물속의 작은 배의 잔잔한 소리에 이르기까지 다양한 종류의 소리가 실려 있다. 이는 겉으로 소란한 수업처럼 보일 수 있지만, 학습의 과정을 들여다 볼 필요가 있다.

- 각 모둠에 다른 종류의 시를 복사하여 나누어 준다.
- 각 모둠은 자신들의 시를 소개한다. 이때 행위나 효과음을 사용할 수 있다.
- 그들은 처음에는 자연스럽게 서로가 청중이 되지만, 만약 모범적인 시연이 필요하다면 몇 번의 연습과 수정이 필요하다.

(6) 논평 7

교장은 수업을 이사장에게 보여주고 이사장은 수업 중에 사용되는 많은 대화의 양에 놀라워한다. 여러분의 수업을 어떻게 설명할 것인가? 예를 들어 당신은 수업의 목표와 국가수준의 교육과정을 관련시킬 수도 있다.

6. 생각하는 힘이 뛰어난 아동

드 몬폴트 대학교 출신의 한 실습생은 노아 이야기를 가지고 유치원 아동들과 활동하는 동안, 노아가 어디로 항해했을지를 아동에게 물었다.

그 아동은 반박할 수 없는 논리적인 대답을 하였다. '그들은 음식이 하나도 없었기 때문에 테스코로 떠났어요.' 많은 교사들이 이와 같은 일화들을 알고 있으며, 이는 아동들의 순박한 논리를 보여준다. 이 일화는 학교에 처음 온 날 '출석을 위해' 앉아서 기다리라고 한 리(Laurie Lee)의 유명한 이야기를 떠오르게 하였다. 그 이야기는 아동들의 오해가 얼마나 재미있고, 슬프며 동시에 완전히 논리적일 수 있는지를 보여준다. 그러나 이러한 논리는 아동들이 자신들의 문화적 경험과 관련된 학습에서 강력하고 논리적으로 사고한다는 증거가 된다.

비고츠키(Vygotsky)에 의하면 아동들은 도움을 통해 그들의 현재 수준 이상으로 아이디어나 개념을 발전시킬 수 있는 능력을 갖고 있으며, 아동들은 또다른 관점의 이해를 통해 행동하고 생각할 수 있다. 『아동의 사고』[31]는 처음으로 아동의 지적인 힘에 대해 각성하게 했던 책 중의 하나였으며, 저학년 교실의 교사들 생각 속에 오랜 구심점이 되어 왔던 피아제 학파의 견해(아동은 지적으로 자기중심적이다)를 비판하였다. 티자드와 휴이(1984)는 더 나아가 아동들은 강력한 사고자임을 부각시켜주었다. 그들은 아동들이 대화를 통해 추상적인 아이디어를 이해한다고 말한다. 아동들은 사고를 조절하고 생각을 명확히 하기 위한 힘을 기르기 위해서 대화를 통해 연습하고 발전되어야 한다. 2000년에 제정된 유럽인의 인권 강령(European Human Right Act)은 어린이들의 권리와 요구에 대한 각성을 불러일으켰다. 그 결과 현재 진행 중인 아동의 권리를 위한 UN협정(1989)을 수정할 부가적인 의정서가 나왔다. 기본적으로 아동은 그들의 생활 속에서 일어나는 것에 대하여 보호받을 근본적인 권리를 가진다. 프라이스(Price 2001)의 논문에서는 교육과 관련된 문제에 대하여 아동을 고려하는 토마스 코램 연구단[32]과 순수 아동 봉사회[33]의

---

31) Donaldson. (1978). *Children's Minds*.

클락(Alison Clark)과 모스(Peter Moss)의 연구에 주목하였다. 여기에는 학생들의 일상생활이나 활동과 같은 문제에 대해 성인과 함께 하는 아동들의 토의가 포함된다. 아동은 확실히 복잡한 결정을 하고 긴 문장을 만들 수 있는 관련 경험과 기능을 갖지 못하였지만, 성인과 함께 상호작용함으로써 도움을 받을 수 있다.

부르스(Tina Bruce 1987)는 그의 책에서 많은 부분을 '중심에서 벗어난 아동의 능력'에 할애한다. 부르스는 아동은 다른 사람에 공감할 수 있고, 그들 자신보다 다른 사람의 관점을 이해할 수 있는 능력이 있다고 설명한다. 그러나 아동이 그들의 생각에서 더 나아가기 위해서는 성인들을 필요로 하는 상황이 있다. 어린 아동에게 있어 교사의 역할은 마음속에 새겨진 과제에서부터 그렇지 않은 과제에 이르기까지, 일상의 의미로부터 지금의 여기, 이곳을 벗어난 상황까지를 연결하는 다리가 되는 것이다(Bruce 1987: 135). 바꾸어 말하면 아동은 지적으로 무능력한 것이 아니라 경험이 부족한 것이다. 아동은 그들 스스로 할 수 없는 것에 대한 도움이 필요한 것이다.

아동이 하루 종일 이해와 추론의 증거를 보여줄지라도, 아동이 '토의했던 문제에 대해 이해를 명확하게 하고 좀 더 깊이 생각하게'해 줄 특별한 활동을 계획할 가치가 있다(OFSTED 1995: 4). 그러한 특별한 활동은 다음과 같다.

1. 교실 한쪽에 게시된 다음의 토의거리가 이용될 수 있다.

- 아동은 매일 교복을 입어야만 한다.
- 아동은 주말에만 놀아야 한다.
- 아동은 토요일에 학교에 가야만 한다.

---

32) Thomas Coram Research Unit.
33) Sterling Council Children's Service.

토의 후에 논쟁적인 쓰기를 격려하기 위하여 이런 주제들이 쓰기 코너에 붙어 있는 것을 보았다. 그러나 그것들은 대화 활동을 통해서만 유용하게 활용할 수 있다.

2. 교실의 행동 규칙 협의는 많은 교사들에게 좋은 행위로 권장할만한 방식이다. 이러한 대화를 통한 협의는 아동들이 그들 스스로 참여함으로써 학습 훈련을 강화할 수 있다. 이것의 또다른 측면은 아동들이 교실에서의 '대화 규칙'을 협의할 수 있다는 점이다(5장 참고). 이는 대화에 대해 말하는 또 하나의 유용한 방식이며, 긍정적이고 적절한 행동 규칙을 강화하는 것이다.

3. 또한 이야기도 유용한 매개가 될 수 있다. '학교나 집 밖에서 발생한 사건에 대해 잘 선택한 이야기나 민감한 토의는 아동이 권리와 잘못된 행위를 구별하는 것을 도울 수 있다'(OFSTED 1995: 84). 이솝우화와 같은 교훈적인 이야기는 교사들이 학생들에게 좋은 행위를 가르치기 위해 오랫동안 사용되어 왔다. 그러나 우리는 일상의 도덕적인 문제를 포함하도록 토의의 폭을 넓힐 수 있고 그렇게 해야만 한다. 이야기와 책에는 이런 활동을 위한 출발점이나 발판이 되는 주인공이 나온다. 나아가 이야기와 책은 종종 유머를 통하여 접근할 수 있는 문제를 제기할 수 있다.

4. 다른 작가와 작품들을 참고할 수 있다[34].

---

34) 다른 작가와 작품들
- 안토니 브라운(Anthony Brown). 『고릴라 *Gorilla*』: 특히 아동의 그림 '읽기'를 격려할 수 있는 책
- 존 버밍험(John Burningham). 『이렇게 할래요. *Would You Rather*』: 아동이 생각하고

(1) 질문

교사는 대화의 중요성에 대해 깨달았기 때문에 이야기에 대한 아동의 반응에 유연해야 하고, 우리들이 할 수 있는 몇 가지 질문을 준비할 필요가 있다. 이때 '고양이의 색깔은 뭐지?' '얼마나 많은 코끼리를 보았니?' 와 같은 질문을 피하도록 한다. 이러한 질문들은 나름대로 의의를 갖지만, 그것들은 폐쇄형 질문이며 사고를 자극하지 않는다.

이 장의 많은 부분은 교사가 아동의 말하기와 듣기를 발달시키는데 도움을 줄 수 있는 방법을 다룬다. 그러나 앞서 논의했던 것처럼 교사는 우리가 바라는 것처럼 항상 도움을 줄 수는 없다. 처음 대화의 가능성을 탐구할 때 나는 아동과 함께 녹음하면서 나의 과제를 완결하려고 하였다. 나는 학교 실험실에서 두 명의 7살 아동과 함께 간단한 과학 실험을

결정하는 것을 격려할 수 있는 책.

- 찰스 코슬리(Charles Causley).『나는 사냥꾼 졸리를 보았다. *I Saw Jolly Hunter*』와 『엄마는 춤추는 곰을 보았다 *My mother Saw a Dancing bear*』: 동물에 대한 잔혹한 행위와 사냥과 같은 문제를 제기한 시
- 잔 오메로드(Jan Ormerod).『치킨 리킨 *Chicken Licken*』: 즐거움과 그림이 혼합된 두 가지 이야기
- 베이커(J. Baker).『창문 *Window*』: 환경 문제
- 베렌스타인(S. and J. Berenstein).『남자 곰, 여자 곰 *He Bear, She Bear*』: 성의 역할 고찰하기
- 앤 핀(Anne Fine).『빌의 새 옷 *Bill's New Frock*』: 성의 역할
- 마이클 폴맨(Michael Foreman).『공룡과 모든 쓰레기 *Dinosaurs and all that Rubbish*』: 환경 문제
- 호프만과 빈치(Hoffman and Binch).『어메이징 그레이스 *Amazing Grace*』: 성과 종족
- 팻 허친스(Pat Hutchins).『로지의 발걸음 *Rosie's Walk*』: 생존 문제
- 아놀드 로벨(Arnold Lobel).『집안에 올빼미 *Owl at Home*』: 겉으로는 유머스럽지만 심오한 의미가 담긴 이야기 모음.『개구리와 두꺼비 이야기 *The Frog and Toad Stories*』: 우정 탐구
- 제니 와그너(Jenny Wagner).『존, 브라운 로즈와 한밤중의 고양이 *John, Brown, Rose and the Midnight Cat*』: 질투 문제

준비해 놓고 녹음기를 남겨 두고 나왔다. 다음은 교사가 없을 때 스티븐과 마틴의 대화 부분이다.

M:　　물의 높이가 올라가고 있어.

S:　　그래.

M:　　계속 올라가 있어. (읽는다.) 물 높이에 무슨 일이 생겼나? 왜 이러한 일이 생길까?

S:　　알았어. 왜냐하면 이것들은 너무 무겁고 ….

M:　　물과 … 대리석이 공간을 차지하고 물은 높이 올라가고 ….

S:　　그래.

M:　　물의 높이부터.

S:　　그래.

교사가 스티븐과 마틴을 살펴보기 위해 교실로 들어간다.

T:　　먼저 물기둥이 올라간다는 것을 보고 무엇을 알았니?

S:　　선생님 그것은 너무 커요.

T:　　그리고 다음은 무엇을 알았니?

S:　　선생님, 모르겠어요.

T:　　모른다고?

S:　　네 몰라요 저는 단지 ….

(긴 침묵이 이어진다.)

T:　　좋아. 그래서 그때 네가 사용했던 것이 뭐지? 손을 사용했었지.

S:　　예, 선생님.

T:　　그리고 그것은 어떻게 느꼈니? 네 느낌으로는 …

S:　　웃겼어요.

T:　　웃겼다고? 글쎄 그럴 수 있을지. 그게 만져본 느낌이니?

S:　　예.

여기에 나의 어리석은 질문은 학습 도구로서 말하기와 듣기의 특성에 대해 잘 몰랐기 때문에 일어난 것이다. 돌이켜보면 나는 '니가 했던 일을 말해 줄 수 있니?'와 같은 형태의 개방적인 질문에 대한 얼마의 지침이 필요했더라고 생각한다. 물론 그리고 나서 나는 아동들의 말을 귀 기울여 들었어야만 했다. 이것이 대부분의 사람들에게 잘 이해될지 모르겠지만 교실의 분주한 일상에서는 대화가 정보를 교환하는 데 가장 쉽고, 가장 많이 사용하고 가장 접근하기 편리한 것임을 잊기가 쉽다.

아동이 배울 수 있도록 교사가 아동에게 주는 도움은 종종 비계설정이라고 불리는데 이것은 브루너에 의해 고안된 용어이다. 그러나 그레고리(Eve Gregory 1996: 21)는 우리에게 학습은 문화 차이가 있기 때문에 비계설정은 이런 차이를 고려하여 제공해야 한다고 하였다. 넛브라운(Cathy Nutbrown 1994: 75)은 토의에서 교사의 역할에 대해 다음과 같이 말하였다.

> 교사나 다른 교육자의 책임 중 일부는 아동이 다양한 범위의 대화와 전문용어를 듣고, 스스로 발견한 것을 말하고, 중요하고 발전적인 생각을 언어를 통해 의사소통 할 때 필요한 어휘들을 창출하도록 하는 것이다.

(2) 논평 8

위 목록에 있는 책 몇 권을 가지고 수업 시간에 쓸 수 있는 몇 가지 질문을 생각해 보라. 챔버스의 『내게 말해요.』[35]는 여러분이 질문의 근거를 찾을 수 있는 유용한 자료이며, 다음은 그의 책에서 가져온 몇 가지 예이다.

---

35) 챔버스(A. Chambers 1992)가 쓴 『내게 말해요. *Tell me*』

- 이 책(활동)은 친구들 앞에서 보여줄 수 있나요? 어떻게?
- 이 책(활동)에 대해 친구들에게 무엇을 말할 것인가요?
- 어떤 종류의 책(이야기)이라고 생각하는가요?
- 이 이야기(활동)에서 가장 중요한 것은 무엇인가요?
- 이것을 다시 읽고 싶나요? 만약 그렇다면(읽고 싶다면)/그렇지 않다면?

7. 언어 놀이

라임(Rhyme)은 오랫동안 아동들의 문식력을 발전시키는 중요한 도구로 여겨졌고, 브라이언트(Bryant)와 브레들리(Bradly)(1985), 고스와미(Goswami)와 브라이언트(1990)의 연구물에서는 음운론적인 인식 즉, 단어의 소리를 인식하는 능력으로서 라임의 중요성을 부각시켰다. 그들의 연구에서는 단어의 소리와 철자, 라임에 대한 아동들의 주의를 끄는 것을 명확히 할 필요가 있다고 지적하였다.

라임 놀이는 어린 아동에게 있어 소리에 대한 인식의 시작이다. 나는 유치원 수업에서 이야기 모음 시리즈의 『위시-위시 부인』을 즐겨 사용하며, 종종 'wishy-washy, ishy-oshy, pishy-poshy'나 그것을 변형한 챈트를 활용하곤 하였다. 로젠(Michael Rosen)의 『곰 사냥을 떠나자.』의 즐거움 중의 하나는 'splash! splosh!'와 'swishy! swashy!'를 적절한 율동과 함께 하는 것이다. 시와 언어 놀이의 즐거움은 입으로 단어 소리에 대한 '상큼함'(Beard 1995: 7)을 맛본다는 점이며, 이는 저학년 아동들에게 중요한 원칙이다. 마가렛 마쉬(Margaret Mashy)의 책에서는 언어 학습을 위한 좀 더 복잡한 언어 놀이를 참고할 수 있다. 그런데 『무서운 소음』에서 아주머니의 '유쾌하고 시끄러운 시골뜨기'의 즐거움이나 또는 『누구의 엄마가 해적인가?』에서의 'drift와 dream, weave와 wave, fume과 foam'등에서의 매혹적인 느낌을 확실하게 나타낼 수 있는가? 버닝햄의 『줄리엣은 어디에 있니?』

에서 크로브스키(Novosti Krovsky)와 같은 이국적인 이름, 표면적으로는 무의미하게 보이는 윌리엄(Sara William)의 『좋은 직업, 작은 독주』에서 'zoodle oop, little Zog' 등은 소리에 대한 인식뿐만 아니라 즐거움의 원천을 제공한다. 그러나 과장된 읽기나 문단의 일부 다시 읽기는 제외할 것이며, 즐거움이 수반되지 않은 설명은 하지 않을 것이다.

아주 어렸을 때 들은 시에 나타나는 리듬과 반복은 소리 내어 읽는데 도움이 된다. 이러한 예로 아주 어렸을 때 들었던 동요(자장가)가 있다. 또다른 예로는 샌솜(Clive Sansom)의 『기차의 노래』가 있다. 아동들이 'clickitty clack, clickitty clack'과 같은 언어학적 방식으로 말하는 것을 굳이 제지할 필요는 없다.

어려운 말 빨리하기 놀이(Tongue-twisters)는 또다른 형식의 언어놀이로 발음하는데 주의를 끌기 위해 이용될 수 있다. 어린이들은 두운을 즐기고, 그것들을 쉽게 발견할 수 있다. 다양한 주제에 관한 알파벳 사전은 어린이들과 함께 만들 수 있으며, 그 예는 다음과 같다. Alex adores apples(알렉스는 사과를 좋아하고), Balbir bake biscuits(발비르는 비스켓을 굽고), Colin cooks cakes(콜린은 케이크를 만들고) ……. 어린 시절에 하는 또다른 언어 놀이로는 Opie and Opie(1959)에서의 운동장 라임이 있다. 운동장에서의 챈트는 다소 공격적이다.

> I'm the king of the castle.
> 나는 이 성의 왕이야.
> Geroff! You dirty rascal!
> 제롭, 넌 더러운 해적이야.

다음은 좀 더 부드러운 챈트이다.

> Oh, I'm a little Dutch girl a Dutch girl a Dutch girl.
> 나는 네덜란드 소녀. 네덜란드 소녀. 네덜란드 소녀예요.

Oh, I'm a little Dutch girl from over the sea.
나는 바다 건너서 온 네덜란드 소녀예요.

강한 리듬, 라임, 단순한 반복, 그리고 노골적인 파괴는 운동장 챈트에서(Grugeon 1988 참고) 명백하게 나타날지도 모르지만, 이러한 어린 시절의 경험은 가치있는 것이다. 챈트는 아동들의 문학성을 일깨워주며, 라임, 반복, 리듬의 통합은 말 소리를 통하여 문식성의 기초를 형성하도록 도와준다[36].

8. 라임과 리듬

라임 활동은 어린 아동들의 문식성 발달을 위해 오랫동안 이어져 내려오는 경험 중의 하나이다. 그것은 고스와미와 브라이언트(1990)가 강조해 온 어두자음군(onset)이나 운(rime)과 같은 라임의 중요한 측면을 지닌 활동이다. 이는 고스와미(1994)에 의해 언어학적인 용어로 설명되었다. 단순한 음절은 어두자음군과 운이라는 두 단위로 나눌 수 있다 음절에서 어두자음군은 최초의 자음자(들)이다. 운은 음절에서 모음자(들)과 이어지는 자음자들이다. 1996년 제임스(James)의 다음 표는 위의 사실을 잘 설명하고 있다.

---

36) 다른 작가와 작품들
- 알드마(V. Aardema). 『빔윌리와 짐위 *Bimwili and the Zimwi*』
- 린리 도드(Lynley Dodd). 『도널드슨 일기의 털많은 맥클레리 *Hairy Maclary from Donaldson's Dairy*』
- 완다 개그(Wanda Gag). 『고양이떼 *Millions of Cats*』
- 게일 할리(Gail E. Haley). 『이야기, 이야기 *A Story, A Story*』
- 서스(Dr Seuss). 『양말 속의 여우 *Fox in Socks*』

단어(Word)	음절(Syllable)	어두자음군(Onset)	운(Rime)
cat	cat	c	at
stream	stream	str	eam
midnight	mid	m	id
	night	n	ight

어린 아동들이 학교에 들어가기 전에 어두자음군과 운을 통해 읽기 학습의 자료로서 활용할 수 있는 라임을 인식한다. 『시 모음집』37)에 있는 'Chicken and chips'(Anon)와 같은 시는 초기에 활용할 수 있다.

> Chicken and chips,
> 치킨과 칩,
> Chicken and chips,
> 치킨과 칩,
> Everyone here likes chicken and chips.
> 여기 모든 사람들이 치킨과 칩을 좋아해요.
> We eat them all day
> 우리는 온 종일 먹어요.
> Never throw them away
> 버리지 말아요.
> We all like chicken and chips.
> 우리 모두 치킨과 칩을 좋아해요.

어린이들이 시 전체를 읽고 서로 질문하고 나서 chips를 가지고 라임 이 될 수 있는 다른 말을 고안하도록 한다. 수업에서 Hips와 chips, Whips 와 chips같은 것들을 생각해 냈고, 시에 삽입하였다.

또한 랩(rap)에 자신 있는 교사는 이야기를 큰 소리로 말함으로써

---

37) Oxford University Press. (1982). *A Packet of Poems.*

라임과 리듬을 강화할 수 있다. 『옥스퍼드 읽기 나무 시리즈』의 락풀
랩(*Rockpool Rap*)(R. Hunt)은 비록 연습이 필요하긴 하지만 시작하기에 좋은
자료이다. 실습생 카렌(Karen)은 콜린과 호킨스(Jacqui Hawkins)가 쓴 『노
아의 방주』를 랩으로 크게 읽고 책을 활용한 수업을 하였다. 다음은 유치
원 학생들의 수업에 대한 자세한 설명이다.

(1) 사례연구

1. 수업 목표
- 이야기를 주의 깊게 듣기
- 라임에서 인식한 단어를 설명하기
- 텍스트에 대한 열정적인 반응을 공유하기
- 적극적인 참여로 텍스트와 상호작용하기
- 문자소/음소 연결에 대한 인식 설명하기
- 텍스트 구조에 대한 인식 보여주기
- 재미있게 즐기기

2. 카렌이 『노아의 방주』를 선택한 까닭
- 단순 반복되는 이야기이다.
- 두운과 라임을 사용한다.
- 진행형 시제를 사용한다.
- 삽화가 잘 배치되었고 재미있으며, 질문하기에 좋은 자료이다.
- 노아의 이야기는 아동들에게 친숙하다.

① 첫 번째 수업

카렌은 일정한 박자에 맞추어 '비가 내리고 있어요.'를 반복하여 천천
히 읽기 시작하였고 어린 아동들은 조용히 들었다. 일정한 순서에 따른

전개는 특히 라임과 리듬을 혼합할 수 있으며, 아동들의 주의를 끌고 아동들이 함께 할 수 있는 활동이다.

다음으로 계속 반복하고 라임을 강조한 부분은 크게 소리 내어 읽는다. 그리고 나서 반복된 이야기에서 라임이 있는 단어는 생략하게 하였다. 아동들은 아주 자연스럽게 했다. 아동들이 이야기를 읽으면서 리듬에 따라 박자를 맞추었지만, 수업에서 '리듬을 맞추지 못하는' 다른 아동들도 있었다. 카렌은 리듬 활동이 좀 더 필요한 아동들을 기억해 두었다. 한 아동은 전체 학급 친구 앞에서 이야기를 읽었는데, 학급 친구들은 그가 이야기 라임을 떠올리도록 도와주었다.

첫 번째 수업의 평가 목표는 생각해 볼만한 가치가 있다. 다음은 아동을 위한 것들이다.

- 조용히 앉아서 주의 깊게 듣기
- 단어 라임에 자발적으로 참여하기
- 리듬 맞추기
- 사건의 순서 회상하기

카렌은 리듬감이 없는 4명의 아동을 평가하고 기록하였다. 그와 같은 아동들이 생기지 않았더라면 대단히 성공적인 수업이었을 것이다.

② 두 번째 수업

이는 좀 더 어린 아동들이 집에 가고 난 오후에 있었던 일이다. 목표는 아동이 첫째 번 시간에 참여하거나 들어서 얻은 기능을 증가시키며, 텍스트에 대한 반응을 공유함으로써 이야기를 내면화하도록 하기 위한 것이다. 이야기를 다시 읽은 후 아동은 다음과 같은 질문을 받는다.

- 왜 노아가 동물들을 방주에 데리고 갔다고 생각하니?
- 동물들은 방주를 타고 하루 종일 무얼 했다고 생각하니?
- 노아에 대해 더 말해 보라.
- 강아지에 대해 알고 있는 것은 무엇이니?

이야기의 라임 대구(couplets)를 종이에 적은 후에 그것을 아동들에게 읽도록 한다. 그것은 아이디어와 개념을 이끌어 낸 텍스트 대해 다시 토의하는 동안 이루어진다. 친절함, 무례함, 협력과 같은 개념들이 토의 되었다. '노아는 친절했어요. 왜냐하면 "뚱뚱한" 하마라고 불리는 무례한 돼지와 동물들을 구조해 주었기 때문이예요.' 그 과제는 교사가 개별 아동들과 함께 상호작용 하도록 한다. 마지막으로 책을 다시 보며 다음과 같은 질문을 통해 출판에 관한 사항들을 살펴보았다. '저자는 누구인가?' '삽화가는 누구인가?' '어디부터 책을 읽었는가?'

③ 세 번째 수업

이 수업의 목표는 어린 독자들이 노아 이야기의 시연 활동을 통해 텍스트에 참여하는 활동으로 확장하는 것이다. 아동들은 앞서 적었던 라임 대구가 있는 종이를 가지고 '한 줄씩' 읽거나 큰 소리로 말하기도 한다. 아동들은 다른 역할을 연기하기 위해 종이를 바꾸기도 하고, 어떤 경우에는 다른 인물에 맞게 다른 목소리를 내기도 한다.

④ 결론

이것은 아동들뿐만 아니라 실습생에게도 확실히 가치로운 학습 경험 이었다. 카렌의 수업은 읽기 과제에 대한 부분이었지만, 말하기와 듣기가 수업의 핵심적인 역할을 차지하였다. 라임, 리듬, 시연, 주제 토의, 토의 규칙 학습뿐만 아니라 아동들은 언어놀이를 통해 완전한 기쁨과 즐거움을 경험하였다. 문식력의 도구인 대화를 통해 학습을 하였으며, 아동들은 대화 자체에 대해서도 배웠다[38].

9. 듣기

종종 분주한 교실에서 듣기는 아동들이 지시를 듣고 즉시 그것을 수행하게 한다. 물론 이런 종류의 듣기도 중요하다. 그러나 듣기는 상호작용적인 말하기의 일부이다. 아동들의 듣기 기능을 향상시키는 활동은 때로는 읽기의 스키마를 보충한다. 그런데 대부분의 듣기는 아동들이 하나의 소리로부터 다른 소리를 구별하는 활동이다. 그러나 그런 활동들의 가치는 신중하게 고려되어야 한다. 아동들이 단순한 소리의 수용이나 기억력만을 테스트 받고 있지는 않은가? 지금 교실에서는 녹음기와 아동들이 들을 이야기 및 노래 테이프 등이 있는 듣기 코너가 만들어지고 있다. 이와 같은 것들의 중요성은 아동들이 상호작용하는 것을 조장하고 듣기에서 학생들의 상상력을 발휘하는 것에 근간을 둔다. 또한 이런 것들은 분주한 교실에서 독점적인 양식이 될 수 있는 단순한 지시를 듣는 것 이상의 여러 가지 듣기 모델을 제공한다. 따라서 우리는 아동들이 듣고 반응할 수 있는 상황을 마련해야 한다. 역할놀이는 그러한 하나의 상황이 될 수 있다.

---

38) 다른 작가와 작품들
- 알랜 듀란(Alan Durant). 『생쥐 파티 *Mouse Party*』
- 콜린과 재키호킨스(Colin and Jacqui Hawkins). 『내 곰의 비행기 *Mr Bear's Aeroplane*』
- 마가렛 메이(Margaret Mahy). 『왕이 행차할 때 *When the king Rides By*』
- 로즈마리 웰스(Rosemary Wells). 『시끄러운 노라 *Noisy Nora*』
- 스토리체스트 시리즈(Storychest Series). 『영리한 바지 *Smarty Pants*』

(1) 역할놀이

역할놀이는 놀이의 복합적 형태이며, 이따금 '판타지극' 또는 '사회극'으로 불린다. 아동들은 가정과 같은 일상적인 생활에서 엄마, 붉은 망토 소녀, 의사 등의 역할을 한다.

1) 자유극

자연스럽게 실행하는 판타지극은 그 자체로 중요하며 반드시 아동들을 서로 관련시키거나 언어 발달을 유도할 필요는 없다. 아동은 종종 스스로 역할극을 하는데 이것이 중요하다. 이따금 아동들의 연극에서 개별 아동들은 엄마나 아빠가 될 것이다. 비록 아동들이 어른을 흉내내지 않는다고 하더라도 아동은 이런 흉내내기 상황 속에서 실제의 삶을 준비하거나 연습한다. 교사는 학생들이 가게나 카페를 차리는 것을 도와주어야 한다. 흉내내기 놀이는 아동들의 것이며 주인 의식을 가지고 상황을 시작하도록 해야 한다.

유치원의 한 학급에서 애비다, 라지아, 죠앤은 집을 배경으로 한 연극을 하고 있었다. 그들은 그 집의 주방으로 가기 전에 옷상자에서 사리(인도 여인이 허리와 어깨를 감고, 남은 부분으로 머리를 싸는 길고 가벼운 옷)를 꺼내고 서로 입는 것을 도와주었다. 그들은 펀자브어로 말하며 무엇을 요리할 것인가를 토의하고, 동시에 그들이 하려고 하는 것을 죠앤이 이해할 수 있도록 영어로 되풀이하였다. 아동들은 집에서 관찰했던 반죽을 섞고 두드리는 행동을 하며 차파티(철판에 굽는 둥글납작한 인도의 밀가루빵)를 만들기 시작하였다. 아동들은 팬을 물로 채우는 시늉을 하고 그것을 난로 위에 올려놓은 다음 그들이 쌀이라고 정한 것으로 팬을 '채웠다.' 그들이 하고 있는 것에 대해 펀자브어와 영어로 돌아가며 이야기 하였으며, 다시 돌아와 조앤과 토의하였다.

이 활동은 아동들의 자유극을 관찰하고 기록하는 것이 아동의 인지적, 언어적, 사회적 기능에 대한 중요한 정보를 얻을 수 있다는 것을 보여주는 예이다. 요리하기는 애비다와 그의 친구들에게 가정 세계와 학교 세계 사이의 중요한 연결을 나타내는 것이며, 아동들이 가정에서 연습하고 관찰했던 기능을 학교에서의 기능으로 발전시킬 수 있도록 한다. 이것은 학교에서 그들이 학습한 것과 연결시키는 데 도움을 준다. 영국 친구들 뒷전에 있던, 펀자브어와 영어로 말하는 학생들은 이중 언어 학습자로서 그들의 언어적 기능에 대한 중요한 증거뿐만 아니라 적절한 상황에서 알맞은 언어를 사용하는 능력의 증거도 제공하였다. 이 학생들은 언어가 무엇에 대한 것인가를 분명히 보여 준다.

여기에서 우리가 생각해야 할 것은 역할놀이를 경시하지 말고 그것을 관찰하고 역할놀이와 역할놀이를 통한 대화를 발전시킬 기회를 갖는 것이다. 아동들에 역할놀이를 통해 그들의 주변 세계 지식과 이해에 대한 정보를 알게 해야 한다. 또한 아동들이 의사소통하고 협동하는 맥락 속에 있다는 것을 알게 해야 한다. '나는 지금 아기 역할을 하고 있어' 와 같은 자기를 옹호하는 말은 역할 놀이에서 요구되는 상호작용적인 말하기가 아니다. 역할놀이에서 어른의 개입은 아동들이 더 경험이 풍부한 언어 사용자와 협동하고 상호작용하는 기회를 가질 수 있는 환경을 제공할 수 있다. 이러한 것들은 아동들의 역할놀이를 관찰하고, 그것들을 연결하고 아동들이 하고 있는 것을 발전시키려는 기회를 제공함으로써 성취될 수 있다.

2) 어른들의 개입

우리는 시장놀이 수업에서 가상적 역할놀이의 가치를 생각해 볼 수 있다. 교실은 곳곳에 특가품을 나타내는 포스터나 최고의 브랜드를 광고하는 포스터가 붙은 가게로 바뀐다. 이런 것들 중의 일부는 인근 가게로부터 얻어온 것이고, 일부는 교사가 만든 것이며, 나머지는 학생들이 만든 것이다. 돈은 음식이나 플라스틱 병, 크림 디저트 단지 등이 있는 테이블 옆에 놓일 때 비로소 화폐로서 기능을 한다. 한 아동은 주인이 되어 테이블 옆에 있고 또다른 아동은 한쪽 팔에는 가방을 걸고, 다른 한 팔로 '아기'를 안고 가게에 간다. 이러한 광경은 저학년 교실에서는 일반적인 것이다.

학생들은 교실의 가게에서 며칠 동안 역할극을 할 것이다. 교사는 의미 부여할 기회를 주기 위해 활동을 확장하고 그들의 역할극과 실제 쇼핑 경험을 연결시키려고 할 것이다. 교사는 학생들에게 실제 쇼핑에 대해 물음으로써 말하기를 심화할 수 있는 출발점을 제공할 수 있다. 교사는 학생들에게 무엇을 샀고, 어디에 갔었고, 누구와 갔으며, 집에 돌아왔을 때 무엇을 했는지를 물어볼 수 있다. 다음은 교사가 학생들의 역할에 직접 개입하고자 할 때 사용할 수 있는 질문들이다.

- 가게에 들어가서 우체국 가는 길을 물어 볼 것인가?
- 손님에게 '이 가게는 5시에 문을 닫는다'고 마감시간을 알려줄 것인가?
- 오늘 저녁에 차는 뭘 마실까? 내가 산 걸로 무얼 만들 수 있을까?

어른은 어떻게 연극을 풍부하게 하고 심화시킬 수 있을까에 대해 생각해 보고, 아동들을 대화의 다양성에 끌어들일 필요가 있다. 닐앤즈 (Neelands)(Moyles 1994: 97에 언급)가 말한 교사의 '정교한 혀'를 제공하기 위해서는 민감성과 예측성이 요구된다. 이 최종 도달점은 더 고려할 가치가 있다. 교실에서 자유방임적인 접근을 하는가, 아니면 강의 중심적인 접근을 하는가? 나는 이 둘을 선택의 문제라고 보지 않는다. 이 둘의 방법은 나름대로의 가치를 가지고 있으며, 교사들은 이것을 인식해야 한다.

그러나 교사가 아동 활동에 개입하는 기회를 찾거나 그 기회를 이용하는 데 바탕을 둔 교수·학습에 대하여 추가적인 접근법이 있다. 즉, 직접 가르쳐주는 것이 아니고 학습을 촉진하기 위해 아동들과 협력하는 것이다. 이와 같이 아동들을 지원하고 이해를 강화하는 것을 돕기 위해 교사는 늘 함께 있을 필요가 있다. 교사는 개입하기 위해 '가르침이 필요한 순간(teachable moment)'을 인식할 필요가 있다(Woods and Jeffrey 1996). 관찰하고 듣는 시간이 제한된 가운데 언제 도움을 제공할 것인가에 대한 어려움은 아동들의 선행지식에 대해 알고, 아동들의 지식을 심화시키는 대화에 참여하게 함으로써 해결될 수 있다. 이러한 대화를 위한 기회를 제공하기 위해 아동들이 그들의 학습 환경에 더욱 독립적일 수 있도록 해야 한다. 그러기 위해 교사들은 관찰하고 듣는 데 시간을 더 많이 들여야 하며, '가르침이 필요한 순간'을 인식하고 이용할 수 있어야 한다. 이것에 대한 답이 하나만 있는 것은 물론 아니며, 모든 교사들은 다른 해결책을 가지고 있다. 어떤 교사는 유용한 측면에서 교실 환경을 조사할지도 모른다. 그것이 아동들이 독립적이 되는 것을 도와 줄 수 있는가? 교사나 도우미 교사들이 너무 끼어들거나 아동을 위해 무언가를 하는 경향이 있지 않는가? 예를 들어, 아동들이 모든 준비물들이 어디에 있는지 알아야 하는가? 자료를 어디에서 찾는지를 매번 교사에게 물어야만 하는가?

(2) 논평 9

여러분은 다른 어떤 상황을 생각할 수 있고 어떤 종류의 개입을 계획할 수 있는가? 많은 교실에서 진행하고 있는 모래성 놀이나 블록 놀이, 책 돌려읽기와 같은 활동부터 시작할 수 있을 것이다.

(3) 게임들

간단한 게임들을 어정쩡하게 짧은 시간 즉, 급식 도우미 아주머니나 방문자를 기다릴 때 유용하고도 재미있게 활용할 수 있다. 교사는 이같은 시간에 바로 꺼낼 수 있는 이런 게임들을 얼마간 가지고 있을 필요가 있다. 이런 것들을 과소평가하지 마라. 이는 말하기와 듣기 과정의 유용한 부분이다.

① 동물원 놀이

학생 한 명이 동물 한 마리를 생각하고 그것의 모습을 하나하나씩 묘사한다. 여러분은 그 게임을 다양하게 할 수 있고, 몇 개의 다른 대상을 이용할 수 있다.

② 주머니 속에 누가 있을까?

짝을 지어서 각각의 학생들은 유명한 사람이나 캐릭터의 이름 몇 개를 쪽지에 쓴다. 쪽지를 접고 그것을 자루에 넣는다. 각각의 학생들은 자루에서 이름을 꺼내 1분 동안만 그것을 짝에게 묘사한다. 만약 짝이 정확히 알아맞히면 1분이 다될 때까지 또다른 이름을 꺼내서 계속한다.

③ 링가링가링

동작을 따라하며, 처음에는 유쾌한 소리로 노래하고 그리고 나서 겁에 질린 목소리로 속삭여라.

④ 알파벳 언어

오직 알파벳 글자만 사용하면서 누군가를 야단쳐 보라. 우는 아이를 달래 보라. 길거리 가게에 과일을 팔아 보라. 또는 친구와 잡담을 해 보라.

⑤ 라운드

첫 번째 사람이 첫 소절을 끝냈을 때 두 번 째 사람이 시작하라. 접시 위에 젤리가 있고, 삶은 감자가…(또한 이런 것들은 음악적으로도 할 수 있다.).

⑥ 목사님의 고양이

목사님의 고양이는 사나운 고양이, 아름다운 고양이. 등등

⑦ 나는 휴가 때 …를 갔다

나는 휴가 때 …를 갔다.

(4) 논평 10

듣는다는 것은 무엇을 의미하는가? 아동들이 교사의 말을 듣고 또 서로에게 귀 기울이기를 원하는가? 다른 종류의 듣기에는 무엇이 있는가?

우리가 학생들에게 얼마나 많이 우리의 수업을 듣도록 요구하는지에 놀랄지도 모른다. 최근 수업에 대해 생각해 보라. 아동들은 여러분이나 서로가 하는 말을 듣고 있지 않았는가? 왜 여러분은 듣고 있었는가?

10. 언어의 다양성

비록 이것은 저학년 아동들에게는 복잡한 영역이지만, 저학년 시기에 우리가 논의를 시작할 수 있는 부분이다. 말하기 방법의 다양성에 대한 아동의 인식을 일깨우기 위해 아동들에게 다음과 같이 질문해 보라.

- 친구들에게/교장선생님께 어떻게 인사합니까?
- 아기에게/조부모님께 다르게 말합니까?
- 잠자리에 갈 때/피곤할 때 다른 단어를 사용합니까?
- 여러 종류의 음식에 대해, 다른 단어를 사용합니까? 예를 들면 단것/아이스 캔디/구슬 사탕.

이 최종 도달점의 어떤 측면들은 더 고려할 필요가 있지만, 여러 가지 이야기나 시를 읽어주는 것은 다양함에 대한 자각을 일깨우는데 도움을 준다. 우리는 또다른 방언이나 억양을 사용할 수 있는가? 다양한 언어 배경을 가진 운 좋은 교사들은 그들 자신의 이야깃거리를 윌슨(Bob Wilson)이 쓴 『고관 스탠리』의 요크셔 톤과 같은 억양이나 방언으로 구사할 수 있을 것이다. 그러나 아난시(Anansi) 이야기들과 같은 것을 읽을 때는 다른 억양을 적용하는 것이 바람직할 것이다.

언어 실태를 파악한다는 것은 유용한 활동이고, 대화와 우리가 사용하는 언어에 대한 많은 양의 말하기를 촉진시킨다. 먼저, 다음과 같은 질문들을 사용하면서 교사들이 그 자신의 언어사용 실태를 파악하는 것은 가치있다.[39]

- 어디에서 태어났고, 그것이 말하기 방식에 어떻게 영향을 주었는가?
- 이사한 적이 있는가, 그리고 그것이 말하기 방식을 바꾸었는가?
- 학교 교육은 말하기 방식에 어떤 영향을 주었는가?
- 억양은 사회적 지위를 반영하는가?
- 억양을 조금이라도 바꿀 수 있는가?
- 사투리, 표준 영어, 은어로 말할 수 있고, 말하는 상대에 따라 다양한 방언을 사용할 수 있는가?
- 영어를 말하는 때나 장소에 영향을 주는 또다른 언어가 있는가?

---

39) Smith et al.(1991). east LINC 자료 참고.

- 말하는 방식이 나이를 반영하는가?
- 말하는 방식을 바꿀 수 있는가? 그렇다면 왜 그런가?

아동들에게 여러분 자신의 언어 목록을 보여주는 쉽고 재미있는 방법 중 하나는 여러분의 어릴 적 사진에서 가져오는 것이다. 그리고 여러분 언어에 대해 아동들에게 이야기하라[40].

11. 맺음말

이 장은 네 살 된 린다의 대화로 끝을 맺는다. 침대에 재우고 있는 어머니와 말하는 이 문자화 자료는 린다가 고도로 정교화된 방법으로 말하기를 사용할 수 있음을 보여준다.

린다: 저는 엄마가 가장 좋아요.
엄마: 너도 나를 가장 좋아하니?
린다: 엄마가 제게 소리치지 않을 때만요.
엄마: 네게 소리치지 않을 때만? (웃는다.) 넌 좋아질 거야, 그렇
         지 않니? 응? 왜냐하면 네가 훌륭한 사람이 되면 난 네게
         소리칠 필요가 없겠지, 그렇지?
린다: 엄마는 소리치는 것을 좋아하지 않아요?
엄마: 그래, 네게 소리치는 것을 좋아하지 않고 네가 장난꾸러

---

40) 다른 작가와 작품들
- 존 아가드(John Agard). 『나는 나무열매 줍기를 해요. *I Din Do 'Nuttin'. Pomes.*』
- 존 아가드와 그레이스 니콜(John Agard and Grace Nichols). 『*No Hickory, No Dickory, No Dock.*』
- 알버그(A. Ahlberg). 『밤도둑 빌 *Burglar Bill.*』
- 토니 브레드만(Tony Bradman). 『해골 섬의 모험 *Adventure on Skull Island*』
- 딕 킹 스미스(Dick King-Smith). 『조지의 연설 *George Speaks*』
- 케이 우만스키(Kaye Umansky). 『개구리 왕자 *The Fwog Pwince*』

기가 되는 것도 좋아하지 않아.

린다: 그래요? 제가 울 때 창피하다고 생각하지 않아요?

엄마: 네가 울 때 창피하다고 생각하느냐고? 가끔.

린다: 가끔?

엄마: 그래 가끔 그렇지. 가끔은 널 잠자리에 가게 해야 때문이 지, 그렇지 않니?

린다: 제가 잠자리로 갈 때 걱정하지 않아요?

엄마: 당연히 걱정하지.

린다: 저도 엄마를 걱정해요.

엄마: 네가 나를 걱정하니?

린다: 날마다요.

엄마: 날마다?

린다: 장난칠 때도요.

학교에 오는 첫날까지 린다처럼 대부분의 아동들은 어떻게 말하는지 정교화된 방법으로 배워왔다. 아동이 그들 삶에서 처음 4~5 살에 있었던 놀라운 발달은 이제 저학년 교실에서 체계적인 교육을 통해 범위, 다양성, 깊이가 확장될 수 있다.

 더 읽을거리

Tassoni, P. and Hucker, K.(2000). 'Providing opportunities for Language and Literacy'; in *Planning and the Early Years*. Oxford: Heinemann.

Whitehead, M.(1999). *Supporting Language and Literacy Development in the Early Years*. Buckingham: Open University Press.

제3장
스토리텔링을 통한 아동들의 구어 발달

　부모나 교사가 아이들에게 이야기 들려주는 것은 아동들에게 재미 이상의 교육적 의미가 있다. 아동들은 이야기 듣기를 통해 이야기 전개구조를 알게 되고 이를 읽기 등 다른 학습에 전이시킨다. 즉, 스토리텔링은 말하기와 듣기의 한 유형이지만 아동들의 이야기 경험은 읽기, 쓰기 능력 발달에도 중요한 영향을 끼치게 된다.

　교사는 스토리텔링을 할 때 자신이 좋아하고 잘 알고 있는 이야기를 선정해야 한다. 그리고 책을 보지 않고도 자유자재로 이야기를 구사하고 학생들과 친밀하게 반응하며 극적으로 이야기를 이끌어가야 한다. 또한 리텔링을 통해 아동들이 자신의 배경지식 속에 있는 경험들을 결합하여 말할 수 있도록 도와주어야 한다. 특히 아동들이 자신의 언어로 생각하고 말하게 하여 아동의 내면에 잠재되어 있는 이야기 능력이 실현되도록 도와주어야 한다. 이야기하기는 아동들에게 의사소통과 통제의 수단, 경험을 공유하는 수단, 언어를 자세히 들여다보는 자극제와 같은 역할을 하여 초기 문식성 발달에 중요한 영향을 끼치기 때문이다. 3장에서는 스토리텔링의 경험에 대한 실습 교사들의 경험을 기술하고 있다. 스토리텔링의 다양한 방법과 교육적 의의를 살펴보도록 한다.

제3장
스토리텔링을 통한 아동들의 구어 발달[41]

이 장에서는 초등학교에서 특별히 중요한 말하기와 듣기 양상으로서 이야기나 스토리텔링을 살펴본다. 아동들이 학교에 입학하기 전에 듣는 이야기는 아동들의 언어와 문식력 발달에 많은 영향을 주는 것으로 알려져 왔다. 2장에서는 아동들이 가족과 공동체로부터 학교에 가져오는 축적된 언어경험의 중요성을 강조하였다. 그러한 언어 경험의 대부분은 아동들에게 들려주거나 읽어주는 이야기 형식이다. 취학 전에 아동들이 듣는 이야기에 대한 연구는 아동들이 쓰여 진 이야기를 듣고 그 경험에서 내러티브 기능과 복잡한 사고를 위해 필요한 통사 구조를 얻는다는 것을 입증한다(Fox 1993: 116). 아동들이 듣고 또는 종종 다시 말하는 이야기의 구조는 그들이 읽기를 학습하는 방식이 되어, 이야기를 예상할 수 있게 한다. 읽어주는 이야기를 듣고 어른과 함께 책을 읽는 것은 아동들이

---

41) 이 장의 초판은 그루건이 콜린즈, 노우치, 만셀, 퀸스, 템플먼과 함께 '이야기 구연가 되기(Becoming Storyteller)로 펴냈던 것이다. Elizabeth Grugeon, Sue Collins, Belinda Louch, Vicky Mansell, Wendy Quince, and Jane Templeman(1989). Becoming Storytellers *Early year:Journal of TACTYC 10(1)』*. 10-15.

나중에 읽기 학습을 하는데 가장 좋은 안내 역할을 해왔다(Well 1987). 그런데 이러한 경험이 모든 사람들에게 똑같다고 가정할 수는 없다. 즉, 모든 아동들이 가정에서 학습한 것을 학교로 전이하거나 이야기를 말할 수 있거나 이야기 구조에 쉽고 자발적으로 대처할 수 없다. 1년 동안 유치원에서 실시한 연구는 수업에 사용된 교사의 섬세한 기능과 이해를 보여준다. 그 수업은 아동들이 들었던 이야기를 지속적이고 일관되게 다시 말할 수 있는 결과가 나타나게 하는 것이었다(Dombey 1992). 돔비는 이 과정에서 아동들이 나중에 독자로서 배우게 될 내러티브와 관련된 많은 수업에 대해 기술한다. 아동들의 학교 밖 경험의 영향에 대해 서로 인식할 필요가 있다. 부모가 들려주는 이야기뿐만 아니라 친구와 하는 게임, 아동들이 보는 TV나 비디오 프로그램 등도 아동들의 이야깃거리와 말하기 능력에 대해 영향을 미칠 것이다(Anderson and Hilton 1997). 이러한 자원들을 이끌어 내고 사용하는 것은 상당한 기능과 이해를 필요로 한다.

1. 이야기 준비하기

기초단계를 위한 교육과정 안내(DfEE/QCA 2000)와 국가수준의 영어과 교육과정(DfEE/QCA 1999)[42]에서는 이미 가지고 있는 기능의 인식과 축적을 인정한다. 말하기·듣기의 성취 목표는 스토리텔링의 발달을 촉진하며, 국가 문식력 전략의 교수법은 이를 강화한다(DfEE 1988c).

1989년에서 1993년까지 30개 지방 교육 기관(LEAs)의 국가 구술력 프로젝트의 주요 결과는 초등학교 학령기 구어 발달의 중요한 요소로 스토리

---

42) DfEE/QCA.(2000). *Curriculum guidance for the foundation stage.*
   DfEE/QCA.(1999). *National Curriculum for English.*

텔링의 등장을 문서화하는 것이었다. 이 시기에 스토리텔링의 장려는 국가수준의 영어과 교육과정 지침서에 상당한 기여를 한 좋은 수업 사례를 남겼다(Howe and Johnson 1992; Grainger 1997; Grugeon and Gardner 2000).

Key Stage 1의 말하기·듣기 첫 번째 요구사항인 학습 범위에서는 활동으로 '실제 및 허구 이야기하기'를 포함해야 한다(8a). '지식, 기능, 이해'에서는 '학생들이 분명한 말투와 적절한 억양으로 말하고, 정확하게 단어를 선택하고, 말한 것을 조직하고, 주제에 초점을 맞추고, 관련 있는 세부사항을 포함하고 청자를 고려할 것' 등을 요구한다(DfEE/QCA 1999: 16). 이 모든 것들은 스토리텔링에 의해 발달될 수 있는 기능들이며, 국가 문식력 전략의 틀은 이것을 강화한다. 유치원에서 6학년까지의 교재에 스토리텔링이 단계화되어 있다. 유치원에서 1학년까지는 이야기 구조에 대한 이해를 발달시키는 데에 강조점을 둔다. 이야기는 역할극이나 인형 사용하기 등을 통해 시연될 수 있다. 다시 말하기는 전개, 인물, 대화와 이야기 언어의 특징 등에 관한 이해를 발달시킨다. 2학년 때의 역할극과 개인적인 다시 말하기는 학생들의 쓰기의 발달에 점점 중요하게 될 이해력을 지속적으로 향상시킨다. 『저학년의 쓰기 발달』[43]에서 아동들이 책에 나와 있는 것처럼 말하도록 하는 구어 말하기나 다시 말하기는 아동들이 문어 텍스트의 특징을 이해하는 중요한 방법이다. 3학년 때 전통적인 이야기들에 점점 익숙해지는 것은 전형적인 주제, 인물, 언어에 대한 좀 더 세련된 논의를 가능하게 할 것이다. 그리고 이야기 다시 말하기는 이야기 텍스트들을 보다 분명하게 이해하는데 중요한 기여를 할 것이다. 5학년 때까지 구어 '스토리텔링 준비'가 있는데 그 자체가 표상적인 기능을 갖는다(DfEE 1998c). 또한 이것은 교사가 필요로 하는 기능이다. 문식력 시간은 교사가 그들이 가르치고 있는 기능의 모범이 되고 그들 스스로

---

43) NLS. (2001). *Developing Early Writing*. P. 9.

자신 있는 이야기 구연가가 될 것을 요구한다. 이 장은 교사가 학생과 함께 활동하면서 이러한 능력을 발달시키는 방법에 대해 논의한다.

(1) 학교에서의 스토리텔링 반성

우리는 실습생이 아동들이 이미 가지고 있는 다른 능력을 인식하고 그것에 반응하고 또 발달시키는 방식을 볼 수 있다. 이는 아동뿐만 아니라 교사들의 이야기하기 방식에 대한 이해가 증가했음을 나타내며, 그러한 이야기는 아동들의 경험을 폭넓게 이해할 수 있도록 돕는다. 반면에 말하기와 듣기 능력 발달 증거를 제시하기도 한다. 아래의 문자화 자료에서 두 명의 실습생은 유치원과 1/2 학급에서 아동들과 이야기를 공유한 경험에 대해 말하고 있다.

잔:	아동들은 하루 중 어느 때라도 스토리텔링을 잘 받아들여요….
발:	우리는 아동들이 항상 기꺼이 와서 이야기를 들으려 한다는 것을 알았어요. 그것이 우리의 주요한 의사소통 형식이에요…. 여러분이 만일 아동들을 카페트 위로 데리고 가서 이야기를 해 준다면 당신은 흥분, 공포, 슬픔, 행복 등 많은 감정들을 공유하면서 아동들과 하나가 될 거예요.
잔:	그래요. 많은 이야기들은 아동들이 관심을 갖게 하고, 아동들은 집에서 일어난 것과 같은 일을 여러분이 말해 주길 바라며 가슴 두근거릴 거예요. '오, 그건 나한테 있었던 일인데…'라는 외침이 나오고, 아동들은 자신에게 매우 흥미 있는 경험과 같은 이야기 듣기를 간절히 바라며 가슴이 뛰었을 거예요.
발:	그리고 아동들은 우리 이야기를 이끌어가기도 하고 끝내기도 하고 다른 창의적인 이야기 하기를 원하기도 했죠.

또 그 이야기들을 설명하기를 바랐어요.

잔: 저는 원숭이를 말하면서, 달콤한 것을 말했고….

발: 그 말을 누가 알까? 오직 문제거리만? … '괜한 고생' 같이 생각되기도 했죠.

잔: 저는 그것을 말하고 나서 다른 이야기로 아프리카 이야기를 많이 했고, 아동들은 사자가 내는 소리를 기술한 『사자는 어떻게 우는가?』에서 단어들을 살펴봤을 거예요. 그리고 아동들은 단어가 그 의미를 그대로 나타내는지 알아보았어요.

발: 저는 아동들이 약간 어리다고 생각하여 원숭이 이야기에 대해서는 조금 걱정했어요. 저는 아동들이 아프리카 말들을 이해하지 못하리라고 걱정했죠. 그런데 아동들은 그 이야기를 정말 즐기면서 이야기 속의 모든 말을 이해했어요. 비록 '왜 그는 가시 많은 나무를 택했나요?'와 같은 자신의 생각을 밝히는 많은 질문을 했지만요. 아동들은 머릿속에 떠오르는 것을 솔직하게 묻는 많은 질문을 했지만, 그들은 이야기를 즐겼죠.

잔: 당신은 아동들이 그 이야기를 즉시 다시 말하거나 또는 중요한 사건만이라도 다시 말할 수 있는 것을 알아냈나요? 우리 학급에는 그날 내내 그 이야기를 다시 말하는 아동들이 많았어요. 그들은 학급 친구들에게 말을 하고 있었죠….

발: 아, 그 점에 대해서는 다른 이야기가 있어요. 내가 만든 스토리텔링 코너에 테이프 두 개를 놓았었거든요. 하나는 공 테이프였고, 다른 하나는 이야기를 들려주는 것이었어요. 이 코너는 매번 이용되었는데…. 아동들은 그 이야기를 가지고 많은 창작을 했어요.

(2) 토의

훨씬 긴 토의의 이런 문자화 자료를 읽을 때 다음 사항에 대해 토의해 보라.

- 우리는 저학년 교실의 스토리텔링에 대하여 무엇을 발견하였는가?
- 우리는 교사로서 아동들의 전략에 대하여 무엇을 배웠는가?
- 이러한 스토리텔링 활동은 아동들의 문식력 발달에 어떠한 기여를 하는가?

(3) 논평

실습생들은 어린 아동들에게 있어서 이야기의 강력한 효과에 대해 확실히 놀랐다. 실습생들은 스토리텔링의 다음과 같은 특징을 발견하였다.

- 의사소통과 통제의 수단
- 경험을 공유하는 수단
- 다른 활동들의 자극제
- 언어를 자세히 들여다보게 되는 자극제
- 이야기를 말하는 이 그리고 다시 말하는 이로서의 전문적인 기능을 발달시키는 수단
- 문제에 대해 질문하고 토의하는 수단

동시에 실습생들은 말하는 이로서 자신의 이야깃거리를 확장하고 이야기의 범위를 시험하고 아동들이 스스로 듣고 말할 수 있는 자료를 제공한다.

아동들이 이미 가지고 있는 다른 자료를 어떻게 인식하기 시작하는지 알 수 있고, 그것에 반응할 수 있는지 살펴볼 수 있다.

2. 이야기 구연가 되기

우리가 살펴볼 사례는 실습생들이 쓴 과제에서 가져온 것이다. 실습생들은 4주 동안의 실습 기간 동안에 있었던 이야기를 미리 준비하여 이러

한 경험을 과제로 제출하였다. 그들이 사용했던 전략을 설명할 때, 그들은 또한 앞으로 가르치는데 있어서 그들의 언어와 문식력 교수법의 기초를 보강할 이론적 지식과 이해력을 확실히 발전시켰다. 다섯 학생 모두 초등교육 학부과정에서 영어를 전공하고 있었다. 그들에게 주어진 과제는 그들이 수행했던 스토리텔링의 결과를 설명하고 분석하는 것이었다. 그 과제에서 실습생들은 스스로 이야기 구연가가 되어 아동들에게 이러한 기능을 도입하고 발달시켰을 뿐만 아니라, 그들이 수행해 왔던 수업의 비판적 분석을 뒷받침할 이론을 발달시켜야만 했었다. 실습생들은 실습하기 전에 적절한 이야기들에 대해 논의하고 연습하는 시간을 가졌지만, 그들은 모두 스토리텔링의 예상되는 결과에 대해서 긴장하였다. 그리고 스토리텔링에 대한 처음의 불안감을 기록하였다. 한 실습생은 '저는 처음에 두렵고 당황했어요. 저는 전에 아동들에게 이야기를 해본 적이 한 번도 없었어요.'라고 기록하였다. 또다른 반응으로 '이야기 시간이 돌아왔을 때 매우 걱정스러웠어요. 왜냐하면 제가 막 하려고 했던 것이 저에게는 아주 새로운 것이었기 때문이었어요.'라고 하였다. 그러나 실습생들의 설명을 통해 그들과 아동들이 학교에 가져 온 구어 능력에 대한 인식을 발전시켜 나가는 것을 알 수 있다.

　모든 실습생들이 직면했던 문제 중 하나는 참고할 수 있는 모델이 부족하다는 것이었다. 어떤 학교들에서 스토리텔링의 비중은 상당히 낮았고, 아주 어린 아동들을 제외하고는 교사가 스토리텔링을 하는 예를 경험한 아동은 거의 없었다. '제가 들어갔던 교실 중에서 많은 선생님들은 심지어 이야기를 읽어주지도 않았어요.'라고 하는 실습생들도 있었다. 그들이 준비해 온 것을 충분히 시연하기 위한 시간을 협상하는 것은 종종 문제거리였다. '교육과정의 중요한 부분으로 스토리텔링을 하는 것은 어려웠어요. 제가 만난 선생님들은 이야기하는 시간은 오후 마지막 시간 10분 정도가 적당하다고 생각하였어요.' 이러한 현상이 지속되면 문제가 될지도 모른다. 국가수준 교육과정의 요구사항에 의해 초등학교의 일과 시간은 빡빡하게 짤 수밖에 없다. 스토리텔링이 특정 학년의 부분으로 편성되지 않는 한 이같은 교육과정에서 스토리텔링은 어려울 수밖에 없다. 여러분 중에 몇 사람은 학교에서 전문적인 이야기 구연가를 만났거나 스토리텔링을 포함한 지역 행사에 참여했을지도 모른다. 어쨌든 Key Stage 1과 Key Stage 2에서 스토리텔링을 포함하도록 하고, 이야기하기 기능에 대한 아동의 인식을 발달시키도록 하는 국가수준의 교육과정이 있음에도 불구하고, 이에 대한 활동은 여전히 드물고 특히 고학년에게는 더욱 그렇다. Key Stage 2에서의 스토리텔링은 그 앞 단계 못지않게 중요하다. 이에 대한 증거는 그다지 많지 않을 수도 있다. 10대들의 이야기하기에 대해 연구하는 전문적인 구연가들은 고학년 아동들에게 적당한 이야기 전통이 있다거나, 고학년 아동들을 위한 스토리텔링이 가치있다고 여기는 교사들을 만난다는 것에 회의적의 태도를 보였다. '수수께끼, 유령이야기, 가족 이야기, 그 당시 유행하는 전설들, 그 지방의 전설들, 창조 신화, 우스꽝스러운 이야기들, 미신들, 개인적인 경험 이야기들'과 같은 자료를 수집하기 위해 청소년들과 함께 활동한 그들의 경험은 교사들의 회의적인 태도를 반박하는 것처럼 보인다(Wilson 1994: 3). 그가 수집한 예들은 아동들이 중등학교에 옮겨갈 때쯤 갑작스럽게 나타나는 것 같지 않고, 초등학교 놀이장면에서 언급되지는 않았지만 이미 이야기 전통이 존재했을 가능성이 있다. 어쨌든 실습생들이 기록하고 써 놓은 예를 보면 저학년 교실에서 이야기하기의 전통이 싹 트고 있었다.

(1) 이야기 구연가로서 자신감 갖기

실습생들은 스토리텔링 전통이 오랫동안 있어온 저학년에서 스토리텔링을 도입하는 것이 더 쉽다는 것을 알았다(Colwell 1991). 그런데 그들은 말하기가 읽기보다 특별한 기능이며, 일단 인쇄된 단어는 청자와 협의할 수 없는 텍스트라는 것을 발견하였다. 한 실습생은 다음과 같이 말하였다.

> 스토리텔링에 대한 나의 첫 시도는 『아기돼지 삼형제』였다. 왜냐하면 '아기돼지 삼형제'는 내가 가장 잘 아는 이야기였기 때문이다. 내가 '늑대가 첫째 아기 돼지를 삼켰다'고 말하자마자 아이들은 눈에 띄게 흥분하였다. 그래서 나는 '그러나 늑대는 그러지 않았어요. 늑대는 둘째 돼지네 집으로 갔어요.'라고 말했다.

게다가 이야기 자체에 대한 선택이 합의되어야 할지도 모른다. 또다른 실습생은 『어린 강아지 터피』를 철저히 주의 깊게 준비했지만, 결국 그 학급 아동들은 그녀가 모르는 최근 '20년 동안 영국에서 가장 큰 폭발이었던, 5일 전에 몇 마일 떨어진 발전소 지붕이 폭발한 지역 사건'에 대해 이야기해 주기를 원했다. 대부분의 아동들은 이 사건을 보았고, 실습생은 충격적인 폭발 이야기를 위해 『어린 강아지 터피』를 포기해야만 했다.

이야기를 해야만 한다는 초기의 긴장을 극복했다면 실습생들은 그들의 말투와 아동들의 반응을 되돌아볼 수 있었을 것이다. 한 실습생은 다음과 같이 기록하였다.

> 금방 알 수 있는 두 가지 차이점은 손을 자유롭게 놀리는 것과 눈을 마주치는 것이다. 책에서 자유로워지는 것은 화자와 청자가 보다 직접적으로 경험을 공유할 수 있게 하는 눈맞춤을 증대시킨다. 이렇게 청자와의 밀접한 접촉은 이야기 구연가가 이야기에 대한 청자들의 반응을 보다 정확하게 살필 수 있도록 하고, 그 이야기에 대해 푹 빠져있는 아동들이나 주의를 기울이지 않는 아동들을 파악할 수 있게 한다. 텍스트로부터의 자유로움은 어떤 것이 꼬여갈 때나 더욱 자세한

설명이 필요한 경우에 구연가가 그 상황을 벗어 날 수 있도록 한다. 무엇보다도 스토리텔링은 화자와 청자가 그 이야기를 매번 새롭게 창조할 수 있도록 한다(Wendy).

(2) 이야기하기를 위한 준비하기

준비의 필요성에 대하여 생각해 본 실습생들은 '이야기를 선택하는 가장 중요한 기준은 자신이 이야기를 즐기고 그 안에 흠뻑 빠질 수 있는 이야기를 준비하는 것이다.'라고 생각했다. 한 실습생은 그녀가 어린이였을 때 알았던 이야기로 선택하였다.

> 긴장하긴 했지만 이야기 구연가로서 나의 모험을 시작했다. 생각해 보면 그래도 잘 한 것 같다. 놀랍게도 나는 첫 경험을 완전히 즐겼다. 내가 이야기를 했을 때 떠들썩한 학급을 압도하는 깊은 침묵에 놀라면서, 나는 그 경험이 정말로 그들을 사로잡고 있다는 것을 느꼈다. 손, 얼굴, 심지어 눈까지 나의 모든 신체 부분을 이용하여 그 이야기를 표현할 수 있었다. 책 없이도 각각의 단어에 집중하면서 나의 목소리를 좀 더 의미 있게 사용할 수 있다는 것을 알았다. 이야기를 하면서 나는 이야기의 윤곽이 기억하기 위한 가장 중요한 측면이라는 것을 깨달았다. 세부 사항들은 이야기 할 때마다 달랐고 매번 바뀌었다. 이야기를 반복했을 때, 가장 내성적인 성격의 아동조차 기뻐했고, 그 아동은 이야기 속에 완전히 빠져들었으며, 나 역시 그랬다. 우리는 그 아동들의 얼굴 표정에 나타난 기쁨을 보았다. 사실, 그 경험을 진정으로 즐겼다(Sue).

실습생들은 실습을 하기 전에 청중이 된 경험을 갖고 있었다. 전문적인 이야기 구연가였던 지방의 한 선생님은 학생들에게 캐러비안(Caribbean)의 『계략을 꾸미는 사기꾼 아난시 』[44]를 소개하러 수업 시간에 들어오셨

---

44) Hayley. (1972). *Anansi the trickster spider.*

다. 그녀는 전통적인 이야기를 하는 것, 다른 문화에서 가져온 개인적 이야기 소재를 늘려 가는 것의 중요성에 대해 말하였다. 그녀는 아동들에게 자성을 띤 펠트판, 인형, 이야기와 관련된 소품들을 이용하게 하여 잠재적 학습력에 대하여 깨닫게 했을 뿐만 아니라, 그러한 이야기들이 실제 삶의 딜레마를 파헤치는 방법과 보편적인 윤리와 진리를 묘사하여 문화를 초월하고 결합할 수 있는 방법이 될 수 있다는 것을 상기시켜 주었다(Gregory 1996: 116).

또한 실습생들은 대학의 드라마 강의 중 하나인 『털 보숭이 발가락』[45]의 인상적인 이야기하기에서 한 모둠의 아동들과 함께 참여하였다. 두 수업은 모두 실습생들이 스스로 스토리텔링을 준비하는데 도움이 되었다. 어떤 실습생에 의하면, 처음 수업은 오늘날의 다인종 학급에서 많은 학생들의 지평을 넓히기 위해 다양한 민담을 잘 알고 있는 것이 중요함을 느꼈다고 한다. 또 다른 수업은 이야기하는 사람이 잠재적으로 놀라운 이야기가 다루거나 조정하는 방법을 환기시켜 주었다. 실습생 중에 한 명은 이러한 것이 일어났을 때 자신이 어떻게 느꼈는지를 기술하였다.

> 첫째, 이야기를 말할 때 언어와 목소리의 '실제적인' 특성은 아동들의 마음과 감각에 맡기는 것이었고, 둘째, 아동들을 이야기하기의 참여자와 상대방으로 끌어 들여서 두려움을 막는 것이었다(Jane).

제인은 '구연가는 이야기하기의 권한과 책임을 넘겨주고, 이것은 감정적 두려움을 감소시켰다.'라고 생각했다. 구연가는 청자의 참여를 계속적으로 이끌어 냈으며, 아동들은 점차 두려워하지 않았다. 제인은 '우리는 조절할 수 있는 어떤 것을 두려워하지 않았다.'고 말했다. 그리고 그녀가 『털 보숭이 발가락』의 이야기를 했을 때 아동들에게 털 많은 발가락

---

45) (Summerfield(1970). *The Hairy Toe.*

생물을 구상하고 그리고 색칠하게 함으로써 그것에 대한 어떤 잠재적 두려움이 훨씬 더 많이 제거되기를 기대하였다. 제인은 이 이야기에 대한 아동들의 반응을 살펴보며 이러한 '강력한 장르'의 효과에 대해 궁금해하였고, 이런 이야기들이 브루너가 말한 '의식의 언어(language of consciousness)'(Bruner 1986)를 사용하고 있다고 제안했다. 그리고 이것은 아동들이 그들의 세계관을 표현하기 위해 언어를 사용하는 방식에 대한 깊은 시사점을 줄 수 있다고 느꼈다. 또 제인은 팍스(Carol Fox)가 '스토리텔링의 중심에 놓여있는 것이 무엇이든지 간에 그 자체가 언어의 중심에 놓여있다(Fox 1988: 55).'라고 한 것을 깊이 생각하였다.

(3) 말하기와 다시 말하기

아동들 스스로가 이야기 구연가가 되는 것은 다만 과정의 첫 단계일 뿐이었다. 다음 단계는 아동들이 이야기를 할 수 있도록 하고, 실습생들이 그 이야기들을 분석하는 것이었다. 실습생들은 모두 아동들이 말한 이야기의 수준에 놀랐다. 슈는 '전혀 생각지도 못한 언어 자료와 전략을 보여 준 아동은 바로 전혀 그럴 것 같지 않은 아동이었다.'라고 회상하였다. '출석을 부를 때 대답으로 그저 가끔 머리만 끄덕이고, 학급 토의에는 전혀 참여하지 않던 조용한' 소년이 어느 날 할 이야기가 있다며 그녀에게 속삭였고, 여태껏 숨겨져 왔던 언어를 조직하여 정교한 이야기 말하기 능력을 드러내며 '옛날 옛날에 밀튼 케인즈에서 얼마 떨어지지 않은 곳에 투치라고 불리는 아기 고양이가 살았습니다.'라고 이야기를 시작하였다.

슈는 자기 학급의 5-6세반 28명 아동들의 이야기를 녹음하였다. 슈는 아동들이 경험한 비슷한 이야기를 하기를 바라면서 그녀의 애완동물에 대한 짧은 일화를 이야기하는 것으로 시작했다. 간단한 이야기를 기대했었지만, 아동들이 말한 이야기의 복잡성에 놀랐다. 녹음한 것을 들으면서 이야기와 관련된 복잡한 줄거리를 파악할 수 있었고, 아동들이 그들을 괴롭히던 문제와 어떻게 씨름하게 되는가를 관찰할 수 있었다.

케리:	개 한 마리가 있었는데 그 이름은 펑크였어요. 그 개가 밖에 나갔는데 계속해서 짖었어요 그 개는 덩치가 컸어요
수잔나:	달마시안.
케리:	달마시안, 그리고 그 개는….
수잔나:	점박이 개?
케리:	아니, 어떤 것은 검고 황갈색이에요.
슈:	세퍼드?
케리:	예, 그 개는 누구에게나 계속 짖었어요. 그 개가 그렇게 컸기 때문에 모든 꼬마 아이들이 무서워하였어요. 그 개는 집에 가야만 했고 배가 고팠어요. 그리고 만일 그 개가 음식 주위에 간다면, 100년 동안 음식을 못 먹게 될 거예요…. 수의사에게 가야할지 죽게 될지 모르겠어요….
슈:	오, 맙소사.

슈는 케리가 말한 두 가지 이야기에 대해 이와 같이 말한다. '내가 '오, 맙소사'라고 말한 것은 아직 케리가 이런 식으로 이야기를 끝내는 것을 기대하지 않았다는 것을 보여준다. 그것은 확실히 케리의 마음속 최상층에 있는 것과 타협하는 방식이었다. 케리의 이야기는 자기의 생각을 나타내는 안전한 방식이었던 것이다. 일주일 후 케리가 나에게 그 믿을 수 없이 '착한 개'에 대하여 이어서 이야기를 했을 때, 여전히 케리의 마음속에 명백한 갈등을 해결하려고 애쓰는 것을 보았다.'

케리:	그 착했던 작은 개는 그리고 매우 멋지고 친절하며 잘 훈련되었어요. 그리고 사람들에게 음식을 주었고 편지를 받았어요. 그리고 그 개는 자기 집에 살면서 계속해서

모든 곳을 깨끗이 치우는 매우 멋진 개였어요. 그리고 사람들은 '우리는 너와 함께 산책하고 싶어.'라고 말했어요. 그리고 그들은 산책을 했는데 거기에는 큰 웅덩이가 있었어요. 그 큰…

수잔나:　그리고 그 개가 웅덩이에 뛰어 들었어요…

케리:　아니, 그리고 그 다음엔… 그리고 그것은 흙투성이가 되지는 않았어요. 그 안에 진흙이 있는 웅덩이가 있었지만 웅덩이 주위를 돌아 다녔어요. 그리고 나서 다시 그 웅덩이 주위를 돌고 또 돌았어요. 그 후에 집으로 돌아갔어요. 그 개는 볼 수 없었기 때문에 진흙을 묻히고 다녔어요. 그 다음엔 이층으로 올라갔어요. 왜냐하면 그 개는 …

수잔나:　목욕을 하기 위해서 …

케리:　아니오, 그 개는 엄마의 슬리퍼를 신고 있었는데 … 그 개는 슬리퍼를 벗어 놓고 욕실로 들어갔어요. 그리고 욕실을 깨끗이 닦았어요.

이 두 대화를 회상하면서 슈는 케리가 선과 악 그리고 죄와 벌에 대한 딜레마를 구분하려고 애쓰고 있다고 생각하였다. 슈는 그 이야기가 케리로 하여금 세계관을 발전시키도록 돕고 있다고 생각했고, 그것은 로젠(Betty Rosen)이 말한 '이야기는 자신의 견해가 "안전하게 드러나도록" 한다.'는 것이라 볼 수 있다. 더욱이 그것은 결과를 기대하고 예상하면서 의심없이 열심히 듣고 있었던 청자인 수잔나의 도움으로 나타난다.

몇몇 학생들은 스토리텔링의 사회적 특징인 청자의 중요성을 알아차렸다. 슈는 이에 대해 다음과 같이 썼다.

스토리텔링의 일반적인 기준은 계속적으로 개선되고 있었다. 많은 아동들이 이야기를 전개시키는데 얼굴 표정, 말투, 억양 등을 함께 사용하였다. 이것은 실제로 아동들 자신에 의해서 인지되고 있다는 것이다. 많은 아동들은 흥미로운 이야기를 듣는 것을 좋아했고, 그들이 별로 관심없는 이야기도 참을성 있고 정중하게 듣고 있었다.

비키는 아동들이 자신감을 갖는 것에 대해 유사한 이야기를 한다. 내가 이야기를 하도록 한 아동들은 전에는 한 번도 이야기를 하도록 요청받은 적이 없는 5-7세의 아동들이었어요. 그들은 과묵하지는 않았지만, 그들의 차례가 돌아오는 것에 대하여 다소 참을성이 없는 아동들이었어요. 비키는 녹음한 것들을 주의 깊게 들으면서 '다른 유형의 이야기는 방법을 달리하여 말해야 한다.'라고 생각하였다. 그리고 미국 여행에 대한 추억을 서로 나누는 두 소년은 '한 사람이 진술하고 다른 한 명에게 상세한 확인을 요청하는 거의 대화와 같은 말하기가 필요했었다.'라고 생각하였다. 또다른 두 소년은 빠르게 전개되는 모험 이야기를 하고 있었다.

> 이야기의 내용은 그 자체로 매우 빠르게 전개되고 있었는데 두 소년의 목소리는 그들의 열정이나 개인적인 관련성이 많을수록 매우 활기를 띠었다. 최고조로 흥분하였을 때 그들은 매우 빠르게, 대단히 기술적으로 화자와 청자의 역할을 교대했다. 그 이야기에 대한 아동들의 집중은 너무나 강력해서 그 소년들 모두 완전히 그 모험 속에 사로잡혔다.

반대로 비키의 학급에 있는 두 소녀들은 『붉은 망토 소녀』에 대해 다시 말하기를 할 때 속도 조절에 있어 너무나도 침착했고, 세부적인 것에 대한 관심을 가지고 그들이 사건들이나 대화의 정확한 순서를 찾아내려고 애쓰면서 그 속도를 늦추려 했다. 그러나 동시에 두 소녀는 단어의 억양과 리듬에 주의하면서 그들의 목소리를 가장 효과적으로 사용하였다. 비키는 이 아동들이 다른 스토리텔링 기술을 알고 자신감 있게 사용하는 것을 보고 놀랐다. 또다른 아동은 『아기 돼지 삼형제』의 다시 말하기를 자신만의 방식으로 창조해 냈다. 그 아동은 정확하게 이야기하려 하지 않았고, 자신의 방식으로 이야기를 개작하였다. 비키는 어떻게 그렇게 하였는지 기술한다.

밝고 명랑한 여자 아이의 목소리와 이야기에 대한 열정은 나와 전체 학급을 짚으로 만든 집과 '혹'하고 바람을 불어대는 늑대의 세계로 몰아넣었다.

'제가 당신의 지팡이 중 몇 개를 가져도 될까요?'

'원하는 만큼 가져도 좋아요.'

'그래서 그는 그것들을 모두 가져갔어요.'

그리고 이 부분에서 전체 학급이 웃었을 때, 그 아이는 경험 많은 이야기 구연가들이 하듯이 청중에 대해 반응한 후에 이어지는 대목에서 그 구절을 반복했다. 이것은 그 아동이 능력이 부족한 아이임을 고려해 볼 때 더욱 더 주목할 만한 것이었다.

정말로 어떤 아동들은 놀라운 언어 구사력을 가지고 있는 듯 보였다. 제인은 7살짜리 아동에 대해 다음과 같이 썼다.

토비의 이야기는 매력적이었다. 그 이야기는 동굴 속의 작은 문을 통과하고, 그 반대편에 있는 매우 다른 괴물의 세계에 들어가는 자신을 발견하는 것이었다. 그는 이야기를 자세하게 말하기 위해 시각적인 단서들을 사용하고 있었다. 예를 들어 (의자들을 바라보면서) '괴물들의 의자가 있는 괴물 학교가 있었어요.' 그리고 (보면대를 바라보면서) '괴물들의 음악이에요.' 그리고 그가 실제로 눈에 보이는 것을 어떤 종류의 시각적 이미지로 변환시키고 있었다는 것과 그러한 이미지를 청중에게 보내고 있었다. 토비 이야기의 흥미로운 점은 괴물 말을 하는 괴물 선생님과 그 괴물 말을 알아들을 수 없는 아이였다. 나는 그 아이가 그 말을 어떻게라도 이해해 보려고 했는지 물었지만, 그에 대한 토비의 대답은 '아뇨, 전혀'였다. 이 이야기에 함축적인 메시지가 있을 것 같은 생각이 들었다. 브루너(1986: 64)는 '어린이는 타인과의 교류에서 의미를 협상할 뿐만 아니라, 그러한 모호성에 의해서 야기된 문제들을 다시 자기 자신의 독백이라는 사적인 곳으로 되돌린다.'라고 말한다. 토비의 의미와 분위기를 전달하는 언어적 장치와 이야기 문법에 대한 관습을 파악하는 능력은 7살 어린이로서는 인상적인 것이었다. 아마도 언어학적으로 가장 뛰어난 측면은 '그 모든 것은 꿈이었어요.'라는 끝맺음이었다.

8살짜리 여자 어린이가 힘센 유령 이야기를 했을 때 제인은 윌슨(David Wilson)이 말한 고학년 아동들에게 존재하는 민담의 증거를 발견하였다.

> 그 여자 어린이는 청자의 관심을 붙잡는 숨 막히는 긴장과 같은 것을 만들기 위해 휴지, 다양한 목소리, 역동적인 억양 등의 기술을 사용하였다. 마치 머릿속에 정보를 직접 주는 내부의 귀를 가지고 들으면서 누군가가 말하는 것을 실제로 듣고 있는 것 같았다.

그 여자 어린이는 제인에게 숙모가 주말 점심때마다 그 이야기를 해주었다고 말하였다. 제인이 어떻게 그것들을 기억했냐고 묻자, 그 여자 어린이는 '나는 그걸 내 머릿속에서 읽었어요.'라고 말하였다.

(4) 상호텍스트성

모든 실습생들은 아동들의 이야기가 전에 읽거나 들은 이야기에 의존하고 있다는 것을 알았다. '어떤 이야기는 다른 이야기들의 존재를 필요로 한다… 독자나 청자 모두는 많은 다른 종류의 관계 실마리가 존재하고 있는데…'(Rosen 1984: 33). 녹음된 대부분의 이야기들은 캐롤이 '아동들의 이야기 모델은 매우 문학적이라는 것이 명백하다.'(Fox 1993: 97)라고 연구한 것을 증명하는 것이었다. 케리의 이야기들은 슈가 학급에서 이야기 했었던 두 가지 이야기에서 가져온 것이었다. 제인이 언급했던 괴물 이야기는 많은 상호텍스트적인 참조물을 가지고 있다. 많은 어린이들은 친숙한 요정 이야기를 다시 말하였다. 웬디는 그림을 그리면서 말하는 4세 아이의 이야기를 녹음하였다.

존:	이제 코끼리가 땅에 있어요.
	이제 초록색으로 변했어요.
	그리고 코끼리가 땅에 있을 때는 초록색으로 변했어요.
	카멜레온이 바닥에 있을 때는 초록색으로 변했어요.
	바닥에 있을 때 이 카멜레온은
	코끼리가 바닥에 있을 때
	그것은 변해요.
	스미스씨 코끼리가 바닥에 있을 때는 카멜레온처럼 초록색으로 변해요.
돈나:	아니야, 그렇지 않아!
존:	그건 마술 코끼리이기 때문에 그런 거야.
	굴뚝이 있고 연기가 나고 있어.
	그리고 거의 코끼리에게 떨어질 같아,
	변하는 코끼리 그것이 바닥에 있을 때는
	노란색으로 변해요.
돈나:	오!
존:	나는 이것이 무엇으로 변할지 모르겠어…

이 독백이 이야기처럼 보이지 않을지도 모르지만, 존은 이야기 구조를 발전시키고 있는 듯이 보인다. 웬디는 그것이 다음과 같은 이야기에서 온 것이라는 것을 알고 있었다. '존은 지난 주 이야기인 『뒤섞인 카멜레온』[46], 굴뚝에 관한 드라마와 이번 주의 모습이 변하는 코끼리에 대한 민담인 『코끼리와 토끼』 등을 정교한 이야기로 만든 것이었다.' 웬디는 실제와 환상 속의 사건들을 결합할 때 존이 돈나가 상상할 수 있는 '그럴듯한 세계'를 창조하고 있다고 생각하였다.

---

46) Carle, E. (1988). *The Mixed Up Chameleon*. London: Picture Puffin.

(5) 아동들의 이야기 말하기 학습

홀린달(Peter Hollindale 1997: 70)은 다음과 같은 일반적인 신념을 거듭 주장한다.

> 우리는 기억을 통해 자아감을 형성한다. 즉, 우리는 우리의 정체성을 개인적인 영속성의 의미에 따라 결정하고, 우리의 삶을 이야기함으로써 우리 자신을 표현하고 … 음식을 필요로 하는 것처럼 이야기를 필요로 한다. 그리고 우리는 어느 시기보다도 성장을 위해 어린 시절에 가장 음식을 필요로 하는 것처럼 그 시기에 이야기를 가장 필요로 한다.

이러한 주장은 내러티브와 스토리텔링을 받아들이고 있지만, 교사가 적절한 자극과 상황맥락을 제공하는 것 외에는 거의 할 일이 없으며, 아동들은 미리 존재하는 어떤 능력에서 끌어 와서 자신 있게 이야기를 말할 것이라는 믿음을 초래할 수 있다. 전에도 그랬듯이 실습생들은 이야기하는 것이 쉽다는 것을 모르는 아동들과 함께 열심히 활동할 필요가 있다는 것을 알았다. 제인은 학급에서 도움을 필요로 하는 아동들을 생각하였고, 그러한 경우에 왜 그렇게 되었는지 설명하기 위해서 브루너와 웰스의 책을 인용하였다.

> 나는 그가 사건의 처음 시작을 아주 잘 하였지만, 실제로 일어난 휴일의 경험을 어떻게 기술할지에 대해 매우 혼란스러워 하고 있었다는 것을 알았다. 사실 경험으로부터 이야기를 구성하는 능력은 '사고'의 자연스러운 조직이 필요한데 이는 학습을 통해서' 얻어지는 것이 아니라, 경험을 통해서 키워지는 것이기 때문에 쉬운 일이 아니다 (Bruner 1986: 63).

웰스의 『의미 구성가』에서는 아동이 기억으로부터 사건의 순서를 구성하는 것을 어려워하는 이유를 그럴듯하게 설명하였다. 웰스는 '경험의 의미를 형성하는 것은 경험에 대한 그럴 듯한 이야기를 구성하며 이를 확장해 가는 것이다'(Wells 1987: 196)라고 한다. 또한 아동이 경험의 의미를 형성할 수 없기 때문에 이야기를 구성할 수 없는지, 반대로 이야기를 구성할 수 없기 때문에 의미를 형성할 수 없는지를 연구하였다. 이 두 가지 경우에 있어서 '경험의 의미를 내면화하는 기억을 의식적으로 탐구하도록' 아동을 도와주기 위하여 많은 말하기와 반성하기를 필요로 할 것이라고 생각하였다(Wendy).

(6) 스토리텔링 경험에 대한 반성

실습생들은 아동들의 스토리텔링 경험에 대하여 연구하고 쓰면서 그들 스스로 배운 것을 기록하고 분석하였다. 4주 동안의 실습이 끝날 무렵에는 그들이 배웠던 것을 검토하고 되돌아 볼 준비가 되어 있었다. 한편으로 그들은 이야기하기에 대한 처음의 불안을 극복하게 되었고, 아동들에게 자신감 있는 모델을 제공하였다. 또다른 한편으로는 그들이 학생 때 읽어 왔던 교재에 대해 의문을 제기하고, 가설들을 탐구하고 검증하며, 그들 자신의 경험에 적용하였던 이론들을 발전시킬 수 있는 증거들을 제시하였다.

한 실습생은 그녀의 초기 경험을 회상하였다. '이야기를 다소 불안하게 시작했는데 그것은 아마도 제 목소리로 30명 아동들의 주의를 끄는 것에 대한 경험과 이해력의 부족 때문이었습니다(Vicky)'. 아동들이 참여하기 시작했을 때 그녀의 자신감은 증가했지만, 아동들을 더 많이 참여하게 하고 싶었고, 아동들이 이미 알고 있는 이야기로 이어받아서 그 이야기를 계속해 나가기를 기대하였다. 또다른 실습생은 아동들을 통해 '이야기는 이해를 위한 수단이 될 수 있지만 결국 그 자체도 목적이 될 수 있다…'는 그녀의 믿음을 확신하였다. 스토리텔링의 친근성과 서로 즐길 수 있다는 특성은 아이디어를 탐구할 수 있는 확실한 토대인 신뢰와 긍정적인 관계를 형성할 수 있도록 한다(Belinda). 슈는 이제 스토리텔링의 다양한 양상을 발전시킬 수 있고, 노래, 반복적인 구절, 드라마를 통해 이야기를 해 줄 수 있다는 자신감을 갖게 되었다. 그녀는 이야기를 보다 폭넓게 경험하도록 하는 것의 가치를 알았고, 고학년 아동들과 부모 그리고 전문적인 이야기 구연가들을 교실에 초대해서 스토리텔링을 하도록 제안하였다. 다음은 그녀가 설명한 끝부분이다.

> 또한 나는 다른 문화와 지역에 적합하고 다양한 언어로 된 이야기를 포함하는 것이 중요하다고 생각한다. 이것은 다른 문화에 대한 아동들의 경험을 확장시키고, 다른 언어와 문화적 배경에 대한 긍정적인 태도를 길러 준다.

웬디는 이것을 심화시킬 수 있었고 그 중요성을 다음과 같이 말하였다.

> 그러한 스토리텔링이 학교에서 매우 중요하다는 것을 증명함으로써 이야기가 아동들에게 가치롭다고 말하고 있다. 아동들 자신이나 가족과 문화에 대한 이야기를 존중해 줌으로써 우리가 아동들과 그들의 문화를 존중하고 있다고 말할 수 있다. 아동들은 읽기와 쓰기의 어려운 과제에 대하여 매우 낯설어 하고, 학교에 들어가 몇 년 동안 그들 스스로를 유창하고 정확하게 말로 표현하기를 더 원하고 있다. 구술력을 높이 평가하는 것은 아동들이 문자에 눈뜨기 훨씬 전에 자기 자신에 대하여 긍정적으로 느끼며 더 잘 할 수 있는 기회를 주는 것이다.

4주의 실습을 마칠 때까지 실습생들은 아동들이 그들의 경험을 창조하고, 변형하고, 해석할 때 인상적이었던 기능과 이야깃거리의 다양성에 대하여 설명하기 시작하였다. 그들은 구연가가 언어를 통해 독특한 방식으로 사고하는 방식을 인식하면서 자신과 아동들 모두에게 잠재되어 있는 이야기하기 기능을 발견하였다. 또한 이야기하기는 그들이 가정하고 요구했던 신중한 계획, 개입, 지원만큼 아동들에게 결코 쉬운 것이 아니라는 것을 알았다. 그들의 연구와 분석은 그들이 읽은 문헌에 의해 입증되었다. 특히 브루너(1986)와 웰스(1987)의 연구가 도움이 되었다. 팍스의 초기 논문은 이야기하기가 아동 경험을 형성하고 서사 전략을 발전시키는 방법임을 인식하는데 도움을 주었다. 그들은 어린이들의 스토리텔링을 위한 모델이 현저하게 문학적이라는 팍스의 초점을 좁힌 연구(1993) 결과를 입증하는 증거를 제공하였다. 팍스의 연구에서 취학 전 아동은 개인적 경험보다는 공상적인 이야기 장르를 사용한다고 하였다. 그 이유는 아마도 공상적인 이야기가 실제 삶의 경험을 있는 그대로 말하는 것보다 자기 자신에 맞게 훨씬 더 꾸며서 말하기 때문이다(Fox 1993: 97). 어쨌든 실습생들은 고학년 학생들이 학교에서 들은 요정 이야기나 허구적 이야기에서 수사학 장치를 자신감 있게 사용하며, 이것을 그들의 실생활 경험과 결합시킨다는 것을 알았다.

예를 들어 운동장에서 동료들끼리 어울리는 것이나 TV, 비디오, 컴퓨터 게임을 통해 공유한 경험들은 아동들의 구술력 발달에 또다른 영향을 미친다는 것이 분명해졌다. 4주간의 교생실습이 끝날 때까지 그들 모두는 수집한 자료를 분석하기 위해서 공부했던 이론들을 인용하였으며, 스토리텔링을 통해 구조화된 아동의 구어 발달이라는 설득력 있는 논의를 하였다. 초기 문식성 발달에 있어서 이야기하기의 중요성이 평가절하되어서는 안 된다.

> 아동들은 음식에 붙은 상표나 모형 항공기의 사용 설명서 또는 고속도로에 늘어선 광고를 통해 문식성을 터득할지도 모른다. 그러나 이야기하기는 많은 아동들을 문식성의 길로 특별히 초대하고, 만족시

키며, 그들에게 권한을 부여할 수 있다. 이야기하기는 읽기를 배우려고 하고 그 과정을 도와 줄 수 있는 많은 지식을 알고자 하는 강력한 동기를 제공한다. 이것은 이야기하기가 문식성이나 이야기의 입문자에게 오직 유용한 도구임을 의미하는 것은 아니다. 브루너가 설명했듯이 의미적인 보상(sense of semantic reward)이나 이야기하기에 대한 지식은 아주 복잡한 정신적 활동과 관련된다(Bruner 1986). 머릿속에서 이야기를 구성하는 활동을 하고 있는 아동들은 지금, 여기의 세계보다 훨씬 더 넓은 세계를 포함하는 의미 구성의 영역을 확장하고 있는 것이다. 또한 이러한 세계는 직접적인 경험의 변화 속에서 만들어 낸 것보다 좀 더 질서 있고 언어적으로 자족적이며 탐구하기 쉬울 것이다(Dombey 1992: 1).

 더 읽을거리

TGrainger, T. (1997). *Traditional Storytelling on the Praimary Classroom*. Leamington Spa: Scholastic.

Grugeon, E. and Graner, P.(2000). *The Art of Storytelling for Teachers and Pupils. Using stories to develop literacy in primary classroom*. London : David Fulton Publisher.

제4장
고학년의 구어 기능 발달

   아동들은 일방적으로 교사의 설명을 듣는 것보다 학습상황에서 좀 더 편하게 친구들과 또는 선생님과 활발하게 말하고 싶어 한다. 학습상황에서 아동이 능동적으로 말할 기회를 갖는 것은 효과적 학습을 촉진할 뿐 아니라 아동이 자신의 학습을 좀 더 잘 이해하고, 친밀감이나 자신감 같은 감수성을 발달하게 하며 친구들과 교사와 인간관계를 형성하는 데 절대적으로 중요하다.

   아동들의 말하기와 듣기 능력은 아동에 따라 차이가 크며, 아동들의 말하기와 듣기 능력은 모든 학습에 있어서 결정적인 역할을 한다. 어떤 사건을 정확히 기술하고 거기에 대한 자신의 견해를 밝히고 질문을 하는 등의 능력은 아동들이 모든 학습목표에 효과적으로 도달하게 하는 기본적인 도구이자 수단이 된다. 학생들이 서로 신뢰하는 분위기 속에서 대화에 임하고, 대화 과정에 충분한 사고의 시간을 갖도록 하면 교육 목적을 달성하는 것뿐 아니라 아동의 감수성 발달과 인간관계 증진에 큰 효과를 얻을 수 있다. 4장에서는 말하기ㆍ듣기 기능을 발달시키기 위한 대화의 중요성을 살펴보고, 우리가 초등 고학년 교실에서 손쉽게 사용할 수 있는 몇 가지 활동들에 대해서 알아보도록 한다.

제4장
고학년의 구어 기능 발달

1. 머리말

알렉스:	선생님, 선생님. 할머니는 스페인에 가고 안 계셨는데 저는 지난 밤에 일곱 번이나 아팠어요.
한나:	선생님, 선생님. 제 햄스터가 우리를 물어뜯었어요.
스테판:	선생님, 선생님. 술집에 간 세 가닥의 실에 대한 농담 들어 보셨어요.… 형이 말해줬는데.
제이미:	모든 신화를 믿으세요, 선생님?
제시카:	선생님, 포도에 씨가 없는데 어떻게 씨 없는 포도를 계속 만들어 낼 수 있어요?
대니:	선생님, 선생님. 커피와 차가 흘러내리는 것이 달라요?
암리트:	선생님 제게 한 말 다른 사람에게 말하지 마세요.
데이비드:	선생님은 어… 으… 선생님 절대로 듣지 마세요! 나는 선생님을 미워해요! 나는 어… 나는 선생님을 미워해요!
빌리:	선생님, 선생님. 저는 두브린 노래를 알아요. 삼촌이 가르쳐 주셨어요. 선생님께 불러드리고 싶어요.

요즘 대부분의 초등학생들은 말하기를 좋아하고 초등학교의 모든 교사들은 아동들의 토의, 대화, 이야기, 일화를 듣는 것이 가장 가치 있는 일 중의 하나라는 것을 알 것이다. 한 모둠의 수다스런 아동들이 교사의 주의를 끌기 위해 경쟁하면서, 이야기, 우스운 일, 농담 등과 같은 다양한 방식으로 교사 주변에 몰려드는 비공식적인 순간은 단순히 사회적 가치 이상을 의미한다. 이러한 친밀한 대화 시간 동안 형성된 관계를 통해 아동들은 문식력 시간과 같은 공식적인 학습 상황에서 좀 더 편하게 말할 수 있다. 아동들은 그들 상호간에 또는 교사에게 세상의 모든 일들을 다 말하고 싶어 한다. 오늘날과 같은 빡빡한 교육과정에서는 대화할 시간이 없다고 당연시해서는 안 된다. 그 어느 때 보다 오늘날에는 학생들에게 그들의 학습과 경험에 대해 대화 할 기회가 주어져야 한다.

나는 빌리 이야기를 하고 싶다. 빌리는 그래스고우 출신이다. 빌리는 네 학기 동안 우리와 함께 지냈으며 우리 모두에게 영향을 주었다. 그 당시에 빌리는 별로 공부에 관심이 없었다. 빌리는 사냥할 때 부르는 아일랜드 민속 노래를 완벽하게 불렀다. 빌리는 별나고 버릇없는 유머와 게일식의 축구를 했다. 빌리는 한쪽 발이 다른 쪽 보다 3사이즈나 더 컸다. 우리는 아직까지 빌리를 그리워한다.

빌리가 5학년 학기 중간에 앨리슨의 학급에 전학 왔는데 말썽 많고, 싸움하기 좋아하고, 이해력이 떨어지고, 명료하게 읽고 쓰지 못하였고, 다른 사람을 별로 개의치 않았다. 우리는 빌리를 어떻게 생각했을까? 빌리는 우리를 어떻게 생각했을까? 빌리는 쉬는 시간, 점심 시간, 학교 시작 전, 방과 후에 차츰차츰, 차분하고, 느긋하게 우리에게 다가오기 시작하였다. 빌리는 우리를 한 명 한 명씩 탐구하기 시작하였다. 공부할 때나 말이 없을 때는 산만한 행동을 보였다. 누가 빌리를 믿을 수 있었을까? 누가 빌리의 말을 들으려 했을까?

첫 번째 돌파구는 학교 기사인 짐을 통해서 이루어졌다. 짐 역시 그래스고우 출신이며 아일랜드에 가족이 있고, 공정하고 친절하며 차분한 성격이었다. 빌리는 짐의 그림자가 되어서 다른 학급들을 향한 소리 없는 여행을 시작하였고, 빌리의 자신감과 확신은 커졌다. 빌리는 우리와 대화를 하기 시작하였다. 선생님들은 무시당하지 않기를 바라며 웃음 띤 얼굴로 '안녕'하고 말했을지 모르지만, 빌리는 우리에게 미소 지으며 우리 학급을 둘러보기 시작하였다.

두 번째 돌파구는 담임 교사에게서 비롯되었다. 빌리는 앨리슨에게 노래를 불렀다. 부활절 휴일에서 돌아온 첫 날, 두브린에서 아버지와 삼촌을 만난 바로 다음이었다. 그 노래와 앨리슨의 눈물로부터 노래의 가사 만들어졌고, 그 노래로부터 빌리의 이야기가 나왔다. 그 이야기는 자신의 실제 생활이 섞인 부분적으로 신화같고, 부분적으로 민담같은 것이다. 그 노래들과 이야기들로부터 꼭꼭 숨겨져 있던 다른 재능들이 나왔다. 뛰어난 암산이나 게일식 축구 같은 것들이 그러한 것이다. 빌리는 케이티에게 그의 모든 기능에 대해 이야기했고, 케이티는 어느 점심 시간에 빌리와 같이 놀았다. 그리고 나서 5학년의 모든 학생들에게 이러한 놀랍고 빠르고 위험한 게일식 축구하는 방법을 가르쳐 주었다.

빌리의 학습 능력이 표출된 마지막 돌파구는 학예회에서 노래를 부를 때였다. 그의 어머니께서 오셨고 350명의 교직원과 학생들이 빌리를 지켜보았다. 무반주 독창으로 3곡의 노래를 불렀다. 한 곡은 아주 무례하였다.

빌리의 이야기는 초등학생들의 학습에서 말하기와 듣기의 효력을 보여 준다. 빌리는 학습을 발달시키기 이전에 학급에서 친구들과 교사들에 대한 자신감을 갖을 필요가 있었다. 빌리는 우리를 믿고자 했고, 그의 말을 귀 기울여 들어줌으로써 우리는 그의 믿음을 얻을 수 있었다. 그는 학교생활을 하면서 차분하고 겸손한 민담의 영웅같은 사람이 되었다. 빌리는 학교 공동체의 본받을 만한 일원이 되었다. 학교에서 교직원들과 교사 개개인과 친밀한 관계를 형성함으로써 그의 학습력은 표출되었고, 빌리는 가르치는 기쁨과 배워야 하는 절실함을 깨달았다.

이것은 단지 빌리와 같은 초등학생들을 위한 학습의 도구로써 듣기와 말하기의 효력을 이해하는 문제만은 아니다. 빌리의 이야기는 흔치 않은 이야기이다. 아동들 대부분의 이야기는 이보다 극적이지는 않다. 우리는 Key stage 2의 학생들을 위한 교육과정에서 말하기와 듣기의 역할과 가치를 바르게 평가할 필요가 있다. 교사의 역할은 단지 영어와 문식력 시간뿐만 아니라, 교육과정 전체에 걸쳐 말하기와 듣기의 발달을 도와주는 것을 포함한다. 이 장은 초등학교 교실에서 말하기와 듣기를 조장하고 지원하는 활동들을 조직하는 것으로, 효과적인 학습을 촉진하는 것에 관한 것이다. Key stage 2에서 말하기와 듣기는 아동들이 자신의 학습을 이해하고, 아동들의 감수성과 인간관계 형성을 도와준다.

이 장에는 몇 개의 임의적인 '과제'가 있는데, 이것들은 Key stage 2에서 대화의 가치에 대한 폭넓은 관점을 갖는데 도움을 줄 것이다.

2. 교육과정에서 말하기·듣기의 중요성

아동들은 폭넓은 상황맥락에서 자신감을 가지고 말하고 듣는다. 아동들의 대화는 목적을 가지고 있다. 심사숙고하여 아이디어를 발전시키기, 사건들을 기술하고 그들의 견해를 분명하게 전달하기와 같은 것이다. 아동들은 토의에서 대화에 참여하거나 다른 사람의 생각과 견해에 반응하거나 질문을 하며 주의 깊게 듣는다. 아동들은 표준 영어 어휘나 문법의 특징들 중의 일부를 적절하게 사용한다(QCA 1999).

6학년 말에 대부분의 학생들은 말하기·듣기에서 이 정도 수준의 능력에 도달할 것으로 기대되며, 이는 영국의 국가수준 영어과 교육과정에 있는 3가지 성취 목표 중 하나이다. 다양한 양상들이 국가 문식력 전략의 틀에 따라 매일 진행되는 문식력 시간에 가르쳐질 것이다(DfEE 1998c). 말하기·듣기는 별도로 확인되지 않지만, 단어, 문장, 텍스트 수준에 스며들어 있다. 문식력 시간은 듣기와 말하기의 유용한 기능들 없이는 효과적으로 가르쳐질 수 없다.

운동장 대화를 우연히 듣거나 참여하는 것은 그들의 학교생활에 관한 것, 지난 밤에 이웃이나 빈민촌에서 있었던 일화에 관한 것, 프리미어 리그 축구 경기 결과에 관한 것 등 아동들이 학교의 안과 밖에서 일어난 일들을 이해하는 방식에 대한 통찰력을 준다. 야단친 선생님에 대한 적절한 불평은 상처받고 좌절감을 가진 마음을 떨쳐버리는데 도움을 줄 수 있다.

아동들이 그들의 경험에 대해 진지하게 이야기할 때 성격이나 사건 또는 인간관계에 대해 비판적인 판단을 할 수 있다. 아동들의 토의와 분석은 집에서 가족과 게임을 할 때나 어른들과 친구들의 갈등을 해결하는데 도움을 준다. 우리는 연구에 영향을 주는 아동들의 풍부한 구어 문화에 대한 통찰력을 활용할 수 있고 또 그래야 한다.

물론 말하기와 상대방의 이야기 듣기는 아동들이 새로운 시각을 갖게 하고 기존의 믿음이나 그릇된 생각을 변형하고, 다듬고, 심지어 바꾸는데도 도움을 준다. 그것은 우리가 이끌고 있는 바쁘고 때로는 복잡한 생활을 좀 더 분명히 이해하도록 하는 방향을 아동들에게 제시해 준다. 빌리의 사례처럼 대화는 아동들이 자신의 견해나 능력에 대해 긍정적인 생각을 갖게 하고, 자존감을 가질 뿐만 아니라 다른 사람의 관점을 존중하도록 한다.

(1) 과제 1

여러분이 운동장에 있거나 학교 운동장을 갈 기회가 있으면 아동들이
참여하는 대화를 듣거나 아동들의 게임을 보거나 라임에 맞춰 뛰며 박수
치는 소리를 들어 보아라. 그것은 분명 싸움과 논쟁을 구분하는 것보다
훨씬 더 풍부하고 확실히 재미있을 것이다. 공책과 차 한 잔 준비하는
것을 기억하라!

(2) 논평

아마도 이런 정보를 수집하는 것이 얼마나 어려운 것인지 놀랄 것이다.
운동장 대화는 어른들이 우연히 듣고 그 의미를 파악할 수 없다. 우리는
운동장에서 아동들이 토의하는 화제에 대해 단지 추측할 수 있을 뿐이다.

3. 교실에서의 말하기·듣기

교실에서 대화는 학습에 있어서 결정적이다. 당황스런 질문들에 대한
답을 찾을 수 있는 곳이 교실이다. 사려 깊은 논쟁과 토의를 통해 새로운
기능과 어려운 개념들을 이해하는 곳이 교실이다. 아동들의 문식력 활동,
수학 또는 과학 조사, 역사 또는 종교 교육 연구 등에서 나타난 어려운
문제들을 통해 대화할 수 있는 곳이 교실이다. 아동들이 서로의 생각에
귀 기울이고 존중하고, 학습한 것에 대한 대화를 통해 모든 이들이 학습
능력을 갖게 되는 곳이 교실이다. 아동들이 그들의 학습에 대해 스스로
제기한 질문에 도움을 받는 곳도 바로 교실이다.

아마도 대부분의 아동들은 3학년이 될 때까지 또는 Key Stage 2가 시작
될 즈음에 그들은 다양한 상황맥락에서 여러 대화 유형에 대한 적절성을
이해하게 될 것이다. 아동들은 그들이 운동장에 있는지, 교실에 있는지,

조회에서 말하는지, 방문객에게 질문을 하는지, 수석 교사에게 말하는지, 둘이서 말하는지, 보다 큰 모둠인지 아니면 단지 교사나 급식 아주머니들에게 말하는지에 따라 대화의 내용과 방법을 조절하거나 변용할 것이다.

때로는 좌절, 실망, 화 때문에 아동들은 우리에게 큰 소리 치거나, 그들을 믿고 그들의 답답한 걱정과 문제를 흔쾌히 들어 주는 누군가를 데리고 나가기도 한다. 아동들에게 논증과 설득의 언어를 제공함으로써 우리는 그들에게 민주적인 방법으로 좀 더 효과적이고 명료하게 자기의 견해를 표현하는 도구를 제공할 수 있다.

4. 교육과정에서의 말하기·듣기

전체 교육과정을 통해 모든 학습은 말하고 듣는 것으로 시작되고 끝이 난다. 교사와 아동이 질문이나 토의의 형식 없이 학습의 새로운 범위를 소개하거나 지난 부분을 복습하는 것은 거의 불가능할 것이다. 다행히도 현행 국가수준 교육과정의 많은 영역에서 대화하기, 토의하기, 설명하기, 정당화하기, 기술하기를 모두 규정해 놓았다. 교실에서의 대화는 보장받고 활발하게 촉진되고 있다. 문식력 시간의 총체적 구조는 유능한 교사와 학생의 상호작용에 달려 있다.

일상적인 문식력 시간을 통해 가르쳐지는 영어과 교육과정은 학습 프로그램의 모든 부분을 말하기와 듣기에 할애하고, 아동의 능력이 말하기·듣기, 읽기, 쓰기의 통합된 문식력 프로그램을 통해 개발되기를 요구한다. 이것은 아동들에게 문식력 전 측면을 다룬 범위(Range), 핵심 기능들(Key Skills), 표준 영어(Standard English), 언어 연구(Language Study)라는 주제들과 상호 관련짓는 기회를 제공한다. 여기에서 두 가지 핵심어는 '통합성(integrated)'과 '상호관련성(interrelate)'이다. 말하기와 듣기의 중요성과 필수 자질을 따로 떼어놓고 논한다는 것은 불가능할 것이다.

(1) 과제 2

가장 최근의 단기계획 몇 가지 예를 살펴보는 것이 유용할 것이며, 아동들의 말하기와 듣기 기능이 발달되고 확장되는 모든 기회들을 확인해 보라.

(2) 논평

문식력과 수리력 전략이 등장한 이래로 아동들의 대화 기능이 어떻게 증진되는지에 대해 생각해 보고 싶을 것이다. 문식력 시간이나 일상적인 수학 시간의 구조는 교육과정에 제시된 보다 상호작용적인 '대화' 속에 아동들과 교사들이 참여하도록 해왔다. 아동들은 그들의 관점을 설명하고 선택, 방법, 결정들을 정당화할 수 있는 능력이 필요하다.

5. 학습으로서 대화 전략 이해하기

아동들이 학습 전략으로서 대화를 이해하고 가치를 부여하기 위한 계획은 다음과 같다.

- 전 학교 차원의 접근
- 교사 개개인, 도우미 교사, 부모님들과 동료 학생들의 지원
- 말하고 들을 수 있는 풍부한 기회
- 말하고 듣는 기회의 면밀한 계획과 조직

전 학교 차원의 접근법은 아동들이 대화가 가치 있는 것이라는 것을 이해하도록 돕는 이상적인 방법이다. 그것은 학교생활의 모든 곳에 스며들어야 하고, 같이 활동하거나 학교를 방문하는 사람 모두와의 인간관계

를 포함해야 한다. 대부분의 학교에서 말하기·듣기는 읽기, 쓰기의 문식력 계획과 동등한 지위를 갖고 있다. 게다가, 텍스트에 대한 충분한 토의는 능숙한 읽기와 쓰기의 선행 조건으로 여겨진다. 주간 계획에서 문식력이나 다른 교과 시간에 특별하게 계획된 몇 가지의 말하기와 듣기 기회들을 분명히 하는 것이 가장 좋다. 이러한 계획은 시적 자극과 같은 어휘 확장, 안내가 있는 박물관 견학, 고대 그리스, 이집트 수집품의 기록과 녹음, 과학 시간 실험 결과의 모둠별 보고 등을 포함한다.

국가 문식력 전략에서 개발하고 발급한 『쓰기를 위한 문법』, 『저학년의 쓰기 발달』이 학교에서 널리 사용되고 있듯이 그 자료들이 쓰기 과정의 모든 단계에서 말하기를 활발하게 촉진한다.

(1) 비공식적인 대화 시간

아동들이 대화의 가치를 이해하도록 교사가 도와줄 수 있는 가장 중요한 것은 아동들에게 말할 시간을 주는 것이다. 단지 교육과정상의 시간뿐만 아니라 학교 일과를 시작할 때와 끝낼 때에도 이런 시간을 마련해야 한다. 쉬는 시간이나 점심 시간의 짧은 시간도 유용하게 사용하도록 노력하라. 어떤 아동이 왜 남아서 말끔히 정리 하려고 하는지, 또는 일과가 끝날 때 어떤 아동이 왜 그의 외투를 그대로 입고 있는지, 왜 도시락을 정리하는지는 종종 이유가 있다. 또는 그날 논의했던 어떤 것에 대해 명확한 설명을 바라고 있는지도 모른다.

> 선생님, …… 말한 것 기억나요?
> …… 는 정말인가요?
> 제가 …… 할 수 있을까요?

아동들이 배운 것에 대한 자세한 설명은 이러한 비공식적인 시간에 일어난다. 아동들이 학습하는데 어려운 점을 교사에게 중요하게 이야기하는 것과 마찬가지로, 그들은 곧 개인적이거나 사회적인 문제에 대해 논의할 만큼 교사를 신뢰하게 될 것이다. 이것은 분명 모든 아동들에게 중요하고, 아동들이 그들 자신의 육체적, 감정적, 심리적 변화를 이해하도록 노력하는 것과 관련된다.

카페트에 앉아 6학년 한 모둠이 삼각형의 수를 찾는 동안, 알렌은 그의 할아버지의 장례식에 가느라 월요일에 학교에 올 수 없었다고 자세히 말하였다. 나머지 다른 아동들, 알렌, 교사 사이에서 조부모님, 장례식, 죽음에 대해 짧은 이야기가 이어졌다. 게리의 할머니는 여름에 돌아가셨고, 그는 장례식에 다녀왔다고 말하였다. 그는 알렌에게 장례식이 그와 비슷했다고 말하였다. 헤이레이는 숙모의 장례식에 가고 싶었지만 가지 않았다고 말하였다. 그리고 나서 그 모둠은 계속해서 수를 놓아보며 삼각형의 수 유형을 찾아보았다.

(2) 질문하기

교사들이 아동들에게 그들의 활동에 대해 말을 할 때, 질문하기는 학생들의 학습과 발달을 평가하기 위해 가장 일반적으로 사용되는 전략이다. 이러한 질문들이 학생들을 토의나 심화된 질문으로 이끌며 '열려있게 된다면', 우리는 학생들의 생각을 자극할 수 있다. 국가 문식력 전략의 틀에서는 함께 읽기나 안내된 읽기 모두에서 학생들이 스스로 질문하는 것을 권장한다. 개방적인 질문에 반응하는 학생들의 능력을 개발하는 가장 좋은 방법은 Key Stage 2의 초기단계나 그보다 더 일찍, 문식력 시간만을 위한 질문이나 안내된/독립된 시간에 대답해야 할 다른 모둠을 위한 질문을 스스로 준비하도록 하는 것이다.

흥미 있는 과학적 문제들을 탐구하기에 우선적으로 이용되는 질문들에 대답하는 것은 매우 유용한 평가 기회가 될 수 있고, 이것은 아동들이 흥미로운 방법으로 독립적이고도 개별적으로 생각하고 그들의 학습에 대해 질문하도록 한다. 질문에 대답하는 것은 명확한 답을 가져오기보다는 종종 더 많은 질문을 궁리하게 한다. 이러한 것은 특히 과학에서 '풀은 왜 초록색일까?', '우리는 왜 아픔을 느낄까?'와 같이 아동들에게 자신의 생각에 대해 토의할 기회를 준다. 따라서 질문하기 상황에 맞게 다양한 질문 기법들을 사용하여야 한다.

(3) 반응하기 전에 생각할 시간 주기

말하기와 듣기를 통해 학습을 더 효과적으로 하기 위하여 교사는 반응을 기대하기 전에 아동들에게 생각할 더 많은 시간을 주어야 한다. 우리는 종종 아동들로부터 즉각적인 대답을 원하거나, '잘 알고 있고 그럴 것 같은' 아동이 손을 들고 질문하기를 바란다. 모든 종류의 질문에 생각할 시간을 준다면, 학생들 반응의 질은 항상 좋아질 것이다. 문식력이나 수리력 시간에 '이야기 상대'의 활용은 아동들에게 대답을 생각해 볼 기회를 주는데, 가끔은 '화이트보드'를 함께 이용하기도 한다. 처음에 대답을 생각하도록 아동들에게 충분한 시간을 준다면 아동들이 자기 경험을 심화하면서 토의하거나 대답에 도달하는데 훨씬 더 적은 시간이 걸릴 것이다. 아동들의 더 많은 손이 올라갈 것이며, 아동들이 생각하는 것을 실제로 '볼' 수 있을 것이다.

자신감이 없는 화자를 격려할 때, 아이디어를 대화 상대방이나 모둠과 함께 공유할 수 있다. 약간의 시간만 지나면 조용한 편이던 아동은 학급 전체 앞에서 이야기할 수 있다고 느낄 것이다. 수업에서 되돌아보기 시간은 모든 아동들이 자신의 생각과 아이디어를 분명히 하는데 도움을 주고, 종종 동료들이 자기 동기화에 어려움을 갖는 친구들을 격려할 수 있다.

(4) 대화에서 신뢰하는 분위기 제공하기

아동들이 말하기에 편안하고 적절한 분위기를 제공하는 몇 가지 전략은 앞에서 이미 논의하였다. 여러분 학급에서 아동들과 섬세하고 신뢰할 수 있는 관계로 발전하는 것은 말하기를 자극하는 가장 강력하고 효과적인 전략이다. 어쨌든 '양질의' 말하기는 교실에서 '우연히 일어나는 것'에 그냥 맡겨질 수 없다. 일정한 조건들이 갖추어져야 하는데 그것은 구조와 몇 개의 규칙들이 말하기와 듣기의 이상적인 분위기를 조성하는 데 도움을 주기 때문이다. 아동들 상호간의 태도와 반응이 매우 중요하므로 어떤 아동도 그들의 견해나 관점을 표현하는 것에 대해 웃음거리가 되거나 창피함을 느끼게 해서는 안 된다.

'말하기 · 듣기를 위한 황금률'은 아동들에 의해 만들어진 것이 가장 좋지만, 교사로부터 약간의 안내 받을 필요가 있다. 한 학급의 '황금률'은 이미 말하고 있는 누군가를 방해하지 않기 위해 아동들이 부단히 노력하는 것이다. 어떤 선생님에게 '황금률'은 여학생과 남학생을 번갈아 가면서 반응하도록 하는 것이다. Key Stage2의 고학년 학생들에게 말 순서를 바꾸기 위해 손을 드는 것이 항상 필요한 것은 아니다. 6학년 때까지 아동들은 규칙에 아주 익숙해져서 소리 지르는 것이 없어지고, 다음과 같은 종류의 토의를 하게 된다. 즉, '공개 포럼'이라고 불리는 것으로, 써클 타임이나 그 날의 '문제 해결'에서 활용한다. 이러한 귀중한 '대화' 기회들이 얼마나 잘 양식화되어 있는지 그리고 서로의 견해에 대한 존중의 가치를 얼마나 잘 발전시키고 있는지는 놀라울 정도이다.

교사가 아동들이 거의 항상 품고 있는 중요한 이야깃거리들을 억제하거나 떠맡도록 노력해야 하는 때도 바로 이러한 시간들이다. 또한 그들이 지지받고 있는지 아닌지를 10-11세 아동들과 같은 감각으로 얼른 알아차리고 그들의 질문에 대답해야 한다.

제이미가 나에게 신에 대해 물었을 때, 나는 '형세를 관망하는' 전형적인 교사처럼 대답을 하였고, 나는 곧 그의 얼굴 표정을 보고 내가 그를 실망시켰다는 것을 알았다. 제이미는 나의 더 솔직한 대답을 기대하였지만, 나는 그가 배운 것을 이해하도록 도울 수 없었다. '선생님은 모든 신들의 존재를 믿으세요?'라는 그 질문은 기도문을 협의하며 쓰고 있는 학생 모둠에 내가 앉아 있었을 때 나왔고, 그는 내가 생각하는 바를 진정으로 알고 싶어 하였다. 나는 그에게 '…이 아닐까'라는 대답을 해야만 했다.

(5) 과제 3

학급의 아동들이 여러분에게 신의 존재를 믿는지 물어본다면 어떻게 반응할지 곰곰이 생각해 보라. 아동들에게 어떻게 대답할 것인가? 어떤 종류의 대답을 들려주는 것이 중요한가? 아니면 학급 전체에게 '…이 아닐까'라고 질문하는 것이 더 나을까?

(6) 논평

이 질문을 받았을 때, 아동들을 아는 것과 그들 스스로 믿음에 대해 민감해지는 것이 중요하다.

6. 말하기·듣기 환경과 분위기 조성

문식력과 수리력에 광범위하고 상호작용적인 교수 전략의 출현으로 아동들은 좀 더 적극적인 청자가 되었고, 그들의 학습을 명료하게 표현하는데 더욱 자신감을 갖게 되었다. 그런데 이는 자동적으로 형성되는 것이 아니며, 교사가 다양한 '대화'를 할 수 있는 기회를 마련하고 자극을 주어야 한다.

(1) 상호작용적인 전시물

나는 대부분의 초등학교 교사들과 마찬가지로 아동들이 다양한 고안품들을 다룰 수 있도록 구역별로 많은 상호작용적 전시물들을 두기 좋아한다. 물질에 관한 과학 과제와 관련되는 목제 수집품, 책, 그림과 같은 것이나 매주 시행되는 다른 교육과정 영역과 관련되는 '신기한 물건'과 같은 것이다. 이러한 전시물은 아동들 스스로 가져온 많은 물건들이 포함되어 있고, 특별한 영역의 조사에 관해서 그 물건과 관련된 질문들이 제기된다. 아동들이 기증한 생생한 전시물들을 즐길 수 있도록 그것들을 자주 바꾸려고 노력한다.

5학년에서 빅토리아인들에 대해 공부할 때 우리는 지역 박물관에서 '신기한 소장품'을 빌려와서 함께 학습하였다. 양탄자 터는 도구의 정밀한 검사부터 시작하여 얼마나 많은 질문들이 제기되었는지 놀라울 정도였다.

- 이게 파리채인가요?
- 장난꾸러기 어린이를 때리는 것이에요?
- 잼을 만들기 위한 것이에요?

(2) 역할놀이 활용

역할놀이의 가치가 과소평가되거나 단지 저학년 활동에만 중요하다고 인식되어서는 안 된다. 이야기책의 인물을 이해하기 위해서든, 문식력이나 다른 교육과정 영역에서의 논쟁점을 알아보기 위해서든 모든 연령, 모든 단계의 아동들은 의상을 차려입거나 연극 상황의 일부가 되는 것을 좋아한다.

문식력 시간에 드라마를 활용할 때, 역할놀이는 단순하지만 효과적인 전략이 되는데 특히, 한 모둠의 아동들이 한 역할을 맡거나 개인에게 한 팀의 조언자들이 있을 때 그렇다.

학급 전체나 심지어 학교 전체의 역할극 기회는 모두가 누릴 수 있고, 아동들의 학습에 상상력의 효과를 줄 수 있다. 4학년이 가장 좋아하는 날은 '튜더의 화요일'이다. 아동들은 행상, 농부, 궁수, 유명한 튜더의 등장인물로 분장하고 튜더풍의 점심도 준비한다. 역사가도 초대하여 다양한 역사적 검증 활동을 통해 아동들을 지도해 준다. 4학년의 모든 교직원들과 많은 학부모들 또한 자연스러운 염료로 염색하기, 파반 춤추기, 궁술 등을 포함한 활동을 지도한다.

빅토리아인을 공부할 때, 스크린과 공예품을 이용해 우리는 디킨즈(Charles Dickens)와 브론테(Charlotte Bronte) 작품과 똑같이 만들었다. 여기에서 그 아동들은 숄, 망토, 테 없는 모자와 중절모 등을 착용했고, 깃펜이나 만년필로 글씨를 썼다. 엽란, 저명한 소설가의 원고와 빅토리아 여왕의 그림에 둘러싸여 아동들은 문식적, 역사적 환경 속에서 공부하게 되었다. 그 공부는 차분한 활동과 읽기를 위해 아주 좋은 시간이었다. 아동들은 작가가 되어 본능적으로 서로에게 말을 거는 방식을 바꾸었는데 모자를 쓰고서 아주 공손하고 격식에 맞게 말하였다. 주목할만한 활동은 리버풀에 있는 '조용한 장소(Quiet Place)'에서 일어났었고, 나는 모든 다양한 종류의 말하기와 듣기를 위한 '조용한 장소'로 이용된 동굴, 터널, 새들의 은신처들을 보았다. 그곳은 아동들이 평범한 학급의 일상으로부터 휴식시간을 갖는 장소이다.

5학년에서 성 루시아를 공부할 때 교실의 한 구석에 여행 포스터와 여행 안내장, 전화기와 컴퓨터로 가득 찬 아주 활기찬 여행 대행업체를 만들었다. 아동들은 카리브 해로 가는 가상의 이국적인 휴가를 많이 예약하였다. 아동들은 지도상에서 여행경로를 찾고, 항공료, 여행경비, 환율을 계산할 수 있었다. 이러한 모든 정보는 일간지나 패키지를 취급하는 컴퓨터 데이터에 의한 것이었다. 지방의 여행 대행사에 일하시는 한 아동

의 어머니께서 오셔서 그녀의 직업에 대해 이야기하였고, 다음과 같은
질문들이 쏟아졌다.

여행 안내장에 나온 모든 곳을 가나요?
누군가를 위해 예약할 수 있는 가장 특별한 여행은 무엇인가요?
돈은 얼마나 버나요?

부모들의 직업과 경험은 말하기의 훌륭한 자극제가 되었으며, 다양한
직업의 가능성에 대한 토의는 학교생활의 일반적인 특징이 될 수 있다.
또다른 학부모님인 클라크 아주머니는 성 빈센트 섬에서 태어나셨고,
매년 휴가철이면 아이들에게 달콤한 감자요리를 해주시며, 카리브 섬에
서의 어린 시절을 이야기 해주셨다. 클라크 아주머니가 오셔서 했던 이야
기와 질문은 참고서나 비디오로 통해 단 한 번도 제기된 적이 없는 것이
었다. 클라크 아주머니의 목소리와 다른 문화의 배경은 아동들에게 매우
유익하였다. 아동들은 쉬는 시간동안 내내 클라크 아주머니의 이야기를
듣고 싶어 하였고, 다음 수업 시간에까지 듣고 싶어 했으며 결국 다시
와 주시기를 부탁하였다.

(3) 유용한 자료

말하기 활동들을 지원하는 자료들에 쓰여 진 시간들은 유용하다.

- 교실 바닥에서 하는 토의, 이야기, 시 읽기 수업 시간을 위한 깔개나
  양탄자를 깐 공간은 말하기 영역을 편안하고 마음이 끌리게 하는데 도움
  을 준다. 쿠션과 베개주머니를 준비하는 것은 다양한 '대화' 시간을 위한
  변화이다. 이런 활동을 할 때 아동들이 문식력과 수리력에 많은 시간을
  보내도록 주의를 기울일 필요가 있다.

- 녹음기, 헤드폰, 마이크 그리고 양질의 듣기 테이프와 모든 영역의 활동 (과학이나 수학적 조사물, 이야기와 시, 안내가 있는 박물관 여행)을 녹화할 수 있는 테이프
- 위에 있는 것들을 이용하거나 또는 역할극을 하기 위해 교실의 한쪽 구석에 있는 조용한 장소. 이것은 조그만 스크린 칸막이가 되어 있으면 된다.
- 아동들이 상호작용 할 수 있는 열린 질문들과 제시된 활동들이 자세하게 나타난 소설과 시, 참고도서들
- 읽고 토의하기 위해 정기적으로 교체되는 최근 신문. 이것들은 학교 도서관이나 교실에서 구할 수 있다.
- 아동들이 직접 만든 전시물. 이것은 학급 전체와 큰 소리로 읽고 토의된 것들이다.
- 역할극 상황의 일부로 사용되는 전화기

닉: '여보세요, 다스. 나 찰리인데 휴대폰으로 통화하고 있
          어. 모임에 늦을 것 같아.'

- 역할을 맡으며 읽거나 말할 때 쓰는 모자, 숄 등.
- 사람들이 말하고 있는 모습의 신문 사진과 그림 우편엽서. 내가 가장 좋아하는 것은 밀튼 케인즈 도서관 밖에 있는 월레스(Andre Wallace)가 만든 '속삭임(The Whisper)' 조각품이 나온 우편엽서이다. 두 명의 소녀가 대화에 심취하고 있는데 그들은 무엇에 대해 이야기하고 있는 걸까?
- '우리가 들었던 흥미로운 일들'이나 '주간지 인용' 등이 있는 게시판. 여기에 있는 의견들은 신문이나 잡지에서 우연히 듣거나 읽었던 것들을 아동들이나 교사들이 수집한 것이다.
- 써클 타임의 토의 주제를 위한 아이디어 상자. 주제들은 익명으로 할 수 있고, 운동이나 활동과 관련된 문제를 다룰 수 있다. 또한 이 아이디어 상자는 우연히 나온 '무례한' 제안들을 조기에 대비할 수 있다. 만약 그 제안이 무시된다면 제안자들은 금방 그만 둘 것이다.

(4) 과제 4

예맨과 블레이크가 쓴 『거친 여자 세탁부』[47]와 같이 인기 있는 책을 선택하고, 스토리텔링을 하기 위해 세척용 통, 앞치마나 여자 세탁부나 벌목꾼 복장 등과 같은 소품들을 이용하도록 하라. 아동들과 여러분 자신의 스토리텔링 기술에 미치는 효과들을 살펴보라.

(5) 논평

모둠이나 학급의 아동들에게 이야기하는 것은 실습생들이 학급에서 시도하도록 요구받은 최초의 활동 중 하나이다. 이는 부담스러운 과제가될 수 있다. 반드시 집에서 연습해 볼 필요가 있다. 예컨대, 애완견에게 크게 소리내어 읽어 주거나 가능하면 복장을 갖추어 입고 거울 앞에서 이야기해 보거나 녹음해 보는 것이다.

7. 말하기·듣기 교수·학습 활동

다음에 열거하는 것은 교육과정 중심으로 말하기와 듣기를 특별히 이용하는 몇 가지 교수 전략들이다. 문식력 시간이나 영어 학습 프로그램에만 국한되는 활동은 아니다. 이런 활동들은 다른 교과와도 연관되며, 적용, 변용, 발전시킬 수 있다. 많은 것들이 텍스트와 관련하여 약간씩 다른 형식으로 발견되어질 수 있고, 드라마, 스토리텔링이나 시 쓰는 관습으로 인식될 수 있다. 이런 것들이 계획되어진다고 해도 말하기와 듣기의 많은 강력한 학습활동이 비공식적이며, 비계획적이고, 일상적인

---

47) Blake, Q. and Yeomans, J. (1985). *The wild Washerwomen*. Harmondsworth: Picture Puffin.

대화와 토의를 통해 일어난다. 특별하게 조직된 말하기·듣기 수업이 교실에서의 말하기를 자극하는 유일한 기회는 아니다.

(1) 교사 주도 토의와 전체 교수

자세하게 설명하기, 질문하기, 알려주기에 의한 교수는 가장 효과적인 교수 전략의 일부이다. 상호작용적인 교사 주도의 토의는 모든 학생들과 함께 할 수 있고, 질문과 더 알고자 하는 욕망을 자극할 수 있다. 교사가 쓰기를 시범보이거나 도와주는 것과는 별개로, 문식력 시간의 텍스트 공유 활동은 학급 전체의 상호 토의에 의존한다. 충분한 교과 지식은 교사들이 아동들의 탐구와 질문 요구에 자신 있게 답변하는 데 도움을 준다. 교사들은 문식력을 전문적으로 발달시켜 교실에서 대화 및 이해의 질을 높여 주어야 할 것이다.

(2) 대화 상대자

상대방에게 말하는 것은 아동들의 생각을 명확히 하고 발전시키는 것을 돕는 가장 성공적이고 쉽게 조직된 방법 중의 하나이다. 이것은 아동들이 카페트에 앉아서 또는 책상에 모둠지어서 활동할 수 있고, 전체 학급에서 활동하는 예비 단계가 될 수 있다.

아동들은 간단히 옆에 있는 사람과 말 순서를 바꿀 수 있다. 그리고 그들의 생각과 선생님의 질문에 대한 반응을 통해 말할 수 있다. 이것은 텍스트를 공유하는 활동이나 문식력 시간뿐만 아니라 학급 전체 토의의 일부로서 효과적이다. 그리고 더 조용한 아동들이 그들의 생각이 가치 있다는 것을 느끼도록 한다.

때로는 각각의 아동들이 말하는데 시간 제한이 있을 수 있고, 때로는 듣는 이가 자기 짝의 견해를 다른 친구들에게 요약하여 말할 수 있다.

이것은 아동들의 듣기 기능을 신장시키기 위한 이상적인 전략이다. 이 듣기 기능은 어느 면에서 보나 말하기 기능만큼 중요하다. 토의가 활발히 진행될 때 아동들은 자신의 생각을 말하기에 너무 몰두한 나머지 상대방의 견해를 듣지 않을 수도 있다.

영어를 부가적으로 사용하는 아동들이 학급 전체에서 말하기 전에 짝과 대화하는 것도 좋은 역시 좋은 방법이다. 만약 학급 전체에게 말하는 것이 강제적이지 않다면 구어에서 그들이 자신감을 갖는데 도움이 될 것이다.

문식력 시간의 안팎에서 도우미 교사의 역할은 억지로 말하고 듣는 아동들에게 매우 중요하다. 도우미 교사가 말하기 상대자가 되어 말수가 적은 아동을 끌어들이거나, 쉽게 산만해지는 학습자가 과제를 계속하도록 도와줄 수 있다.

이 전략은 모든 교육과정 영역에 이용될 수 있으나 특히 수리력 시간의 지적, 구술적인 초보 학습자에게 유용하다. 아동들이 다른 계산을 어떻게 해결했는지 설명하는 방법으로 '개요 말하기(sum talk)'를 이용할 수 있다. 학생들은 먼저 그들의 방법을 대화 상대자에게 서로 설명한다. 그런 다음, 학습하고 이해한 것의 실제적인 평가로서 짝이 이야기해 준 방법을 새로운 상대자에게 설명하는 것이다. 이런 방법으로 이해가 증가하여 그 밖의 모든 사람들을 이해하게 하는 아주 효과적인 학습이다.

(3) 듣기 기능의 교육

다음은 말하기와 듣기 활동의 일반적인 특징이고, 특히 Key Stage 2를 마치는 아동들에는 더욱 그렇다. 어떤 내용에 대해 이야기하는 상대방의 말을 3분 동안 면밀히 듣도록 한다. 이때 상대방의 말에 끼어들어서는 안 된다. 오직 듣기만 한다. 그런 다음 그들은 들은 것을 다른 모둠의 아동에게 전한다. 또한 듣기 게임은 써클 타임에서도 할 수 있다. 교육용 비디오를 시청하는 도중보다는 본 다음에 초점을 맞춘다. 여러분들은 아동들을 돕기 위해 다음과 같은 쓰기 활동을 할 수 있다.

- 프로그램을 보기 전에 『오디세우스의 여행』에 대해 이미 알고 있는 5가지 목록 만들기
- 프로그램을 보고 난 후 오디세우스의 모험에 대해 알게 된 5가지 목록 만들기
- 오디세우스에 대하여 알고 싶은 것 3가지 적기

(4) 브레인스토밍

브레인스토밍은 토의를 시작하는데 효과적인 전략이고, 평가 도구로서 부가적인 가능성도 갖는다. 이것은 교사들이 활동 과정으로서 아동들의 학습에 대해 더 많은 것을 발견하도록 한다. 교사는 아동들의 선행지식, 아동들이 학습하고 있는 것, 특별한 주제에 대해 알고 있는 것을 확인할 수 있다. 예를 들면 "고대 그리스에 대해 우리가 이미 알고 있는 것은 무엇일까?"라는 물음은 아동들이 알고 있는 것 그리고 작년에 크레타 섬이나 크노소스를 방문했던 것을 말할 수 있는 좋은 기회이다. 또한 아동들에게 몇 장의 사진을 가지고 오게 하라. 그것은 교사들이 아동들의 지식과 이해 부분에서 차이가 어디에 있는지 판단하고 교수의 어떤 측면이 잘 작동되는지 판단할 수 있는 기회이다.

브레인스토밍은 반드시 모둠 활동일 필요는 없다. 그것은 개별적인 쓰기 활동으로 시작한 다음 모둠이나 학급 전체 토의로 발전할 수 있다. 개별적인 사고 시간은 일부 아동들에게는 정말로 유익할 수 있다. 어떤 아동들은 다른 아동이나 어른들과 생각을 공유하면서 도움을 받을 필요가 있다. 다양한 아동들과 주제 영역을 다루는 시간에는 각기 다른 기술

과 전략들이 사용되어야 한다.

어떤 특별한 기술이나 조합된 전략을 결정하기 전에 교사는 아동들을 잘 이해할 필요가 있다. 말하기 싫어하는 어떤 아동들은 교사가 그들 옆에 앉는다면 더 많은 자신감을 갖게 된다. 이것은 다른 사람을 집요하게 방해하는 아동에게는 역효과를 가져올 수 있다. 학습 능력이 서로 다른 모둠은 비록 가끔 효과를 거둔다 할지라도 학습 능력이 떨어진 아동들을 기죽게 할 수도 있다. 말하기와 듣기 전략은 모든 학생들의 자신감과 자존감을 개발하는데 잠재적인 학습력을 제공한다. 아동들의 모둠을 편성하는 방법은 그들의 요구에 맞게 유연하고 적절해야 한다.

혼자서 또는 사전 토의 후에 아동들이 자신이 말했던 생각에 대해 적어 보는 것은 때로는 적절한 방법이 될 수 있다. 아동들에게 기록할 자료에 대한 선택권을 주어라. 어떤 아동들은 커다란 설탕 종이나 펠트제 금장 펜을 사용하는 것을 좋아한다. 다른 아동들은 연습장이나 화이트보드를 사용하는 것을 좋아한다. 그러나 기록하는데 가장 친숙한 방법은 실물화상기 위에 아이디어를 써서 지시봉을 이용해 나머지 학생들에게 발표하는 것이다. 이러한 것들은 학습활동과 학습 과정에 덧붙여질 수 있으며, 최종적으로는 아동의 생각이 떠오르는 증거로 모두의 머릿속에 사진을 찍은 듯이 남겨질 수 있다. 고대 그리스에 대한 수업 마지막에 한 브레인스토밍은 실제적인 학습이 일어났다는 증거를 제공한다.

(5) 점검 시간

점검 시간은 교실에서 다양한 명칭으로 자주 발견된다. 이것들은 훌륭한 지도와 성공적이며 효과적인 말하기·듣기 활동에 매우 필수적이고 중요하다. 단원이 어떤 방법으로 소개되더라도(교사 안내 토의, 대화 상대자, 브레인스토밍, 실제적인 논증이나 활동에 상관없이) 이어지는 활동의 전체에 걸쳐 대화를 하도록 유지하는 것은 중요하다. 때때로 시간이 부족하기 때문에 학습에 대한 평가를 몰아치거나 활동을 단순히 공유하게 한다. 이것은 아동들의 학습이 가치를 인정받고, 학급 아동과 교사에게 배운 것을 설명하고 정당화할 수 있는 기회를 놓치게 한다. 계획된 마지막 전체 모임 시간은 매일 있는 문식력과 수리력 시간의 핵심적인 부분이며, 학습목표를 달성했는지 그리고 어디에서 학습의 정련과 발전이 필요한 것인지를 평가하는 기회이다.

활동할 때 자주 사용하는 하는 '잠깐 쉬기(pit stop)'와 '짧은 점검(in-flight-check)' 시간은 모든 학생들이 과제를 계속할 수 있게 하고 앞으로 해야 할 것도 이해하도록 하는 시간이다. 또한 이것은 시작하기를 어려워하는 아동들을 도와줄 수 있다. 단지 누군가의 앞부분 말을 듣거나 전체 과정의 시작 부분을 보는 것만으로도 아이디어를 동기화하거나 촉진하는데 도움이 될 수 있다. 이러한 점검은 교사들이 잘못 이해한 것을 찾아내고, 누가 수업 시간 동안에 특별한 도움을 필요로 하는지 결정하는데 도움을 줄 수도 있다. 만약 아동들이 수업 초반에 검토 시간이 있다는 것을 안다면, 동기화를 조장함으로써 이런 활동은 초기 발달을 촉진할 것이다.

수업이 반 정도 지난 시간에 하는 점검 시간은 정보, 생각, 학습을 더 많이 공유하는 원천이 될 수 있다. 모둠별로 핵심 주제 3가지를 제출하거나 개인별로 학습 결과를 어떤 형태로 제출할 것인지를 선택하게 한다.

간략한 최종 점검은 수업시간의 맨 끝부분에 실시할 수가 있다. 그 시간의 학습결과를 한 문장으로 요약해 보거나 다음 시간의 학습과제를 한 문장으로 만들어 보는 것과 같은 것이 있다. 전체 학생과 함께하는 최종 점검은 문식력과 수리력 시간뿐만 아니라 모든 시간에 가치있는 전략이다.

하루 일과가 끝날 때 최종적인 점검 시간은 아동들이 얼마나 힘들게 공부했는가를 되돌아보게 하고, 그들 자신에 대해 만족하면서 돌아갈 수 있도록 한다. '나는 매우 훌륭한 과학 조사를 계획하는데 도왔으니까 집에 가서 쉴 가치가 충분히 있어.', '나는 선생님과 독서토론을 즐겼기 때문에 정말로 집에 가서 쉴 가치가 있어.'

(6) 핫 씨팅

이것은 Key Stage2 아동들에게 아주 인기 있다. 반드시 자신감 있는 화자가 아니라도 능력이 많은 아동들은 그 이점을 이용한다. 개개의 학생들은 '화끈거리는 자리(hot seat)'에 앉도록 안내하고 특정 책의 인물이나 사진 속에 나오거나 작품의 일부분에 서술된 잘 알려지지 않은 사람의 역할을 맡게 한다. 그때 아동들은 질문을 하고, 책, 사진, 글 속에 있는 행동을 정당화하거나 사건을 설명해야 한다.

(7) 방문, 방문 화자와 청자

교육적인 방문의 가치, 방문 화자와 방문 청자는 앞에서 살펴보았다. 그들은 아동들에게 아동들의 말하기와 듣기 활동에 초점을 둔 자극물을 제공하고, 많은 이들이 고도로 전문화된 접근법을 가지고 있다. 밀튼 케인즈에 있는 한 중학교의 한 학기에 다음과 같은 방문과 방문자가 있었다. 이 목록은 단지 모든 교육과정을 통해 말하기와 듣기를 강화하기 위해 계획된 활동의 예일 뿐이다.

- 5학년이 스로프셔와 블랙 컨트리 박물관을 방문하기
- 전 학년을 상대로 전문 연극 단체의 공연
- 아동들의 RE 활동의 일부로서, 지도자 역할에 대해 말하기 위해 수석 교사가 4학년 방문

- 작품을 공유하고 라파엘 전파주의 운동의 그림을 토의하기 위해 전문 화가가 5학년 방문
- 4학년이 교구목사님의 말하기와 질문하기 수업을 듣고 이어서 바로 해당 교구의 교회 방문하기
- 4학년 도서 주간을 주최하고, 학부모와 교사가 '손님' 독자로 방문하여 전체 학교가 참여하기
- 새로운 작가의 선집을 소개하기 위해 국립 학교 도서관 사서 교사가 6학년을 방문하고 6주 뒤에 이에 따르는 토의하기
- 아동문학상을 받은 몰퍼고(Michale Morpurgo)가 그의 작품활동에 대해 말하기 위해 6학년 방문
- 고대 그리스 공예품을 조사하고 2명의 아동이 기록하고 녹음해야하는 안내물을 준비하는 후속 활동을 위해 6학년이 대영 박물관을 방문하기
- 영국의 신호 언어에 관한 전문지식을 나누고, 학교에서 '신호' 동아리 만드는 것을 도와주기 위해, 도우미 교사가 조회시간에 전 학년 방문

(8) 문식력 시간과 다른 교과 시간의 읽기

문식력 시간의 도입 이래 함께 읽기와 안내된 읽기를 Key Stage 1과 Key Stage 2에서 체계적으로 가르치고 있다. 이 전략들 모두 토의하기와 질문하기를 통해 아동들이 의미있는 방식으로 텍스트와 상호작용하는 것에 의존하며, 그들의 읽기 발달에 더 명확한 초점을 제공한다. 그러나 문식력 시간 외에도 더 읽을 기회는 여전히 있어야 한다.

시 읽기, 논픽션 읽기, 읽기 도전 과제, 스토리텔링, 독서 토론은 학교에서 하는 특별한 읽기 시간의 전형적인 모습일 것이다. 아동들이 읽기에 대하여 배워 온 모든 것을 연습할 수 있는 시간은 문식력 시간이다. 아동들은 그들의 읽기 경험을 서로 공유하고 그들이 더 관심이 가는 것에 대해 구체적으로 토의하고, 교사 및 도우미 교사 또는 읽기를 도와주는 이와 함께 텍스트를 분석한다. 아동들은 읽기에 관련된 모든 사람들과

서로 의사소통할 수 있는 상세한 독서 일지를 계속 쓸 수도 있다. 이는 학교나 가정에서의 더 폭넓은 읽기를 하며 함께 읽기나 안내된 읽기를 연계하는데 도움을 줄 것이다. 독서 일지에 아동 자신이 가장 중요한 역할을 한다.

읽기 도전 과제는 학기 중 한 번 실시할 수 있고, 아동들은 교사들과 토의하여 이런 것들을 결정하게 된다. 도전 과제는 아동의 나이와 읽기 능력에 따라 적용되고 개발되어야 한다. 그들은 매우 큰 재미를 느낄 수 있으며, 다른 방법으로 읽어보려는 실제적인 동기를 가질 수 있을 것이다. 도전 과제는 다음과 같은 몇 가지를 포함하여 선택할 수 있다.

- 친구들에게 쉬운 책을 뒤에서부터 앞으로 거꾸로 소리내어 읽어라.
- 일주일에 한 작가의 작품을 가능한 많이 읽어라.
- 일주일 동안 매일 형이나 동생, 누나에게 책을 소리내어 읽어 주라.
- 전혀 알지 못하는 것에 대한 논픽션 5권을 읽어라.
- 어머니, 아버지께서 여러분 나이 만할 때 읽었던 책을 읽어라.
- 친구에게 읽어줄 가장 좋아하는 책 3권을 가지고 오라.
- 기억에 남는 특별한 이야기를 큰소리로 말해 보라.

① 과제 5
여러분이 가르치는 학급이나 모둠의 아동들과 토의할 때, 아동들이 읽고 하고 싶어 하는 읽기 도전 과제 5가지를 찾아보시오.

② 논평
이런 도전 과제들은 매력적으로 보일 수 있다. 그리고 아동들이 그들의 도전 과제들을 기록하는지, 그러한 도전 과제를 할 수 있는지, 없는지가 중요하다. 그 도전 과제들은 부모들이 실제적으로 자녀의 읽기에 관여

하도록 돕고, 동시에 아동들을 더 나은 독립된 읽기로 나아가게 하는 실질적인 기회를 제공한다.

아동들이 하고 싶어 하는 과제는 자신이 가장 좋아하는 이야기를 큰 소리로 말하는 것이다. 이 이야기가 꼭 잘 알려진 이야기일 필요는 없으며, '잃어버린 애완동물', '고물 자전거의 사고'의 이야기나 심지어 '잃어버린 물건'에 대한 이야기가 될 수도 있다. 아동들은 서로 이야기를 하고 싶어 하며, 수업이 끝난 후에 둥그렇게 둘러앉아 희미한 전등과 원 가운데서 타고 있는 촛불을 두고 특별한 분위기를 만들 수 있다.

교사나 실습생이 가지고 있는 스토리텔링의 기술과 재능들은 놀랍다. 학부의 실습생들은 그들의 이야기를 돋보이게 하기 위해 옷에 직접 만든 소품을 많이 달고, 이야기에 나오는 멋들어진 의상을 개인적으로 또는 모둠으로 계획하거나 연출한다. 실습생들은 노래 부르고 사투리로 말하기, 전통적인 아난시(Anansi) 이야기, 『작은 빨간 암탉』을 웨일즈 말로 다시 말하기, 『신데렐라』를 흉내내기, 달(Roald Dahl)의 『니블스위크의 승리』를 재치있게 열거하기, 분위기 있고 감동을 주는 전래 설화나 전설을 시연하기 등을 하였다. 실습생들은 자기 스스로나 서로의 스토리텔링 능력에 대해 놀랐다.

(9) 써클 타임

써클 타임은 Key Stage 2의 말하기·듣기 교육과정을 개발하기 위한 가장 효과적인 교실 전략 중의 하나이다. 그것은 전반적인 문제에 대한 자기인식과 느낌을 증진시키기 위해 구안된 것으로 주제에 대해 대중 앞에서 말하는 아동들의 자신감을 개발하는 간편한 전략이다. 그것은 최근에 유행하고 있는 전략이며, 지금은 많은 초등학교 교실에서 단골 메뉴가 되었다.

써클 타임은 학교 교육과정에서 정규적으로 짜여 진 시간이 될 수 있으며, 종종 아동들에 의해 높이 평가되기도 한다. 그것은 아동들의 행동, 서로에 대한 태도, 그들의 학습, 무엇보다 그들의 자기존중심을 끌어올리는데 효과적이다. 그것은 RE 요목, 개인·사회·건강·교육(PSHE) 요목, 말하기·듣기 교육과정의 많은 측면을 전달하는데 효과적인 전략이다.

써클 타임은 조직하기 쉽고 모든 경험 수준에서 교사들에 의해도 시도될 수 있다. 그것은 형식적이고, 구조화된 서클 타임으로 진행하기 이전에, 처음에는 아동들이 원 안에서 말하기, 읽기, 공유하기에 익숙하게 하도록 하는 것이 가장 좋다. 우선, 자신감이 생길 때까지, 둥글게 앉아서 학급 독본을 시험 삼아 읽어 보라. 혹은 짧은 인용구를 읽거나 텍스트 양상을 토의하고, 역사적인 예술품에 대해 관찰하기 위해서 순서를 바꾸어 보라. 둥글게 앉아 있는 것은 모든 이에게 동일한 지위를 주며, 이러한 배치로 인해 때때로 참여하기를 꺼리는 학생들이 더 많은 자신감을 갖는 것을 확실하게 발견할 것이다.

좀 더 형식적인 서클 타임 시간은 40분 정도 진행될 수 있다. 그리고 서클 타임은 각각의 아동들이 바구니를 돌리며 바구니에 들어갈 가상의 물건을 고른다. 그 다음에 알파벳 순서로 시작하는 품목을 선택하는 '할머니의 바구니'와 같은 몸 풀기 게임이나 활동으로 시작할 수 있다. 다음 예는 전체 학급에서 돌아가며 알파벳을 순서대로 활용하는 것이다.

> 나는 바구니를 가지고 있습니다.(*학생 1*)
> 여러분은 바구니 속에 무엇이 가지고 있습니까?(*나머지 학생*)
> 나는 바구니 속에 땅돼지(aardvark)를 가지고 있습니다.(*학생 1*)
> 나는 바구니를 가지고 있습니다.(*학생 2*)
> 여러분은 바구니 속에 무엇을 가지고 있습니까?(*나머지 학생*)
> 나는 바구니 속에 풍선(balloon)을 가지고 있습니다.(*학생 2*)

이 게임을 하면서 바구니의 속의 상상적인 내용물이나 선택한 물건의 이름을 짓기 위해 아동들이 사용한 어휘에서 뚜렷한 향상을 발견할 것이다.

'과일 샐러드'는 아동들이 각각의 과일 이름을 따서 이름 짓는 유명한 또다른 게임이다. 교사는 아동의 '이름'을 소리쳐 부르면, 바나나, 사과, 배 또는 포도의 이름을 가진 누군가와 자리를 바꾸어야 한다. 교사가 '과일 샐러드'라고 말할 때, 모든 사람은 자리를 바꾼다. 이것은 좋은 자리 섞기 게임이다. 그리고 내가 수없이 많이 했음에도 불구하고, 어떤 학생도 이 게임에서 어떤 일이 일어날지 알아채지 못 하였다. 그것은 학생들의 짝을 바꿀 수 있는 정말 좋은 기회이다!

다음은 '말하기 물건'의 선택이다. 그 주간에 생일을 맞이한 아동은 부드러운 장난감, 점토로 만든 얼굴, 수탉의 날개, 커다란 조개, 매끄럽고 하얀 달걀, 나무로 만든 고래 등의 다양한 물건들을 선택하는 특권을 가질 수도 있다. 아동들은 '말하기 물건'을 잡을 때만 말할 수 있다.

각각의 아동에게 차례로 다음과 같은 것에 대해 부담 없이 말하도록 하면서 시작한다.

> 이번 주에 나에게 일어났던 가장 중요한 일은…
> 내가 가장 소중히 여기는 것은…
> 주말에 가장 바라는 것은…
> 내가 했던 가장 친절한 일은…

어떤 아동도 말하도록 강요받지 않는다. 만약 말하고 싶지 않다면 '말하기 물건'이 그들에게 다가올 때 그냥 '통과'시키면 된다.

그런 다음 여러분은 아동들이 미리 여러분의 관심을 끌었거나 제안 상자에 넣었을지도 모르는 심각한 문제에 대해 토의하는 것으로 나아갈 수 있다. 아동들은 그들의 걱정과 관심사를 표현할 이런 기회를 진정으로 감사한다. 그것들은 아주 종종 운동장이나 점심 시간 문제에 관한 것들이 거나, 때때로 공부에 대한 걱정이 나타나기도 한다. 그 문제들은 도움이 될 제안을 줄지도 모르는 모둠 전체와 공유될 수도 있다. 다른 아동들이 이 상황을 개선하는데 도움이 되는 유용한 제안을 할 때는 '공개 포럼'로 이어질 수도 있다. 예를 들면 다음과 같은 것이다.

> 친구들이 운동장에서 욕을 할 때 나는 그것이 정말 싫어요.
> 나는 책상에 앉아 집중하는 것이 어렵다는 것을 알고 있어요.
> 나는 우리 할아버지가 정말 보고 싶어요.

마치 명예의 법전처럼 학생들이 명심해야할 써클 타임의 명확한 '황금률'이 있다. 다른 아동들에 대한 좋은 내용이 아니면, 써클(원) 안에 있는 학생들의 이름을 결코 말해서는 안 된다. 원 안에서 토의된 모든 것이 비밀로 남아야 하고, 어떤 학생도 말할 때는 방해받지 말아야 한다.

수업 시간은 원 안의 모두가 손을 잡고 가볍게 손을 눌러 전달하는 '전기 게임'과 같은 다른 가벼운 활동으로 끝낼 수도 있다.

써클 타임 활동은 써클 타임의 숨어있는 철학을 설명하고 써클 타임 활동을 위한 보다 많은 탁월한 제안을 한 우수한 몇 권의 책(이 장의 끝에 있는 '더 읽을거리' 부분을 보라.)을 쓴 모슬리(Jenny Mosley)의 선구적인 저서의 영향을 받았다.

8. 맺음말

이 장은 교실에서 제대로 시도될 수 있고 성공적이고 질 높은 말하기와 효과적인 듣기를 촉진하는 몇 가지의 전략을 제공하였다. 이런 것들은 실습생들이 Key Stage 2에서의 효과적인 학습을 위해 자신의 전략을 개발하는 출발점으로 여겨질 것이다. 아동들의 이야기를 듣고 아동들에게 말을 하며 시간을 보내는 것은 학습의 도구로서 말하기와 듣기의 힘을 이해하는데 도움을 줄 것이다.

 더 읽을거리

Goodwin, P. (2001). *The Articute Classroom*. London: David Fulton Publishers.

Mosley, J. (1993). *Turn Your School Round*. Cambridge: Learning Development Aids(LAD)

Mosley, J. (1996). *Quality Circle Time*. Cambridge: Learining Development Aids(LDA).

Mosley, J. (2000). *More Quality Circle Time*. Cambridge: Learning Development Aids(LDA).

제5장
탐구 대화의 발달

 컴퓨터 학습과 같은 실습을 중심으로 하는 수업에서는 효과적인 학습을 위해서 모둠별로 수업을 진행하는 경우가 많은데, 이런 상황에서 교사는 모든 모둠을 직접 지도하는 것이 어렵다. 이 때 각 모둠에 참여하는 학생들은 실습 도구를 중심으로 스스로 동기유발을 해 나가면서 실습을 수행해 나가야 하는데, 이 때 아동들이 모둠별로 자율적으로 토의해 가면서 학습하는 대화 방법을 사용할 수 있다면 교육적 효율성을 크게 높일 수 있다.

 특히, 탐구 대화는 아동들이 자율적으로 사고하고, 협동하면서 서로의 생각을 나누는 과정을 거치게 되므로 교육적으로 바람직한 면이 많다. 탐구 활동에 참여하는 아동들은 대화에 참여하면서 토의하고, 협력해 나가는 과정을 통해 지식과 이해를 공유하게 된다. 탐구활동 과정에서 이루어지는 협력 대화는 사고구술(think aloud)을 할 수 있는 맥락을 제시해 주고, 아동들의 사고를 명확하게 다듬어 주는 효과가 있다. 5장에서는 아동들이 사용한 탐구 대화의 유형과 특징을 살펴보고, 교육적으로 가치가 높은 탐구 대화를 활성화하기 위한 방안 등을 살펴보도록 한다.

제5장
탐구 대화의 발달

1. 머리말

컴퓨터는 개인용이지만, 초등학교에서 아동들은 컴퓨터를 모둠으로 사용한다. 이는 학교의 컴퓨터가 부족하기 때문일 수도 있지만, 아동들이 함께 컴퓨터를 사용하면서 이야기를 나눌 수 있어 서로에게 도움이 되기 때문이다. 이따금 교사들이 컴퓨터 모둠을 직접 지도하는 것이 어렵기 때문에 각각의 모둠은 컴퓨터를 동기유발 수단으로 하여 스스로 역할을 수행해 나가야 한다. 이러한 환경에서 소프트웨어를 다루며 모둠에 참여하는 방안은 대화의 내용과 범위 측면에서도 교육적으로 유용하다.

컴퓨터를 사용하면서 아동들이 대화하는 것이 교육적으로 유용하다고 확신할 수 있을까? 우리는 '교육적으로 유용하다'는 것이 무엇인지 말할 수 있는가? 우리는 어떤 종류의 대화를 예상할 수 있는가? 만약 그렇다면, 우리는 가장 유용한 형태의 대화를 촉진시킬 수 있는가?

개방대학의 연구자들은 초등학교에서 아동들이 컴퓨터 앞에서 함께 대화하는 모습을 관찰하기 위해 교사들과 함께 연구하였다. 그들의 목적은 다양한 소프트웨어를 사용하는 아동들의 이야기를 듣고, 기본적인 질문에 대답하는 상호작용 속에서 일정한 대화 유형을 찾는 것이다. 어떤 종류의 대화가 진행되는가? 이 장은 컴퓨터 주변에서 일어나는 몇 가지 대화의 예를 보여주고 교사들의 관심사인 구어 양상을 기술하면서, 교실 조직에 대한 논의로 마무리할 것이다.

2. 아동들의 대화

모둠 아동들이 이야기한 대화 문자화 자료[48)는 다음 세 가지가 있다. 이들 자료에는 몇 가지 분명한 차이점이 있다. 예를 들어, 아동들은 같은 소프트웨어를 사용하지 않았고, '문자화 자료 2'의 경우 복합된 모둠이라기보다 두 명의 여자 아동들의 대화를 녹음한 것이다. 그러나 각 모둠은 교사에게 학습과제를 수행하라는 같은 지시를 받았다. 각각의 문자화 자료를 읽으면서, 다음 질문을 생각해 보라.

(a) 어떤 문자화 자료가 이같은 대화(여러분이 교사로서 학교에서 활동하는 동안 아동들이 할 것이라고 예상하는 대화)를 포함하고 있을까?
(b) 아동들이 모둠원으로서 제 구실을 다하고 있는가? 즉, 아동들은 서로 협력적인가, 아니면 개별적으로 행동하는 것으로 보이는가?
(c) 아동들이 서로의 생각을 주의 깊게 여기는가?
(d) 아동들은 서로에게 정보를 요구하는가?
(e) 모두들 자신의 말에 근거를 대는가?
(f) 어떤 문자화 자료가 교육적으로 가장 가치있다고 생각되는 대화의 종류인가? 그 이유는 무엇인가?

---

48) Spoken Language and New Technology SLANT 프로젝트에서 발췌한 자료.

1_ 말 차례

제이드, 루시, 마이키 세 명의 아동들은 '퍼즐' 처럼 보이는 비언어적 추리 테스트를 함께 풀라는 학습과제를 받았다. 아동들은 주어진 8개의 타일 중 바탕 모양과 일치할 것 같은 하나의 타일을 골라야만 한다.

마이키: 야, 내가 말했잖아!

루시: 됐어, 조용히 해! 마이키.

마이키: 사람들이 생각하기를 …

루시: 잘난 척 그만해!

제이드: 이것들이 뭔지 난 알아.

마이키: 하나, 둘, 셋. 이제 내 차례야.

루시: 아니야, 네 차례가 아니야! 바로 1분 전에 네 차례였다고!

제이드: 8번이야.

루시: 지금 네 차례야, 제이드.

제이드: 8번과 7번.

마이키: 내 차례야. 바보같은 소리 마.

제이드: 저거, 마이키.

마이키: 큰 거, 중간 거, 작은 거.

루시: 이번은 네 차례야. … 아니야, 내 차례야. 저거.

마이키: 저거.

루시: 아니야, 저거는 이미 끝났어.

제이드: 어디, 어디, 어디, 어디?

루시: 그만해, 조용히 해! 마이키.

제이드: 아직 저장 안 한 것이 있어! 저장 안한 게 있단 말야!

루시: 마이키, 네 차례가 아니야.

제이드: 실은 내 차례야.

2_ 그게 더 나아 보이니?

두 명의 아동, 안젤라와 브리젯이 학급 신문을 함께 편집하라는 학습과제를 받았다. 그들은 도서관에서 자료를 수집했고, 화면상으로 자료 형태를 분류하고 있는 중이다.

브리젯: 좀 나아 보이니?
안젤라: 좋아.
브리젯: 아래로, 그래.
안젤라: 좋아, 좋아.
브리젯: 괜찮아? 아니면 너무 작니?
안젤라: 좋아. 뭐지.... 첫 번째, 두 번째 페이지도 다 된 것 같은데.
안젤라: 그거 어떻게 읽어? (인용구를 읽는다.)
브리젯: 응 좋아, 뭔가 해야 하는데, 왜냐하면 여기서 동물 테스트를 했거든, 조금 다른 뭔가를 해야 해, 이게 조금 딱딱해 보여.
안젤라: 알고 있어. 3쪽에는 그거 넣지 않을 거야.
브리젯: 4쪽.
안젤라: 난 3쪽에 넣지 않는다고 이야기했어.
브리젯: 알아.
안젤라: 이 페이지에 유머를 넣어야 할 거야.
브리젯: 응, 그리고 이름 퀴즈 몇 개.

 3_ 가치가 없지 않니?

가빈, 사라, 토미는 도덕적 차원의 이야기에 대해 적절한 결말을 함께 이끌어내는 학습과제를 부여받았다. 이야기는 케이트에 관한 것인데, 케이트의 친구 로버트는 편찮으신 어머니께 드리기 위해 상점에서 초콜릿 한 상자를 훔쳤다고 말했다. 케이트는 아무에게도 이 사실을 말하지 않기로 약속했다.

가빈: (읽는다) 케이트는 그녀가 부모님한테 말해야 하는지 아
          니면 말하지 말아야 하는지 고민한다. 여기에 케이트의
          몇 가지 고민이 있다. 도둑질은 나쁜 것이다. 나는 누구에
          게도 말하지 않기로 약속했다. 로버트는 나의 친구인데,
          만약 내가 말하면 그는 어려움에 처할 것이다. 로버트는
          마음씨가 곱다. 그는 아픈 어머니를 위해 초콜릿을 훔쳤
          다. 케이트가 어떻게 하면 좋을지 함께 이야기해 보고
          결정하자. 그리고 나서 부모님께 말씀드려야 하는지 그
          렇지 않은지에 관한 결정 버튼을 하나 골라서 눌러라.
          (다 읽고 난 후) 지금부터 우리는 이것에 대해 이야기해
          야 해. (토미가 사라를 본다.)
토미: 너는 어떻게 생각하니?
사라: 너는 어떻게 생각하는데?
가빈: 그가 비록 그녀의 친구라 해도, 음, 그녀는 그에 대해서
          말해서는 안 된다고 생각해. 왜냐하면 어, 글쎄 케이트가
          로버트에 대해 말해야 해. 왜냐하면 만약 로버트가 물건
          을 훔친다면, 그런 친구가 있다는 것은 안 좋지 않니?
토미: 그래.
사라: 왜? 나는 동의하지 못하겠는데.
토미: '왜'라고? 나는 동의하거든?
          (토미는 화면을 가리키며, 사라를 본다.)
가빈: 나는 케이트가 부모님께 말해야 한다고 생각해. 너는?
토미: 내 생각에는… 비록 친구라 하더라도, 로버트가 물건을
          훔치려는 것이기 때문에 케이트는 자기 부모님께 말씀드
          려야 한다고 생각해. 그러면 부모님이 케이트에게 돈을
          주고 그러면 가게에 가서 돈을 낼지도 모르잖아.
사라: 나는 음…
가빈: 케이트는 로버트가 훔친 물건의 값을 냈지만, 어쨌든 나
          는 로버트가 돈을 내야 한다고 생각해. 로버트는 반드
          시…
사라: 나는 로버트가 그의 어머니에게 가서 말을 해야 한다고
          생각해.

가빈:	자기 돈으로 해야 해. 음…
토미:	비록 케이트가 약속했다 하더라도.
사라:	왜냐하면, 그는 글쎄… 정말 약속을 깨지 말아야 한다고 생각해?
가빈:	만약 그가 도둑질을 하려 한다면 친구라는 것이 어떤 의미가 있겠니?
토미:	로버트가 물건을 훔친다면 알다시피 그가 물건을 훔치고 케이트가 자기 부모님에게 말하지 않는다면, 로버트는 훔친 물건을 들고 도망쳐 버릴 거야.
가빈:	도둑질한 친구를 두는 것은 가치가 없지 않니? (2-3초 휴지)
사라:	좋아, 그런데.
토미:	가치가 없지 않니?
사라:	그녀의 부모님께 말해야 해. (사라가 마우스를 클릭한다.)
가빈:	좋아, 계속하자.
토미:	(읽는다.) 로버트는 한 박스의 …를 훔쳤고.
가빈:	쿡 아주머니의 상점에서 초콜릿 한 상자를.

(1) 논평

아동들은 함께 활동하도록 한 교사의 지시를 다양하게 해석한다.

(2) 문자화 자료 1 : 말 차례

이 모둠에서 아동들은 서로 경쟁한다. 정보도 거의 공유되지 않고, 많은 대화가 있지만 말 차례는 공정하게 이루어지지 않는다. 각자 자신의 방식대로 처리하려고 하지만, 그들의 처리 방식은 자주 충돌한다. 그리고 서로 비난한다.

(3) 문자화 자료 2 : 그게 더 나아 보이니?

꽤 긴 시간의 녹음 테이프 문자화 자료를 보면, 아동들은 즐겁게 활동에 참여한다. 그들은 서로 의문을 제기하지 않고 각자의 생각을 수용한다. 이것은 서로 우호적인 친구들 사이에 진행되는 대화이다. 여자 어린이들은 그 학급 신문의 내용이나 디자인에 대한 비판적인 평가 없이 계속 편집하고 있는 중이다.

(4) 문자화 자료 3 : 가치가 없지 않니?

이 모둠의 아동들은 진지한 토론에 서로 참여하고 있다. 그들은 서로의 생각에 대해 질문하고, 그들의 주장을 정당화하기 위한 근거에 대해 물어본다. 그들은 탐구적인 자세로 질문하고, 모든 사람의 말을 경청하며 각각의 의견을 존중한다. 결국 아동들은 그들 모두가 참여하며 결론에 도달할 수 있다.

3. 컴퓨터 작업 대화 유형

아동들이 컴퓨터로 서로 작업할 때 아주 다른 종류의 대화가 일어난다. 이들은 각기 다른 특징을 가지며 다음과 같은 세 가지 범주의 대화로 구분할 수 있다.

(1) 논쟁 대화

이것은 의견 불일치와 개별화된 말차례가 특징이다. 지식을 공유하거나 의견을 제시하려는 시도가 거의 없다. 주장이나 이의제기, 또는 반박 등으로 이루어진 짧은 교환만이 있다. 대화 참여자들은 서로 경쟁적인 관계이고, 각각의 아동은 말하지는 않았지만, 이기려는 생각을 가지고 있다. '문자화 자료 1'은 논쟁 대화의 확실한 예이다.

(2) 누적 대화

이 대화에서 화자들은 다른 사람들이 말한 것에 대해 긍정적일뿐 비판적이지 않다. 이런 종류의 대화는 '문자화 자료 2'에서처럼 반복, 확정, 정교화가 특징이다.

(3) 탐구 대화

이 모둠은 다른 사람의 생각에 대해 비판적이지만 구성적으로 참여하고 공동 사고를 위해 진술하거나 제안한다. 이 대화는 도전적일 수 있지만 참여자가 정당화하는 과정이 허용된다. 공유된 지식을 바탕으로 대안이 제시되고 이에 따른 근거가 요구되며, 대화를 통해 더 많은 증거를 추론한다. 대화의 진전은 그들이 도달한 최종적인 공동의 의견 일치에서 나타나며, '문자화 자료 3'에 나타난 바와 같이 어떤 결정은 모둠 전체에 의해 이루어진다. 이러한 대화의 종류에 관한 더 많은 논의는 머서(Mercer 1995)를 참고하라.

교사들은 '탐구 대화'를 컴퓨터로 작업을 할 때나 또는 다른 활동을 하는 동안 모둠 학습과제를 수행하는 아동들 사이에서 좀 더 활성화되길 바라는 대화의 한 종류로 분류한다. 그렇지만 실망스럽게도 위에서 관찰한 교실 수업에서 탐구 대화는 거의 일어나지 않는다. 컴퓨터로 학습과제를 수행하는 것은 아동들에게 동기를 유발시키며 아동이 꾸준히 작업을 수행할 수 있도록 한다. 하지만 이들의 대화는 말차례의 문제를 다루는 것과 주로 관련이 있고, 어떤 화제에 합의하거나 합의하지 않는 것 또는 학급에서 자신의 사회적 지위를 이용해 재확인하는 것 등과 관련이 있었다. 아동들은 다른 사람의 생각을 탐색하기 위해 대화를 사용해야 한다는 점과 추론하는 활동에 다같이 협력해야 한다는 사실을 알지 못하는 것 같았다.

4. 탐구 대화의 가치

탐구 대화를 상호작용에서의 중요한 요소로 여기는 이유는 무엇인가? 그리고 만약 교사가 수업에서 아동들의 탐구 대화가 활성화되길 바라거나 그럴 목적을 갖는다면, 이것을 달성하도록 어떻게 도울 수 있는가?

먼저 위에 기술한 두 개의 다른 대화 유형을 살펴보자. 누적 대화는 수업의 많은 상황에 적절한데, 학습과제의 완성을 위해 무비판적인 동의만이 요구된다. 직소 활동처럼 공동 활동을 하기 위해 협력하는 아동들이 이런 방식으로 대화를 한다면 그들은 대화를 잘 할 수 있을 것이다. 이 대화의 장점은 대화 참가자들의 우정과 상호 신뢰를 이끌어낸다는 것이다. 따라서 대화 참여자들은 서로 '편하게 즐기고', 각자의 생각이나 반응에 대해 평가하지 않고 서로의 생각에 동의한다. 그렇지만 누적 대화의 바로 이 장점이 근거를 충분히 고려하지 않은 채 합의에 이르는 문제 해결이나 결론 맺기와 같은 결정적인 국면에 직면할 때는 단점이 된다. 누적 대화에는 이성적인 사고의 증거가 없다. 아동들이 비이성적으로 행동한다고 단정지을 수는 없지만 그렇다고 서로 분명한 이유를 밝히는 것도 아니다. 만약 질문을 받으면, 아동들은 자신의 주장과 제안에 대해 근거를 명확하게 밝히겠지만, 누적 대화에서는 아동들이 그러한 시도를 하지 않고, 상대방도 그와 같은 행동을 요구하지 않는다. 대화와 학습과제에 대한 참여는 피상적일 뿐이다.

다음은 동료와 함께 활동하는 것의 효과에 대해 생각해 볼 수 있다. 그리고 이러한 효과는 아동 개개인에도 가능할 것이다. 상대방과 대화한다는 것은 설익은 사고를 말로 나타낼 수 있는 기회가 된다. 여러분이 사고구술(thinking aloud)을 한다는 것은 자신의 사고를 스스로에게 분명히 하는 하나의 방식이다. 즉 무언가를 상대방에게 말해야 한다는 것은 공유된 개념의 이해를 발달시키는 방법이 된다. 만약 상대방이 당신의 말을 받아들일 준비가 되어 있다면, 여러분은 자신을 정당화하거나 부정할 필요 없이 자신의 생각에 비판적인 어떤 자극도 받지 않을 것이다. 또한 여러분은 새로운 아이디어로부터 독창적인 쟁점을 만들기 위하여 어떤 대안도 제시하지 않아도 될 것이다. 이러한 상호 사고(함께 사고구술을 하고, 문제를 해결하며 상호간 의미를 만들기 위해 다른 사람의 생각에 공동 참여하는 것)는 구어를 아주 값지게 활용하는 것이다(Mercer 2000).

논쟁 대화에서 논리성은 분명하게 드러나지 않는다. 아동들은 근거없이 서로의 지식에 대해 이의를 제기하고, 대안을 제시하지 않으면서 다른 사람의 생각을 인정하지도 않는다. 아동들은 제안된 생각들을 부정하는데, 이렇게 하는 것은 누구나 의견을 제시할 권리를 가지고 있고 제안된 모든 생각은 함께 생각해 볼 가치가 있다는 것을 부정하는 것처럼 보인다. '문자화 자료 1'에서, 마이키가 받아들일 수 없는 의견을 얼마나 자주 제시하는지를 살펴보라. 만약 그가 그의 의견에 대해 근거를 제시했거나 자신의 생각이 거절되는 이유를 상대방으로부터 들었더라면, 그는 그 토의를 통해 자신의 생각이 왜 그런 식으로 다뤄지는지를 더 쉽게 이해했을 것이다. 그리고 만약 세 명의 아동들이 자신의 논리를 생각했더라면, 함께 이야기하는 것이 단순히 퍼즐을 푸는 것이라기보다 사고의 발달이라는 더 중요한 대화의 목적을 달성했을 것이다.

탐구 대화에서는 생각과 의견의 합리적인 교환이 일어난다. 이런 종류의 대화는 아동들에게 교육적으로 매우 가치가 있어 보인다. 이는 아동들이 합리적으로 사고하고, 협동하면서 서로의 생각을 심사숙고하고 평가하기 위한 언어를 사용하기 때문이다. 아동들이 동등한 입장에서 서로 협력할 수 있는 기회를 가지기 때문에 지식과 이해를 공유할 수 있다. 이런 종류의 협력 대화는 사고구술을 도와줄 수 있는 맥락을 제시해 준다. 만약 아동들이 그들의 사고와 생각을 형성하고자 한다면 사고구술은 결정적 역할을 할 것이다. 이것은 또한 과학, 법, 정치와 같은 '교육적인' 활동의 핵심이 되는 합리적이고 고차원적인 토론을 의미하기도 한다. 다른 사람과의 합리적인 토론을 통해 상호작용적 사고에 참여하는 것은 아동들 개개인의 발달을 뒷받침하는 더 명확한 사고를 개발하는데 도움을 줄 수 있을 것이다.

5. 탐구 대화의 활성화

탐구 대화는 성인이 습득하기에도 어려우며 더욱이 아동들에게는 저절로 나타나는 것이 결코 아니다. 초등학교의 어떤 아동들은 학교 안팎에서 이런 탐구 대화를 미리 경험하여 탐구 대화에 익숙할 수도 있다. 그들은 동료들과 대화를 하기 위한 모델로 탐구 대화를 활용할 수도 있다. 탐구 대화에 대한 경험과 인식이 상대적으로 적은 아동들은 대립된 관점을 해결하거나 문제에 대한 공동 해결을 협의하는 수단으로서 합리적인 토의를 하는 것을 매우 어색해할 수도 있다. 읽기, 쓰기, 과학, 그리고 수학과는 다르게 대화는 비공식적으로 학습되고 끊임없이 사용된다. 대화의 이러한 익숙함 때문에 어쩌면 우리는 학습 도구로서 대화의 중요성을 가벼이 여기는지도 모른다. 아동들은 다른 사람과 말하는 방식이 자신이 습득한 것과 차이가 있다는 것을 인식하지 못할 수도 있다. 아동들은 함께 대화하는 다른 여러 방식들이 학습활동이나 교실을 넘어선 삶 속에서 얼마나 다양한 결과를 산출하는가를 이해하도록 안내받아야 할 것이다.

단순히 아동들에게 컴퓨터 앞에서 함께 작업하도록 모둠을 만들어 주는 것이 아동들의 대화 기능 향상을 보장해 주는 것은 아니다. 베넷과던(Bennet and Dunne 1992)에 의해 이루어진 이와 같은 연구는 아동들이 협력적인 활동을 할 때 그들이 어떤 활동을 해야 하는지를 종종 잘 모른다는 것을 보여주었다. 따라서 아동들은 교사가 안내해 주기를 바란다. 교육용 소프트웨어의 안내서에 있는 제목 목적 중 하나는 '토의 활성화'일 것이다. 하지만 우리가 기대하는 질 높은 토의를 아동들이 하지 못한다면, 대화나 활동으로부터 교육적인 가치를 거의 얻을 수 없을 것이다. 이런 식의 대화방식이 아동들에게 일단 도입되면 컴퓨터는 탐구 대화를 연습시킬 수 있는 훌륭한 환경을 제공할 수 있을 것이다.

6. 대화의 기본 규칙 교육

모둠으로 활동할 아동들은 서로 어떻게 대화해야 하는지에 대해 배울 필요가 있다. 아동들은 모둠의 다른 구성원의 생각과 자신의 생각으로부터 가장 좋은 생각을 끌어내는 것을 가능하게 하는 대화 기능이 필요하다. 아동들은 자신의 대화 목적을 교사 및 다른 아동과 함께 이해하고 공유할 필요가 있다. 토의 기능의 연습을 위해 컴퓨터를 이용하기 전에, 아동들은 토의 기능의 요소가 무엇인지 배울 필요가 있다. 모든 모둠이 '대화를 위한 기본 규칙들'에 동의한다면, 모둠 전체와 개개인에게 더 효과적인 방식으로 대화가 진행될 수 있다는 것을 반드시 이해해야 한다.

이 장의 다음 부분은 아동들이 자신의 대화를 보다 더 잘 인식하도록 촉진하는 방법을 제시한다. 또한 컴퓨터를 사용한 질 높은 대화가 교사뿐만 아니라 아동들에게도 똑같이 중요한 목표라는 것을 확인할 수 있도록 대화의 규칙을 만드는 방법을 제시한다. 서로 토의하는 기본 규칙들이 모든 아동들에게 해당되는 것은 아니다. 아동들은 그들이 이전에 배웠거나 최소한 들어보았던 다른 대화 규칙들에서 자유로워야 한다. 아동들은 대화를 위한 기본 규칙들로 다음과 같은 것을 제시하였다.

- 당신이 말할 것을 요구받았을 때만 말하시오.
- 도서실에서는 조용히 하시오.
- 어른이 말할 때 끼어들지 마시오.
- 나쁜 말을 하지 마시오.
- 교실에서 소리 지르지 마시오.

이들은 그 자체로는 중요하겠지만, 상호 사고에 참여하는 것과는 관련이 없다. 토의를 위한 기본 규칙들은 협력과 관련이 있고, 모둠 대화 목적에 깊이 스며들어 있다. 이런 규칙들은 아동들이 인터페이스보다는 콘텐츠에 초점을 둔 소프트웨어와 상호작용하는 것을 돕는다. 이런 활동이 항상 쉽지만은 않다. 그리고 모둠을 조화시킬 수 있는 규칙도 없어서 함께 대화하는 것은 교실보다 운동장에서 더 다양하게 이루어질지도 모른다.

7. 대화 교육

(1) 탐구 대화가 가능한 모둠 편성

교사가 아동들의 모둠을 만드는 방법은 매우 치밀하고 복잡한 과정이다. 교사는 친교 집단, 개성, 읽기와 듣기 능력뿐만 아니라 시간 제한, 아동들의 일반 지식과 능력, 성별, 사회성과 그 밖의 요소, 컴퓨터 활용능력, 상상력과 같은 요소들을 고려해야 한다. 특정 활동에 누가 참석하고 불참했는지, 학급의 다른 활동에서 누가 가장 뒤쳐지는지 그리고 컴퓨터 활동을 교대로 할 때 '공평성'에 대한 아동들의 엄격한 요구와 같은 보다 현실적인 일도 고려해야 한다. <그림 5.1>은 아동들의 모둠을 편성할 때 고려해야 할 몇 가지 요소들을 개략적으로 보여준다.

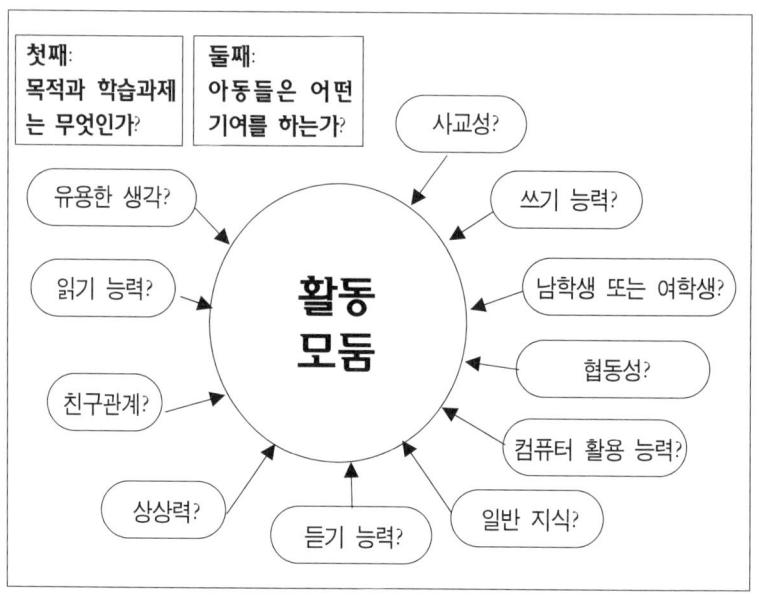

첫째:
목적과 학습과제는 무엇인가?

둘째:
아동들은 어떤 기여를 하는가?

사교성?

유용한 생각?

쓰기 능력?

읽기 능력?

활동
모둠

남학생 또는 여학생?

협동성?

친구관계?

컴퓨터 활용 능력?

상상력?

듣기 능력?

일반 지식?

〈그림 5.1〉 모둠 편성하기: 개별 학생들의 어떤 점을 고려할 수 있을까?

모둠을 신중하게 구성한다 해도 다음과 같은 약간의 문제가 발생할 것이다.

i. 아동들은 프로그램이 요구하는 것을 이해할지 모르지만 그들이 함께 대화하는 의도를 이해하지 못한다. 아동들은 서로 어떻게 협의해야 하는지를 잘 모르며, 컴퓨터를 사용하는 것이 이 방법을 직접적으로 가르쳐주지 않을 것이다.

ii. 독단적인 모둠 리더가 나와 모둠에 적절하지 않은 활동 스타일을 요구한다. 집에 컴퓨터를 가지고 있는 아동은 키보드를 능숙하게 다루어서 대화나 협동보다는 속도가 더 중요한 게임에서 시합을 하곤 한다. 기능을 보여주는 것에 집중하다 보면, 이들이 모둠을 독점하게 된다.

iii. 친구들은 원칙에 대해 서로 합의하는 경향이 있다. 자신감이 부족한 아동들은 전혀 참여하지 않고, 나중에 책임지는 것도 싫어한다. 프로그램과 개별 아동의 문제는 몇몇 아동들이 '활동이나 다시 하자.'라고 말하면서 모둠 활동을 완전히 포기하게 만들어 버린다.

iv. 대화는 우발적이고 사회적인 특징을 갖고 있다. 컴퓨터로 활동하는 모둠이 교사에 의해 완전히 관리되지 않기 때문에, 아동들은 계속되는 시험을 통해 '서열'을 정하고, 이러한 과정이 대화를 지배한다.

v. 남자 어린이와 여자 어린이는 전형적인 성역할을 수행하는데, 이는 일반적으로 남자 어린이들이 대화 과정을 지배한다는 것을 의미한다. 이에 대해서는 다음 장에서 다시 논의할 것이다.

(2) 컴퓨터가 가진 문제

역설적으로 들릴지는 모르지만 컴퓨터가 가지고 있는 한 가지 문제점은 인기가 많다는 것이다. 컴퓨터가 교육적 가치와 항상 밀접하게 관련되어 있는 것은 아니기 때문에 학생과 교사 모두 컴퓨터를 좋아하는 것 같다. 컴퓨터는 아동들이 자신의 속도에 따라 작업을 할 수 있게 해 주며 깨끗한 글자를 쓰고 인상적인 그림도 그릴 수 있게 해 준다. 컴퓨터는 재미있고 학습에 놀이 요소를 도입하며 많은 사람들을 위한 값비싼 첨단 기계라는 매력을 가지고 있다. 한순간에 오랜 시간의 노력이 수포로 돌아가서 일을 망칠 수도 있지만, 여전히 사람들에게 인기가 있고, 컴퓨터 보급의 증가는 학생들이 컴퓨터 조작법을 꼭 익히도록 만들었다. 그러나 컴퓨터 기반 활동이 잘 조직되지 않는다면, 교육적 가치를 거의 얻지 못할 수도 있다.

소프트웨어는 수업 주제에 적합하고 아동 개개인의 욕구와 맞아떨어지는 것으로 학교에서 활용 가능한 것으로 선택해야 한다. 교사이면서 연구자인 나(Lyn Dawes)는 BRANCH라는 프로그램을 기본 활동으로 사용했는데, 이 프로그램은 위계적으로 사물을 분류해서 해답을 만드는 틀을 제시한다. 이 소프트웨어가 함께 활동하는 모둠 토의를 활성화시킬 거라는 생각이 들었다. 그 학급은 주어진 항목을 확인하기 위한 해답을 만들기 위해 이 소프트웨어를 사용하고 있었다. 아동들은 프로그램을 친숙하게 느꼈고, 이것을 인형과 모형들을 분류하는데 사용했다. 그리고 주제 학습을 위해 암석을 분류하는데 계속 사용했다. 해답을 완성한다는 것은 암석을 주의 깊게 관찰하고, 암석을 서로 분류할 수 있는 예/아니오에 대한 질문을 생각해보는 것을 뜻했다. 나는 아동들이 함께 대화하는 내용이 관찰가능하고 측정 가능한 암석의 모양에 관련된 것이며, 제시된 질문 중 어떤 것이 가장 알기 쉬운가에 대한 토의라고 생각하였다. 준비 단계의 토의 수업에 초점을 맞춘 것이었다.

그렇지만 녹화 테이프를 보면 이 준비 과정이 아동 대화의 질에 거의 영향을 끼치지 않는 것 같아 보였다. 아동들은 토의 기능이 부족했고, 이것이 BRANCH 프로그램을 가지고 활동하는데 방해가 되었다. 문제 해결, 의사 결정 혹은 협동 작문과 관련된 다른 소프트웨어로 활동을 하는 데에도 방해가 되었다. 모둠으로 함께 활동하도록 요구받은 아동들은 교사가 의미한 '협력'이나 '토의' 등을 확실하게 이해하지 못한 것처럼 보였는데 이같은 현상은 다른 연구들과도 일치한다(Bennett and Dunne 1992; Edwards and Mercer 1987; Mercer 1995; Wegerif and Scrimshaw 1997). 아동들이 잘못된 행동을 하거나 '과제에서 벗어난' 것은 아니다. 단지 그들은 좀 더 효과적으로 상호작용하며 과제를 수행한다는 것을 인식하지 못했을 뿐이다. 아동들은 '기본 원칙'에 대해 분명히 알지 못하였다. 아동들은 그들의 대화에 대한 교사의 기대를 이해하지 못했는데, 이는 내가 그들에게 활동의 이런 측면을 분명하게 제시하지 않았기 때문이다.

8. 탐구 대화를 위한 기본 규칙

탐구 대화를 활성화하고 일반화하기 위한 다음과 같은 몇 가지 기본 원칙이 있다.

- 모둠 공동으로 결정 사항에 책임을 진다.
- 관련된 모든 정보를 공유한다.
- 모둠은 합의점에 이르기 위해 노력한다.
- 논리적 설명을 요구한다.
- 이의 제기가 허용된다.
- 결론을 내리기 전에 대안에 대해 논의한다.
- 모둠의 모든 아동들이 구성원의 다른 아동들과 이야기하도록 격려한다.

이 원칙들은 수업 목표로 통합되고 토의를 활성화시키기 위해 고안된 수많은 수업 계획을 만들어 냈다. 나는 이러한 수업 과정안을 활용하여 새 학년 초기에 우리 반에서 새로운 주제로 '말하기·듣기 수업'을 했다. 이 수업은 말하기·듣기에 우선적으로 목표를 두고 있고, 그것을 아동들에게 명시하였다.

9. 말하기·듣기 수업

말하기·듣기 수업이 시작될 때 우리 반의 일부 아동들은 자신감 있게 말했으나, 다른 사람의 말을 주의 깊게 듣지 않았다. 일부 아동들은 조금 다른 견해를 갖고 있는 것이 아주 걱정이라도 된다는 듯이 또는 약간은 위협적인 논쟁과 분별 있는 토의를 구별하지 못하는 듯이 긴 시간에 걸친 대화에서 빠져나가려 했다. 어떤 아동들은 깊이 관여하지 않으려고 의례적인 동의하기나 거부하기 방식으로 대화에 참여하였고, 반면 또다른 아동들은 단순히 지시나 요구를 하기도 하였다.

　모둠으로서 좀 더 효과적으로 활동하기 위해서는 아동은 객관적이면서 동시에 친밀하게 서로 대화하는 방법을 배울 필요가 있었다. 아동들이 일단 대화의 방법을 터득하면 다른 사람에게 그렇게 말을 할 수 있어야 하기 때문에 서로 객관적이어야 한다. 그리고 생각을 공유할 수 있는 상호신뢰를 구축하고, 다른 사람의 사고에 접근할 수 있어야 하기 때문에 친밀해야 한다. 학기 내내 특정 모둠 아동들의 대부분은 컴퓨터 없이 수업을 받았다. 매 수업 시작 전에 나는 아동들에게 이러한 생각들이 말하기에 대한 인식을 발달시켜 줄 것이고, 함께 활동하는 것을 좀 더 잘 할 수 있도록 도와줄 거라고 설명했다. 나는 이 수업의 목적을 말하기를 위한 것이라고 분명히 설명했고, 내가 의도한 것을 그들이 이해했는지 또 그렇게 하기로 마음먹었는지를 점검했다. 아동들은 그들의 의견을 교환하고, 사물과 사건을 묘사하며, 사실과 이야기를 듣고 연관시키며, 그들의 의견에 대한 논리를 주장하고 방어하도록 하는 다양한 활동들을 하였다.

10. 아동 대화의 기본 규칙

　말하기 · 듣기 수업을 진행하는 동안 아동들이 만든 기본 규칙들이 다음에 나와 있다. 아동들이 만든 것과 앞에서 논의한 교사가 제시한 것을 비교하는 것도 흥미롭다. 중요한 모든 요소가 여기에 제시되어 있고 아동들은 이를 다루기 쉽고 알기 쉬운 '원칙'으로 고쳤다. 아동들은 그들이 원칙을 제안하고 필요한 것을 결정하고 동의하고, 이런 원칙이 모둠 활동을 좀 더 생산적으로 만들 것이라는 점을 이해했기 때문에 이 원칙을 좋아했다. 아동들은 그들이 함께 활동할 때 이 원칙을 명심하려고 노력했

고, 만약 누군가가 이 원칙을 상기할 필요가 있다고 느껴지면 원칙에
대한 포스터를 붙여 놓고 이를 참고했다.

5D 반은 다음과 같이 만들었다.

---

1. 모든 아동들은 말할 기회를 가져야 한다.
2. 모든 아동들의 아이디어는 신중히 고려해야 한다.
3. 모둠의 각 구성원은 다음을 질문해 보아야 한다.
   - 너는 어떻게 생각하니?
   - 너는 왜 그렇게 생각하니?
4. 우리는 말하는 사람을 잘 보고 귀 기울여 들어야 한다.
5. 토의가 끝나고 컴퓨터 활동을 하기 전에 주제에 대해 동의해야 한다.

---

(1) 말하기 · 듣기 수업의 효과

학급은 컴퓨터로 활동하는 동안 말할 차례가 되었을 때 이 규칙을
사용하기로 합의하였다. 아동들은 활동을 시작하기 전에 자신들을 되돌
아보았고 다른 규칙들도 상기하였다. 주제에 대한 대화가 끝났을 때,
컴퓨터 앞에서 하는 대화의 질이 눈에 띄게 향상된 것이 분명했다. 이것
은 아동들의 대화를 녹화하여 분석한 자료를 보면 분명히 알 수 있다.
비디오 녹화자료에서, 교사의 개입 후에 더 많은 탐구 대화를 확인할
수 있었고, 의사 결정 전에 더 많은 시간이 대화하는데 사용되었다. 대화
가 합리적으로 이루어진 것이 분명하였다.

능력이 다양한 아동들로 이루어진 학급에서 어떤 아동들은 토의 기능
이 빠르게 발달했지만, 다른 아동들은 듣기도 어려워하고 말하기도 어려
워하고 주장에 대한 논리를 생각하기도 힘들어하였다. 좀 더 긴 시간이
필요했지만, 동료들은 원칙을 상기시키고 그들에게 조언을 해 주었다.
하지만 모든 아동들은 함께 활동하기 위한 도구로서 대화에 대한 인식을

높였고, 대화를 통해 무엇을 해야 하는지 분명한 생각을 갖고 있었다. 비디오 자료는 아동들이 그들의 생각을 어떻게 협의하는지를 보여주고, 모둠의 다른 사람과 상의할 줄 알며, 그들의 견해에 적절한 주의를 기울일 줄 안다는 것을 보여주었다. 아동들은 서로의 의견에 대해 질문했고, 대화를 함으로써 자신의 논리를 분명히 하였다. 모둠의 구성원들은 대화의 중요성에 대해 공감대를 형성하였다. 그리고 생각을 토의하고 공동의 결론에 도달하기 위한 다른 사람의 시도를 지지하는 몇 가지 기능을 배웠다. 케이트의 약속 '가치가 없지 않니?'를 토의한 아동들의 '문자화 자료 3'은 말하기·듣기 수업 과정 후에 녹음하였다.

이런 식으로 아동들이 일단 대화하는 방법을 배우고 나면 아동들은 좀 더 효과적으로 컴퓨터를 이용해 함께 활동을 하였다. 말하기·듣기 수업이 시작되면 컴퓨터는 탐구 대화를 연습하기 위해 매우 유용하며, 흥미를 유발하는 방법을 제공한다. 많은 아동들은 토의나 논리적으로 생각하는데 익숙하게 되지만 몇몇 학생들은 그렇지 않다. 추론 능력이 떨어지는 아동들은 대화 수준이 약간 실망스러울 수도 있겠지만, 논쟁의 부담이 더 적은 형태를 취할 수 있다. 그 기본 '원칙'은 분명하고 사전에 합의되었기 때문에 한 시간이라도 탐구 대화의 내용을 경험했다면 아동 개개인은 함께 활동할 수 있다.

말하기·듣기 수업은 또다른 흥미 있는 결과물을 낳았다. 말하기·듣기 수업을 수행한 아동들은 그들 스스로 문제를 해결할 수 있는 능력이 증가하였다는 것도 보여주었는데, 연구자들은 이것을 아동들의 구어 사용에서 비판적인 질문으로 방향이 전환된 것과 관련지어 생각하였다. 즉, 학생들이 모둠에서 해 왔던 일종의 추론하기가 '내면화된' 것으로 여겼다. 왜냐하면 아동들은 큰 소리로 근거 대기를 요구받았고, 의사결정 사항에 직면했을 때 개인적으로 논리를 세우는 이런 기능 등을 활용했기 때문이다.

대다수의 학생들은 모둠의 다른 구성원과 충돌을 야기하지 않는 방법으로 이의를 제기하는 것이 매우 유용하다는 것을 분명하게 알았다. 그러나 일부 아동들은 이를 전혀 터득하지 못하고, 자신이 대화에 너무 오랫동안 제외되어 있다고 실망할 것이다. 그들은 한 가지 방법이나 다른 방법을 고수하려고 할지도 모른다. 탐구 대화는 목표이지 구체적인 처방이 아니다. 따라서 아동들이 충분히 연습할 기회도 없이 친숙하지 않은 탐구 대화의 기능들을 숙달할 것이라고 기대하는 것은 무리이다. 컴퓨터는 탐구 대화의 기능을 숙달할 수 있는 기회를 제공한다. 그렇지만 새학년이 되어 다른 교사를 만나 의견이 대립될 때, 한 여교사는 학생들이 평소와 달리 합리적이었다는 것을 발견했다고 말했다.

나는 아동들에게 그것을 어떻게 하는지 가르치지도 않았는데 그들이 효과적으로 서로 이야기할 거라고는 기대하지 않는다. 철자 게임, 표 맞추기, 문서작성과 같은 몇몇 컴퓨터 프로그램은 모둠의 협력을 요구하지 않는다. 그러나 나는 어쨌든 말하기 · 듣기 수업을 먼저 가르친다. 왜냐하면 탐구 대화에서 요구되는 합리성은 아동이 교육과정 전 영역에서 활용할 수 있는 지극히 중요한 도구이기 때문이다.

(2) 대화, 논리적 사고, 컴퓨터

보다 심도 있는 교실 연구에서 아동들이 탐구 대화에 서로 참여할 기회를 주는 것은 다른 사람과의 관계에서 뿐만 아니라 자기 자신이 더 논리적으로 되는 것에 도움이 된다는 것을 보여주었다. 협동적인 대화의 기본 원칙을 이해하고 사용할 수 있는 아동들은 구어를 학습 도구로 좀 더 효과적으로 활용할 수 있다(Wegerif et al. 1997). 예를 들어, 개인 및 모둠의 비언어적 추리 테스트가 말하기 · 듣기 수업 프로그램의 전후로 수행되었을 때, 다음과 같은 4개의 주요 연구결과를 얻었다.

i. 탐구 대화의 사용은 모둠 아동들이 좀 더 효과적으로 학습과제를 수행하도록 도와준다.

ii. 말하기·듣기 수업은 아동들이 함께 학습과제를 수행할 때 탐구 대화의 양을 증가시켰다.

iii. 말하기·듣기 수업을 수행했던 아동들은 추론 테스트에서 개인별 결과가 향상되었다.

iv. 대화에 관해 합의한 기본 원칙으로 상호작용적 사고에 참여할 수 있는 아동들은 스스로 문제를 해결할 때 대화에 기반을 둔 사고 기능을 수행한다.

11. 대화에 관한 비판적 인식 계발

이 장에서는 컴퓨터 주변에서 일어나는 대화를 이해하는 방식에 대해 기술하고, 아동대화의 질에 측정 가능한 변화를 일으키는 일종의 개입에 대한 제안을 하였다. 이 절에는 여러분이 생각할 수 있는 컴퓨터 주변에서 일어나는 대화의 몇 가지 예가 상황에 대한 간단한 기록과 함께 제시되어 있고, 여러분의 생각과 비교해 볼 수 있는 논평이 수록되어 있다.

어떤 아동들은 컴퓨터 앞에서 보낸 시간을 노는 시간의 일종이라고 생각할지도 모른다. 그들은 "장난스런" 단어를 치거나 활동을 게임처럼 만드는 방법을 생각하면서 스스로 즐길지도 모른다. 그들의 대화는 집에서 컴퓨터를 사용할 때와 같은 것이고 서로 즐기고 우정을 재확인하고 가치를 공유하는 것과 관련된 것이다. 물론 이런 종류의 대화는 일상생활에서는 본질적인 것이지만, 이것을 교실로 끌어들이는 것은 컴퓨터가 만들어 낸 새로운 효과를 고려한 것이다. 왜냐하면 컴퓨터는 아동들이 이야기 속에 나오는 만화의 캐릭터를 대화 활동에 포함하도록 하기 때문이다. 다음 문자화 자료에서 스테판과 마크는 그림 꾸러미에서 사물과 인물을 고를 수 있는 프로그램을 사용하고 있고, 그들이 선택한 애니메이션에 대해 이야기를 쓰고 있다. 이 대화가 일어나기 전에 그들은 이미 보트가 바위에 부딪혀서 익사한 여자 아동의 캐릭터를 만들었다. 그 "죽은 시신"은 몇 분간 화면에 남아 있다. 그들의 캐릭터는 스테판과 마크가 함께 계속 글을 쓰는 동안 동굴 속으로 들어간다.

여러분은 대화를 읽는 동안 다음 사항을 생각해 보라.

- 남자 아동들은 학습과제를 '수행 중'인가?
- 이런 대화는 앞에 기술된 누적 대화, 논쟁 대화, 탐구 대화 중 어느 범주에 속하는가? (물론 이런 식으로 목록화될 수 없는 많은 대화가 있다.)
- 여러분은 남자 아동들이 이런 이야기를 쓰는 것을 좋아할 거라고 생각하는가?
- 그럴 거라고 생각한다면, 왜 그런가?
- 그렇지 않다고 생각한다면, 왜 그렇지 않은가?

 4_ 해골

스테판:　　너는 동굴에 들어가서 헤매고 있어.

마크:　　음.

마크:　　(읽는다.) 너는 세상에서 가장 영리한 사람이 아니기 때문에 (웃는다.)

스테판:　　(여전히 타이핑하면서) 너는 졌다. 너는 (스크린을 가리킨다.) 귀신에게 도움을 구한다…. 맞아?

마크:　　응. 하지만 그리고 나서 그의 친구는 너에게 달려들어 너를 죽이고…. 그리고 이것은 너의 마지막이 될 수도 있어.

스테판:	알았어.
마크:	그리고 나서 우리는 다른 길로 가서 -예- 아니오- 그리고 너는 그의 머리나 무엇인가를 찍어.
스테판:	너는 (타이핑하며) 귀신에게 도움을 구한다…. 그리고 등을 돌렸을때, 해골이 머리위로 뛰어들어 너를 죽인다.
마크:	해골이 머리 위를 덮치지만, 네가 그를 패대기쳤어.
스테판:	좋아.
마크:	너는 그를 패대기친다.
스테판:	넓은 공간에 그의 몸이 산산이 흩어진다.
마크:	그러나 그는 스스로 올라와서 바위 위에서 잤어.
스테판:	(타이핑한다.) 그는 너의 뒤로 몰래 다가간다.
마크:	그리고 너.
스테판:	더 (적절한) 나은 표현이 있을 거야. (읽는다.) '해골이 너의 뒤로 몰래 다가간다'는 (타이핑한다.) 너의 머리 위로 껑충 뛰어 올라간다…. 그러나 너는 해치운다. ('패대기치고'를 타이핑한다.)
마크:	이 페이지는 괜찮지? 패대기치다. 음
스테판:	(타이핑한다.) 뼈가 여기저기 흩날린다.
마크:	여기저기 흩날린다.
스테판:	(알아들을 수 없음.)
마크:	'every'를 이렇게 쓰는 거냐?
스테판:	좋아… 좋아 (두 번째 'e'를 넣어서 철자를 고친다.)
마크:	난 그냥 돌아다니고 있어. 약간 무시무시해 보였어.
스테판:	패대기친다. 그리고 뼈가 여기저기 흩날린다.
마크:	그런데 해골이 자기 뼈를 주워 모으고 있어.

(1) 논평

남자 아동들은 열심히 쓰기 작업에 참여하고 있다. 상당수의 대화가 누적 대화이다. 일부 협력 대화는 아동들이 공동 결과물을 만들어 내는 데에 도움을 준다. 그들은 단번에 상대방이 그들의 생각에 동의할 거라고 믿는다. 그들은 다소 파괴적인 내용의 괴담류 이야기를 만드는 것을 즐기고 있다. 이러한 공모는 친구들 사이에서 훨씬 더 쉽게 일어날 수 있다. 이것이 남자 아동과 여자 아동이 친구가 되는 것을 가능하게 해 주지만, 대부분 아동들은 동성을 '최고의 친구'로 고른다. 이성 친구로 구성된 경우 누적 대화를 하는 경향이 있다. 이는 아동들에게 유쾌한 일이며 일부 과제는 괜찮은 활동에 이를 수 있다. 그러나 만약 교사가 문제 해결을 위한 학습과제를 요구한다면, 함께 활동하는 친구들이 가장 생산적인 모둠이 아닐 수도 있다. 그리고 만약 대화의 목적이 추론과 반대 추론을 이끌어 내는 것이라면 역시 마찬가지일 것이다.

다음 문자화 자료에서 9살인 한나와 리사는 그리기 상자 '페인트스파'를 사용하고 있다. 그들은 학급에서 함께 만들고 있는 이야기에 따라 강 옆 벌판에 집을 그리고 있다. 문자화 자료를 읽을 때, 다음 질문에 대해 생각해 보라.

- 여러분이 생각하기에 아동들은 무엇을 목적으로 한다고 생각하는가?
- 아동들의 목적이 일치하는가?
- 이 두 여자 아동이 '그게 더 나아 보이니?'의 문자화 자료에 나온 안젤라와 브리젯처럼 친구라고 느껴지는가?
- 아동들은 학습과제를 '진행' 중인가?
- 아동들이 함께 활동했다고 느끼며, 자기의 노력이 잘 반영되었다고 만족하며 컴퓨터 작업을 끝낼 것이라고 생각하는가?

 5_ 지우기

한나: 나 지우는 거 좋아해. 너는?
리사: 잠깐 기다려.

리사: 응, 좋아. 그럴 필요 없는데. 그냥 사각형만 있으면 돼.

한나: 사각형.

리사: 왜 우리가 아래로 왔지? *(알아들을 수 없음.)* 움직이지
       않아. 지금 너 어디 있는 거야?

한나: 그게 더 낫네. *(알아들을 수 없음.)*

리사: 이봐 나 찾았어. 너 계속 밀어 내. 플론커. 아, 아, 어. *(알아
       들을 수 없음.)* 우리가 … 저것이 더 낫지 않니? 좀 더
       같이 하자, 어? 조금 더 같이 하자.

한나: 아니, 아니야, 아니야. 이거야. 이게 다야.

리사: *(알아들을 수 없음.)*

한나: 지금 건너 가. 건너 가. 멈춰. 건너 가. 멈춰. 아래로.

리사: *(말한다.)* 원래대로 해. 그 부분과는 상관없어. 그냥 아래
       로 내려가야겠어.

한나: 아래로 가. 내가 이 부분을 할게.

리사: 아니. 내가 하고 싶어.

한나: 아, 아, 아래로. 건너 가. 지금 바로 내가 이걸 할게.

리사: 뭐, 강을 건너고 싶지 않아? 강을 건너자.

한나: 아직은 아니야. 아직 아니야.

리사: 강을 건너고 싶어. 내가 강을 먼저 건넌다고.

한나: 넌 할 수 없어. 우리는 배를 탈 수 없어.

리사: 난 강을 건너고 있어.

한나: 거기서는 아니야. 강은 그러니까… 오염된 강이 되어 가
       고 있어.

리사: 알아. 난 거기에서 모든 길을 되돌아간 다음 위로 올라가
       야 해, 그렇지 않아?

한나: 응. 우리는 아래로 내려가서 약간만 건너가면 돼.

리사: 응.

한나: 건너 가. 좀 더 건너가.

리사: 오.

한나: 충분히 건너가지 않았어. 오, 이런.

리사: 우린 이 길들 중에 하나로 가야 해, 그렇지 않니?

한나: 너는 그걸 지금 했으면 하니? 별빛 아래서 흔들어 줄까

(노래한다.) 붐 붐 붐 별 빛 아래 흔들리는 달빛을 가지고
오자. 음, 음, 음. 별빛 아래서 흔들어 줄까? 오우, 오우,
오우.

리사:　　　　난 이 색깔들이 좋아.

(2) 논평

한나와 리사에게 화면을 보면서 함께 이야기하도록 했다. 그러나 그들은 나타나는 것(또는 나타나지 않는 것)에 대해 합의할 수 없다. 왜냐하면 그들은 완성된 결과물에 대해 서로의 생각을 공유하지 않았고, 각자 활동하면서 대화를 공유하려고 하지 않기 때문이다. 최종 결과물을 놓고 보았을 때 이같은 논쟁 대화가 어떻게 창조적 과정의 일부가 되는 것인가는 흥미로운 것이다. 창조는 거듭된 실패를 극복하며 나타나기 때문이다. 둘 중 아무도 결과에 대해 소유의식이나 자부심을 느끼는 것 같지 않다. 왜냐하면 둘 다 각각 원하는 것이 아니었으며, 공동 계획에 대해 만족스럽게 협력하지 않았기 때문이다. 그들은 생각을 협의하거나 근거에 대해 서로 질문하지 않았다. 이 시나리오에서 컴퓨터의 역할은 그림을 구성하는 수단을 명백히 제공하는 것이며, 은연 중에 누가 마우스를 잡고 싶은지에 대한 바람을 반영하면서, 제3자의 역할을 수행한다.

아동들은 분명히 학습과제를 수행하지만 그들의 대화 화제를 확장하거나 특별하고 유용한 대화 기능을 연습하지도 못할 것이다. 교사가 이런 경우가 있다는 것을 인식하는 것은 바람직하다. 만약 아동들이 프로그램이 어떻게 작동하는지를 알기 위해 시도하면서 할 일없이 쉬는 시간을 보낸다면 이러한 논쟁 대화의 일부가 받아들여질는지는 모른다. 그러나 학교 생활에서 컴퓨터 앞의 '순서'는 여전히 특권이 부여된 것이며, 이 순서를 정하는 것은 아동들에게 시간 낭비일 수 있다. 그리고 학기가 끝날 무렵에는 아동들에게서 다소 이탈되어 가는 조짐이 확실하게 나타

난다. 그러나 그들은 포기하지 않았다. 이러한 프로그램을 숙달하기 위해 계속되는 실패와 상대방의 지속적인 비협조에 맞서는 끊임없는 노력은 컴퓨터의 영향력과 개개인의 결심을 강화한다. 만약 그들의 개인적인 관여가 모둠 전체의 노력으로 이끌어지고, 아동들의 대화가 협의의 방향으로 훈련되었더라면, 그들은 더 나아졌을지도 모른다.

대부분의 아동들은 많은 시간을 그들의 상대방과 협동하려고 노력하지만 그들은 서로 어떻게 협동하는지를 알지 못한다. 남자 아동과 여자 아동에게 부여된 사회적 지위는 자연스운 것이 되고, 그들의 상호작용은 이러한 인식의 요소를 필연적으로 포함한다. 효과적인 대화는 아동 개개인이 진정으로 협력하는 것을 도울 수 있다. 즉 그들 자신의 생각을 명쾌하게 표현하고 동시에 그들의 동료가 진행 중인 학습과제에 대해 실제로 무엇을 생각하고 있는지를 찾는 것이다. 대화에 대해서 가르치고 아동들이 서로 질문하고 협의하며 정보를 공유하는 방법과 합리적인 일치에 이르도록 가르치는 것의 이점은 바로 이러한 토의하기의 기본 규칙들이 아동들의 학습을 방해하는 성별 영향, 친구 관계, 다른 사회적 장벽을 피하도록   돕는다는 것이다.

12. 남녀 아동 대화 관련 추가 논의

여자 아동과 남자 아동이 평등하다는 것은 담임 교사의 본질적인 목표이다. 컴퓨터 앞에서 학습과제를 함께하는 아동들 모둠은 성 문제에 대한 인식과 그러한 불평등에 맞서려는 결심이 요구된다. 다음 연구들은 학급에서 남자 아동들이 여자 아동들보다 자기 주장이 강하고, 잘 싸우며 더 많은 공간을 차지한다는 것을 보여준다.

스완의 『소녀, 소년 그리고 언어』[49]에서 이러한 문제를 좀 더 철저하게 분석한다. 교실을 조사해 본 결과 남자 아동들이 자료를 독점하려는 경향이 있고, 교사는 이들에게 더 많은 주의를 주려 했다. 여자 아동들과 남자 아동들은 수업 대화에서 다른 방식으로 참여한다. 컴퓨터는 특별히 관심을 기울이고 봐야하는데, 학습활동에서 컴퓨터를 사용하는 여자 아동들이 많음에도 불구하고, 컴퓨터는 여전히 '남자 아동들의 장난감'이라는 이미지가 남아있기 때문이다. 남자 아동들은 학교 밖에서 여자 아동들보다 컴퓨터를 더 많이 사용하는데, 학교 컴퓨터를 사용하는데 자신감이 갖춰지지 않은 학생들조차 그렇다. 그러므로 어떤 남자 아동들은 다양한 기술을 알지 못하면서 컴퓨터를 다룰지도 모른다. 예컨대, 단순히 키보드나 스크린 앞에 자리를 잡거나 마우스를 조정하는 것을 할 것이다. 어떤 남자 아동들은 컴퓨터에 너무 예민해서 다른 아동과 비교하고 불공평하다고 교사에게 말한다. 물론 시끄럽고 주장이 강하면서 컴퓨터에 푹 빠진 여자 아동들도 많다. 그러나 교사는 기술을 '소유'하고 있는 것처럼 행동하는 아동들이 남자 아동들이라는 것과, 이러한 것이 모둠에서 문제로 발생할 수 있다는 것을 안다.

이것은 커다란 사회적 문제의 일부분이기 때문에 이런 문제를 다루는 것은 쉽지 않다. 그렇지만 남자 아동들과 여자 아동들이 컴퓨터로 하는 모둠 활동에 접근하는 방식이 다르다는 것과 남자 아동들이 학습과제를 하는 행동이 야기할 수도 있는 문제를 인식하는 것은 중요하다. 아동들이 자신을 잘 인지하도록 하는 것은 무의식적으로 가질 수 있는 편견을 버리는데 도움이 될 것이다.

13. 맺음말

만약 토의 기능을 활용하는 것이 모둠을 편성하여 컴퓨터로 함께 활동

---

49) Swann, J. (1992). *Girls, Boys and Language*. London: Blackwell.

하는 목적 중의 하나라면, 첫째로 아동들은 이 목적을 알아야 하고, 둘째로 교사가 아동들에게 기대하는 것을 이루는 데 필요한 기능들이 분명히 제공되어야 한다. 말하기 · 듣기 수업은 그러한 기능을 경험하게 하는 하나의 방법이다. 모든 토의의 근간인 대화의 기본 원칙들을 만들고 거기에 동의하게 하면서 말하기 · 듣기 수업을 해야 한다. 교사들은 학생들이 대화를 효과적으로 사용하는 방법에 대한 인식을 높일 수 있는 결정적인 역할을 한다.

교육 연구자인 스크림쇼(Peter Scrimshaw 1993: 108)는 다음과 같이 말했다.

> 컴퓨터를 사용한다는 것은 사회적인 경험이다. 행위자가 그들의 과제를 해석하고 접근하는 방식이 하드웨어와 소프트웨어라는 자체의 특성과 마찬가지로 영향력이 있기 때문이다. 이 중요한 결과 중 하나는 컴퓨터가 교사를 대체하는 것이 아니라 교사가 상황의 핵심적인 기여자라는 것이다. 아동들이 독립적으로 활동할 때에도 상황을 짜 맞추고 조직하는 교사의 방법은 학생들이 어떻게 활동하는지에 영향을 미친다.

많은 요인들이 아동들이 컴퓨터로 학습하는 데 영향을 미칠 것이다. 그렇지만 아동들이 대상에 대해 토의하는 방법을 배우고, 적절한 대화가 그들의 목표 중 하나라는 것을 안다면, 아동들의 대화는 교육적으로 효과적일 것이다. 아동들은 서로 대화하는 방법이 그들이 함께 활동하는데 가장 중요한 부분의 하나라는 것을 이해해야 한다. 아동들은 구어가 상호작용적 사고를 위한 도구이고, 그런 대화가 그들의 모둠 활동과 자기 자신의 발달에 유익할 것이라는 걸 배워야 한다.

성별과 우정과 같은 사회적 영향은 컴퓨터로 대화하는 데에 영향을 끼칠지도 모른다. 탐구 대화를 활성화키면서 교사는 아동들이 그러한 영향을 덜 받으면서 모둠 활동을 하도록 도와줄 수 있다. 아동이 컴퓨터로 활동하도록 하는 강한 동기는 컴퓨터 활동이 비판적인 추론을 연습할 수 있는 비경쟁적인 기회와 모든 교육과정 영역과 학교생활 이외의 삶에 잘 적용할 수 있는 사고 방법을 제공하기 때문이다.

 더 읽을거리

Dawea, L., Mercer, N.and Wegerif, R. (2000). Thinking Together: *A programme of activities for developing thinking skills at KS2*. Birmingham: Questions and Publishing.

Mercer, N. (2000). *Words and Minds*. London: Routledge.

Swann, J. (1992). *Girls, Boys and Language*. London: Blackwell.

제6장
교실의 말하기·듣기 점검과 평가

평가는 교육 장면에서 항상 중요하고도 어려운 문제이다. 특히 말하기·듣기 평가는 음성언어를 대상으로 하기에 더욱 그러하다. 말하기와 듣기가 말하기·듣기 수업시간에만 이루어지는 활동이 아니고, 어떻게 말하는 것이 말을 잘하는 것인지 평가의 범주와 수준을 정하기가 쉽지 않기 때문이다. 더욱이 말하기와 듣기에 대한 평가는 일회성 평가, 지필 평가로는 적절하게 평가할 수 없는 것이기에 더욱 어렵다.

이 장에서는 어느 유치원에서 사용하는 평가 기록부를 소개하고 있는데, 아동의 입학부터 사진 자료를 계속해서 붙여 가면서 교사, 학부모, 아동 자신이 자유롭게 기록하도록 되어 있다. 그 외에도 교사들이 사용할 수 있는 몇 가지 양식들을 사례로 제시하고 있다. 아동 스스로 자신의 대화를 평가할 수 있는 대화 일지(Talk Log) 양식과 평가 인터뷰 양식, 교사가 아동의 수준을 결정하는 데 이용할 수 있는 국가 수준 교육과정의 말하기 듣기 수준 등이다. 6장에서는 말하기·듣기 평가는 학생들의 발달을 점검하고 기록한다는 관점 아래 다양한 평가 방법을 보여준다. 말하기·듣기 평가에 대한 바람직한 관점을 세워보고, 교실에서 사용할 수 있는 다양한 방안들을 살펴보도록 한다.

제6장

교실의 말하기·듣기 점검과 평가

1. 머리말

교사는 학생의 발달을 점검하고, 그 모습을 기록할 책임이 있다. 실습생들은 다른 영역의 평가보다 말하기와 듣기에 대한 평가에 자신 없어 한다는 것을 알 수 있었다. 실습생들은 평가를 계획안에 반영할 필요는 인식하고 있었지만 따라야 할 모델이 거의 없다는 것을 알았고, 평가요소가 무엇이고 그것을 적절하게 수집하고 기록하는 방법에 대해서는 확신을 갖지 못했다. 이 책은 전반적으로 말하기와 듣기를 다룬 것이다. 말하기와 듣기는 아동의 학습 수단인 동시에 아동의 구어 능력을 발전시킨다. 개인과 학급 전체의 발달 증거로써 중요한 것들을 확인하려고 시도할 때, 얽혀진 실타래가 풀리는 것을 발견할지도 모른다. 대화의 다른 측면들이 확인될 수도 있다. 즉 사회적인 면, 의사소통적인 면, 문화적, 인지적인 면, 이러한 모든 측면들은 청중과 대화목적, 맥락 그리고 대화 내용에 영향을 받는다(Bearne and Elding 1996: 13). 다른 요소인 성별, 개성, 흥미, 자신감과 같은 것들은 어떤 언어에서든 말하는 이의 행동 양식에 영향을 준다. 다양한 접근 방법을 평가하기에 반영하여 교수 전략을 개발할 때 말하기와 듣기의 이런 상호 관련적인 측면을 통합할 필요가 있을 것이다.

2. 말하기·듣기 평가 계획

국가수준 교육과정의 학습 프로그램들과 말하기·듣기를 위한 단계 기술(level description)은 어느 정도 일반화되어 있다. 우리는 아동들의 대화를 듣기 위한 일련의 전략들을 개발하여야 하고, 아동들의 구어 능력과 관련이 없을 수도 있는 많은 특징들을 고려해야한다. 이런 것들이 포함하는 것은 다음과 같다.

- 아동들은 누구에게 말 하는가
- 어떤 과제와 관련 되는가
- 대화 과제의 사전 경험
- 영어 시간뿐만 아니라 가정 언어에서 아동의 유창성
- 해당 아동과 다른 모둠 아동들의 성별

우리는 매우 광범위한 상황에서 화자와 청자로서 아동의 발달 정도를 기록해야 한다. 수업을 하는 동안 아동들은 질문에 답하고, 이야기를 들어야하고, 구어 지시에 따라야 하고, 친구들과 친하게 지내야하고, 또는 학급 회의에서 안건을 제시해야 하는 등의 요구들을 받을 것이다. 우리는 교육과정의 전 영역에 걸쳐서 일반적인 수업 시간 동안 구어 상호 작용을 기록할 필요가 있다. 이것은 여러 시간에 걸친 상황맥락들과 모둠 편성을 통해 각 학생들에 대한 정보를 수집하는 것과 관련이 있을 것이다. 그리고 때때로 위압적으로 보이는 관찰 및 기록이 요구될 수도 있다.

말하기와 듣기 활동 기록을 위한 체크리스트를 작성하고, 다음 요소들을 고려하는 것은 매우 유용할 것이다.

- 언어 소통방식에 대한 아동의 지식과 이해
- 개인간, 소규모, 대규모 집단 내 또는 집단 간의 의사소통 능력
- 알고 있는 청자와 모르는 청자에 대한 의사소통 능력
- 다른 환경에서 언어 사용의 적절성
- 청중의 관심을 끄는 능력
- 대화를 독점하지 않고 협동하며 발화 말차례를 하는 능력
- 자신감, 명확함, 결속성, 가청력
- 어휘의 범위, 다양성과 적절성
- 추론하고 논쟁, 토론할 수 있는 능력
- 요약할 수 있는 능력
- 다른 상황에서 상대방의 말에 귀 기울일 수 있는 능력
- 역할놀이에서 말할 수 있는 능력
- 질문할 수 있는 능력

(Browne 1996: 224)

이를 설명하기 위해서는 꼼꼼한 기록이 요구된다. 학급 교사에 대한
국가수준 교육과정에서 평가하기의 압력은 상당하다. 초등학교 단계에
서 공식적인 구어 평가가 없기 때문에 말하기·듣기 평가에 우선권이
주어지지 않을지도 모른다. 반면에 읽기와 쓰기는 보다 높은 지위를 가지
고 있는 것처럼 보인다. 과거에는 학교에서 말하기·듣기의 발달정도를
읽기와 쓰기처럼 구체적으로 기술하지 않아도 됐었기 때문에 교사들은
수준을 기술하거나 아동의 발달을 확인하는 데 자신을 가지지 못했다.
학교 교육과정 위원회(SCAA)의 출판물과 비디오, 『말하기·듣기』[50]에서

---

50) School Curriculum and Assessment Authority (SCAA). (1996b). *Speaking and listening: Key stages 1 to 3. Level 1 to 8. Exemplification of Standards.* London: SCAA.

이런 문제들을 중점적으로 다룬다. 비디오는 다른 상황맥락에서의 학생 예시물을 보여주고, 특정 수준에서 중요시되는 말하기와 듣기의 측면을 확인하게 해준다. 이것은 기대되는 발달의 모습을 예시해 준다. 즉, 대화를 적용하기, 표준 영어를 적절하게 사용하기, 이해하며 듣기, 토론에 참여하기 등에 있어서의 자신감 등이다. 비디오와 그에 따른 기록은 국가수준 영어과 지침의 말하기·듣기를 위한 학습 프로그램들의 요구사항 중 일반적인 아이디어를 제공한다.

국가수준의 교육과정에 따라 말하기·듣기의 효과적인 계획과 유용한 평가가 교수·학습에 있어서 중심이라는 것에 초점을 두고 접근할 필요가 있다. 또한 우리는 다음 사항을 알아야만 한다.

> 대화 능력을 향상시키는 것은 다양한 목적을 가진 대화를 연습하거나 많은 청중을 상대하거나, 단지 교육과정상에 제시된 모든 종류의 대화를 경험하는 것으로는 충분하지 않다. 대화 능력의 향상은 유연성 키우기, 특정한 상황에서 어떤 내용을 어떻게 말할지 선택하는 능력 발전시키기, 토의를 시작하고 또 보다 폭넓은 경험을 언급해서 견해를 뒷받침하는 자신감 갖기 등과 같이 좀 더 사회적이고 문화적으로 영향력 있는 자질과 관련된다. 대화 행위와 연결된 이런 모든 기초적인 요소들은 앞으로 시도될 말하기와 듣기 교육과정에 포함되어야 한다 (Bearne and Elding 1996: 14).

교사 평가의 주요 목적은 형식적이며, 그것이 발생하는 장면에서 교수·학습의 질을 향상시키는 것이 목적이다. 즉, 계속 진행되며 구성되는 관찰과 기록에 근거한 총괄 평가가 학기말이나 학년말에 학생, 학부모, 동료에 대한 피드백으로 인정될 것이다. 교사가 기록하는 모든 정보는 가장 중요한 부분으로 개인의 지적 능력과 어려움을 밝혀주는 진단적인 증거를 제공하고, 연구의 중요한 기초가 되기도 한다. 평가는 아동이 할 수 있는 것, 교사와 아동간의 협의로 이상적으로 보여지는 것을 기록

해야만 한다. 가능하다면 아동이 참여하고, 그들 자신의 말하기·듣기를 비춰볼 수 있는 평가 과정을 제공해야 한다. 이 장에서 우리가 제공하는 몇 가지의 양식은 이런 목적을 위해 의도된 것들이다.

유치원에서 초등학교 졸업시기까지 대부분 학생들의 학습능력과 언어능력이 매우 엄청나게 확대된다는 것은 확실하다. 저학년에서 중학년 시기까지 말하기와 듣기에 있어서 특별한 평가물이 되는 몇몇 종류의 발달 과정을 목록화하는 것이 가능하다.

3. 기초 진단 평가

유치원 아동의 평가 중 일부는 말하기와 듣기를 통해 이루어져야 한다. 우리가 이 책의 초반부에서 보았듯이, 아동은 말하기와 듣기의 중요한 경험을 가지고 입학한다. 『기초단계의 교육과정 안내』에서 학생의 학습 목표를 세분화한 것은 유치원 교사가 국가수준 교육과정의 저학년 학습 목표 성취하기 위해 개별 아동의 발달에 대한 평가물을 제공할 수 있는 활동들을 계획하고 평가해야 하는 것을 의미한다. 많은 평가물들은 교사와 학생 그리고 학생끼리의 대화를 통해서 얻어질 수 있다.

> 아동 혼자 활동하는 동안에 일어난 반응은 기초 능력을 나타내기에 항상 정확하거나 믿을 수 있는 것은 아니다. 그래서 하나의 활동에 근거하여 이끌어낸 결론은 주의할 필요가 있다. 여러 가지 활동들에서 시간을 들여 수집한 증거는 때때로 아동들이 알고, 이해하고, 할 수 있는 것들을 설정하는 데 필수적이다. 마찬가지로 한 아동이 할 수 있는 활동을 관찰하거나 기록한 것만으로 추론하는 것이 항상 가능하지는 않다. 아동과의 대화는 그들의 이해 정도를 평가하는데 중심적인 역할을 하고, 이런 것은 종종 아동이 할 수 있는 것에 대한 보다 완전한 그림을 제공하는 대화를 통해서 가능하다(SCAA 1997a: 7).

『기초단계의 교육과정 안내』는 유치원 단계나 초등학교 저학년 교사를 위한 안내서이다. 이것은 계획, 평가, 교수와 같은 영역을 포함하고 아동과 실천가들이 저학년 학습목표에 도달하기 위해 필요로 하는 것을 설명한다. 저학년 학습활동의 특성은 학습 및 발달의 측면에서 특히 말하기와 듣기를 강조한다. 교사에게 있어서 '무엇을', '언제' 평가할 것인가가 문제일 뿐만 아니라 교실에서 일상의 수업에 대한 압력과 주어진 시간 부족과 같은 '어떻게'의 문제도 남겨진다.

(1) 유치원 두 반의 평가 과정

우리가 관찰해 온 두 개의 유치원은 이 문제를 설명하고 있고, 6가지 영역에 따라 아동들의 발달을 기록하고 있다(DfEE/QCA 2000).

- 개인적·사회적 발달
- 언어와 문식력
- 수학
- 세계에 대한 지식과 이해
- 신체적 발달
- 창의성 발달

아동들이 학교에 들어가자마자 각자에게 빈 기록부가 주어지고, 거기에 자기의 발달이 기록되어질 것이다. 첫 페이지는 집에서 찍은 아동의 사진으로 구성되고, 부모들은 '아동이 집에서 좋아하는 일은 무엇인가요?', '아동이 다른 친구들과 함께 어울려 노나요?', '아동의 성격은 어떠한가요?' 등과 같은 질문에 대하여 자기 자녀들에 대한 정보를 기록한다. 또한 부모들은 유치원에서 그들의 자녀가 얻었으면 하는 자신들의 바람을 기록한다. 그 기록부에는 선생님이나 도우미 교사가 아동들이 활동하는 모습을 찍은 사진들이 선생님의 견해와 함께 모아지게 될 것이다. 그림과 같은 아동의 활동 예시물들 또한 포함될 수 있다. 아동 발달의 계속적인 기록이 모아지고, 이는 학기말 총괄 보고서에 반영된다.

이러한 기록부들의 목적은 교사, 학부모, 아동을 위하여 아동 발달을 기록하는 것이다. 그 기록부들은 매우 개인적 성향에 관한 것이며, 어린이나 학부모들이 보고 싶을 때 항상 이용 가능하다. 두 학교 모두는 이 기록물들이 부모들에게 유치원 경험을 이해하고 자신의 아동에 대한 발달을 인식하게 하는 훌륭한 방법이라는 알았다. 부모들이 보지 않는 낮 동안 블록 갖고 놀기, 정원에서 식물심기, 페인트 섞기 같은 많은 중요한 행사들이 있다. 이 모든 것들은 사진으로 찍어서 기록으로 제공될 수 있으며, 부모들은 그들의 자녀들이 유치원에서 무엇을 배우는지 보고 이해하게 도와줄 수 있다. 어떤 수석 교사는 이 기록부의 가치가 유치원 시기에 조기에 일어나는 발달의 범위를 기록할 수 있는 방법이라고 하였다. 교사와 부모들은 그 기록부들을 작성할 수 있다. 즉, 한 아동이 수영부문 상을 받았을 때 그 아동의 부모는 학교에 와서 수상내역 기록하였다. 아동들이 활동할 때 교사는 그들을 관찰하여 사진을 찍고, 아동이 무엇을 하고 있는지 표지에 쓸 수 있다. 그 후 교사는 기록부에 아동들의 바람직한 학습 결과를 사진으로 기록할 것이다. 아동들을 위해 목표가 세워지고 발전의 결과물이 기록된다. 기록은 다음과 같은 방법으로 아동들의 기록부에 들어간다.

- 관찰 내용은 검정색으로 기록한다.
- 학습의 분석과 목표들은 빨간색으로 기록한다.
- 발달 과정은 녹색으로 기록한다.

발달의 증거는 아동이 그들의 이름을 쓸 수 있게 되었을 때, 또는 처음으로 지역 공동체 언어대신에 표준 영어로 말했을 때가 될지도 모른다.

많은 아동들이 영어와 펀자브어를 사용하고 있는 유치원에 근무하고 있는 수석 교사는 한 소년이 자신에게 와서 다른 아동에 대해 말하고 있는 것을 예로 들고 있다. '이 아이가 전에는 펀자브어로 말했어요. 그것은 분명 펀자브어였어요.' 그 수석 교사는 이것을 아동 언어인지 발달 증거라고 기록하였다. 아동의 새로운 활동 모습이 담긴 사진들은 어떤 것을 그들의 기록부에 넣어야 하는지, 그 시간에 무슨 일이 일어났는지를 결정하는 것에 대한 대화의 주제를 제공한다. 아동들은 이 기록부에 써넣거나 그림을 그릴 수 있다. 이런 방법으로 그들은 평가 과정을 공유한다.

두 수석 교사는 모두 최종 결과에 중점을 두기보다 학습 과정을 기록하기 위해서 이와 같은 세밀한 관찰의 중요성을 강조한다. 이런 종류의 평가물을 기록하는 것은 시간이 걸리더라도 매주 교사가 작성한다. 그런 이점들은 두 학교 모두가 가치 있다고 인정하였다. 부모들은 특히 기록부에 많은 관심을 보이며, 기록부의 작성에 적극적으로 참여한다.

교사, 부모, 아동들은 그 기록부를 매우 신뢰하고 있으며, 아동들과 부모가 읽고 또 작성하는 것이 자유롭다. 아동들은 그것들을 보는 걸 좋아하고 낮 동안 자주 그것을 읽는다. 그 기록부는 부모와 아동들의 소유이고, 공부가 끝나고 집으로 가져가서 부모님께 보여드리고 다음날 유치원에 가져올 수 있다.

4. 평가의 양식

평가 과정에 아동과 그들의 부모와 보호자가 참여하는 것은 저학년 교실에서 계속 시행될 수 있다. 언어 발달의 기록과 평가를 위한 가장 혁신적이고 영향력 있는 틀 중에 하나인, 런던 교육 당국의 초등학교 언어 기록부[51]는 부모와 아동들이 기록할 수 있는 평가의 틀을 제공한다. 이는 특히 가정에서 일어나는 아동의 말하기와 듣기의 경우에 매우 유용해 보인다. 이 기록은 부모들이 집과 학교에서 아동에 대한 지식을 공유할 수 있도록 하기 위해 학교와 가정 사이에 쌍방향 의사소통을 하도록 하고 있다(Barrs et al. 1988: 12). 그리고 아동들에게도 언어 사용자로서 자신의 경험, 성취, 관심에 대해 교사와 대화하고 토의할 것을 요구하고 있다(Barrs et al. 1988: 14).

이것은 12년 전부터 사용하여 왔지만, 말하기와 듣기의 발달을 평가할 때 지금도 여전히 많은 문제들이 해결되지 않고 있다. '말하기와 듣기에 있어서 아동 발달을 계속 기록하는 것은 독자나 필자로서 아동의 발달을 기록할 때 발견되지 않는 어려움이 대두될 수 있다'(Barrs *et al.* 1988: 20). 초등학교 언어 기록부가 밝혀낸 문제들 중의 하나는 '말은 발화 즉시 소멸한다'는 것이다. 다른 하나는 교사인 우리는 조력자와 점검자의 두 가지 모두의 역할을 하며, 교실 상호작용의 일부를 담당한다. 더욱이 우리는 영어뿐만 아니라 지역공동체 언어도 사용하는 많은 아동들이 가진 모국어의 역할을 고려하지 않았을지도 모른다. 10년 전에 이것을 기록한 사람들은 '아동들의 구어발달을 계획, 수행하는 적절한 방법은 항상 정의하기 어려웠으며, 이는 주로 분석되고 있는 대상의 복잡성 때문이었다.'라고 느꼈다(Barrs et al. 1988: 21). 홈(Alay Home 1997: 61)은 교실 대화의 평가를 하는데 따르는 어려움과 제한점을 다음과 같이 밝히고 있다.

- 아동 수에 대한 압박
- 매체에 대한 불신
- 대화 참여자의 자신감, 언어 사용, 행동에 영향을 미치는 상황맥락의 힘
- 상황맥락을 바꿀 수 있는 방법

---

51) Barrs, M. *et al.* (1998) *The Primary Language Record. Handbook for Teachers*. London: Centre for Language in Primary Education(CLPE).

어떤 의미에서 우리가 바라는 것은 오직 모든 아동들의 구어능력을 밝혀내고 발달시킬 기회를 줄 수 있는 필요를 인지하는 평가 체제이다. 그래서 시간을 가지고 가능한 실제 상황의 넓은 범위 안에서 학습결과물을 모아야 한다(Howe 1997: 61).

그러므로 말하기와 듣기 발달의 증거를 모으는 것은 우리만의 틀을 만드는데 달려 있을 것이다. 다음 장에서 우리는 교실에서 개인별 발달을 기록하는 것을 돕는 것으로 국가수준의 교육과정과 학교 교육과정 위원회가 안내하는 몇 가지 방법들에 대해 논의할 것이다. 이 방법은 그 과정에 능동적인 참여자로서의 아동들을 포함하게 될 것이다.

(1) 결과 기록

국가수준 영어과 교육과정에는 학교에서 대화의 기회가 주워져야 한다는 목적, 자신감 있는 표현, 주의 깊게 듣기를 위한 필수 기능들이 상세화 되어 있다. 또한 아동의 표준 영어와 방언 사용의 발달과 평가에 대한 정보를 제공하고, 성취 수준에 따라 풍부해지는 어휘와 함께 향상되는 유창함에 대한 정보를 제공한다. 말하기와 듣기에 대한 평가물을 모으기 위해서 개인별 발달에 대한 여러분의 판단에 자신을 가질 필요가 있으며, 발달 과정을 기록하기 위해 어떤 틀을 확실히 사용할 필요가 있다. 말하기·듣기의 평가를 학기 중 활동으로 통합시키기 위해 교육과정을 계획할 때 몇 가지 기록 양식에 대한 아이디어를 갖는 것은 도움이 된다. 몇 가지 기록 양식이 이 장에 수록되어 있다. 이것들은 발달의 영역과 효과를 확인하기 위한 여러분의 관찰을 구성, 조직하는 것을 도와준다. 그것들은 여러 다른 범위의 자료들로부터 채택되었고, 아동의 특별한 필요에 맞추어 스스로 선택할 필요가 있다.

우리는 일정한 시간에 걸쳐 많은 상황에서 다른 목적으로, 다양한 청자에 대한 아동들의 대화 듣기를 계획함으로써 평가 기회들을 만들어 낼 수 있다. 또한 이런 상황들 속에서 우리는 청자로서 아동을 관찰할 수 있다. 평가 기회가 유효한지와 평가물을 달리 기록하는 방법이 없는지를 고려할 필요가 있다. 개인적인 말하기와 듣기 능력에 대한 정보를 수집하고 기록할 수 있는 많은 공식적, 비공식적 상황들이 있다.

(2) 교사 평가

아동들의 말하기와 듣기 능력의 초기 평가는 대화가 쉽게 관찰될 수 있다는 특징을 고려함으로써 시작될 수 있다. <표 6.1>은 국가 구술력 프로젝트(1991)로부터 채택된 것이다. 이것은 한 가지 경우에 사용될 수 있고, 더 긴 시간에 걸쳐 자료를 모으는데 이용될 수 있다. <표 6.1>이 포함하고 있는 질문들은 더 상세한 반응을 이끌어내도록 구체화될 수 있다. 예로 질문 2. '아동이 주의 깊게 듣는가?'는 다음과 같이 확장되어 질 수 있다.

〈표 6.1〉 아동의 대화에서 찾고 있는 것은 무엇인가?

	예	아니오
1. 아동이 대화를 시작하고 계속하는가?		
2. 아동이 주의 깊게 듣는가?		
3. 아동의 말이 이해하기 쉬운가?		
4. 아동이 경험을 묘사하는가?		
5. 아동이 설명하는가?		
6. 아동이 언어 지시를 따르는가?		
7. 아동이 질문을 하는가?		
8. 아동이 활동하는 모둠에 기여할 수 있는가?		
9. 아동이 '사고 구술'을 하는가?		
10. 아동이 다른 청자를 위해 말을 수정하는가?		

아동이 다음과 같은 상황에서 주의 깊게 듣는가?

- 친한 어른의 말
- 친하지 않은 어른의 말
- 친구들의 말
- 친하지 않은 친구들의 말
- 모둠 활동
- 학급 전체
- 학교 전체

다른 각각의 질문들도 더 세밀한 정보를 얻기 위해 그 시기의 평가 목적에 따라 비슷한 방법으로 확장되어질 수 있다. 어떤 방법을 이용할지 결정할 때 대화의 기록과 평가의 목적과 목표에 대해 생각할 필요가 있을 것이다. 이런 점들을 고려해 볼 수 있다.

- 평가의 목적이 무엇인가?
- 어떤 사실적인 정보가 필요한가?
- 수집된 자료를 이용하거나 볼 사람이 누구인가?
- 결과로서 어떤 조치를 취할 것인가?
- 어떤 형태의 정보가 요구되는가?
- 이 평가가 어떻게 아동을 도울 수 있는가?

목적에 따라 다른 종류의 평가를 이용해야 할 것이다. 예를 들어 수업을 시작할 때 빠르게 쭉 한 번 훑어볼 수도 있고, 일정 기간 동안에 발달을 점검하고 정리하도록 해주는 좀 더 구체적인 과정을 필요로 할 수도 있다. 또는 교육에서의 특별한 요구 사항을 뒷받침해 줄 수 있는 개별 아동의 세부적 연구를 할 수도 있다.

<표 6.2>는 긴 시간에 걸친 교실의 대화 기회를 점검하는 간단한 방법을 제공한다. 선택한 시간 범위에 따라 다양한 상황맥락에 걸친 균형잡힌 자료들을 기록할 수 있다.

〈표 6.2〉 교실 대화 점검하기

날짜	상황맥락	모둠 이름	비고

(3) 자기 평가

자신의 말하기와 듣기 평가에 아동 자신을 포함시키는 것은 그들이 자신들의 대화를 설명하는 방법을 발전시키도록 도와주고, 그들이 다른 사람들과 상호작용하는 방법을 인식하게 해준다. 그것은 또한 아동들이 그들의 학습에 적극적으로 참여하도록 하며, 5장에서 보았듯이 아동들이 컴퓨터 주위에서 함께 활동하는 것을 학습할 때 스스로를 화자로서 인식하게 할 것이다.

그들의 대화를 생각하며 기록하는 역할은 '대화 일지(Talk diary)'를 완성하는 과제로 제공될 수 있다. 이는 교사와 아동 모두가 사용하고 해석할 수 있는 간단한 방법으로 제한된 시간에 걸쳐 아동들의 말하기와 듣기 활동의 사진을 모으는 것이다. 읽기 기록이 계속 최신 자료화되는 것과 마찬가지로 대화 일지의 내용을 첨가하는 일은 간단하지만 자주 해야 한다. 포괄적인 대화 일지는 다음과 같은 여러 개의 목적을 충족시킬 수 있다.

- 아동이 한 말하기와 듣기에 대해 살펴볼 수 있도록 한다.
- 말하기와 듣기에서 아동의 장·단점을 기록한다.
- 말하기와 듣기 활동 시간에 사진을 모아둔다.
- 아동이 말하기와 듣기의 가치를 중요시 여기도록 한다.
- 비공식적으로 진행하고 있는 평가물을 제공한다.
- 활동을 계획하는데 도움을 준다.
- 아동들의 성취를 보고하기 위한 자료를 제공한다.

<표 6.3>은 초등학교 고학년을 위한 대화 일지로 Key Stage2의 아동들이 주말에 스스로 채울 있도록 만들어진 일지의 예이다. 교사는 자기가 느끼기에 좀 더 많은 정보를 주거나 아동 대화의 특정한 측면을 부각시킬 수 있는 어떤 견해나 메모를 첨가할 수 있다. 이러한 일지는 일주일 간격으로 대화 행위에 대해 스스로 감지한 것을 표집하는 방법으로 또는 계속적인 평가 방법으로서 이용될 수 있다. 그것은 아동들에게 말하기와 듣기와 관련된 상황맥락 및 기능을 설명해 준다.

<표 6.3> 고학년의 대화 일지: 2쪽 중 1쪽

이름 :   시작한 날 :   끝난 날 :

◎ 이번 주 학교에서 나는 이런 방법으로 대화에 참여했다.

	1주	2주	3주	4주
토의하기				
계획하기				
스토리텔링하기				
발표하기				
설명하기				
소리내어 읽기				
묘사하기				
새로운 단어 사용하기				

◎ 이번 주에 나는 다음과 같은 시도를 했다.

	1주	2주	3주	4주
주의깊게 듣기				
토론에 참여하기				
자신있게 말하기				
질문하기				
새 단어를 배우기				
다른 사람들을 이해하기				

◎ 나는 다음 사람들과 말하고 들었다.

	1주	2주	3주	4주
우리 반 사람들				
다른 아동들				
담임 선생님				
다른 선생님들				
학교 직원들				
방문자들				

〈표 6.3〉 고학년의 대화일지: 2쪽 중 2쪽

◎ 말하기 듣기의 기록 : T=내가 말한 것, L=내가 들은 것

	1주	2주	3주	4주
학교 전체 모임				
학년 또는 학급 모임				
전체 학급 토의				
어른과 집단 대화				
선생님에 의해 선택된 모둠				
친한 모둠				
다른 모둠				
컴퓨터 활동				
이메일 또는 전화				
과학 활동				
수학 활동				
영어 활동				
써클 시간 또는 특별활동				
테이프나 비디오 기록				
드라마				

◎ 주제와 상황맥락 : 내가 무엇에 대해 말했는가? 내가 무엇을 들었는가?

1주
2주
3주
4주

<표 6.4>는 대화 일지이고 저학년 아동이 사용할 수 있도록 만든 것이다. 그것은 혼자서 또는 교사와 함께 완성할 수 있다. 아동들이 화자로서 자신에 대해 느끼는 방식을 아주 정연하게 말하는 것을 통해 말하기와 듣기에 있어서 발전하고 있는 기능 그 이상의 학습 결과물을 얻을 것이다. 하지만 처음에는 짝과 함께, 작은 모둠 단위에서 완성하는 것이 더 효과적일 것이다. 그렇게 함으로써 자신이 사용하고 있는데도 미처 알지 못했을 일련의 기능들을 살펴보고 평가해 볼 수 있을 것이다. 이 목록들이 매우 광범위하긴 하지만, 여러분의 교실에 적용해 보고 학생들의 말하기·듣기 참여에 대한 특정 측면을 학급 전체 차원에서 다루어 볼 수 있을 것이다. 아동들이 화자로서 자신에 대해 느끼는 방식을 아주 정연하게 말함으로써 말하기와 듣기의 기능이 발전하는 것 이상의 학습효과를 얻을 것이다.

<표 6.4> 저학년의 대화일지

◎ 이번 주에 학교에서 다음과 같은 것을 했다.

	1주	2주	3주	4주
학급 아이들에게 말했다.				
학급에서 들었다.				
질문을 했다.				
질문에 답했다.				
몇 개의 새로운 단어를 배웠다.				
내 친구들에게 말을 걸었다.				
모둠에서 말했다.				
'부탁해', '고마워'라고 말했다.				

◎ 이것은 말하기와 듣기에 대해 내가 생각하는 것이다.

	1주	2주	3주	4주
나는 말을 잘 한다.				
나는 주의 깊게 듣는다.				
사람들은 내가 말하는 것에 귀를 기울인다.				
나는 이야기를 할 수 있다.				
나에게 일어난 일에 대해 말할 수 있다.				
나는 말하는 것보다 듣는 것을 좋아한다.				
나는 무엇을 어떻게 하는지 사람들에게 말할 수 있다.				
나는 예의바르게 말한다.				
나는 들어서 이해할 수 있다.				
내가 말하는 이유를 설명할 수 있다.				
나는 대화를 언제 멈춰야 하는지 안다.				
나는 라임을 구별할 수 있다.				
나는 조용한 사람이다.				
나는 말하기 전에 생각하려 노력한다.				
나는 내가 들은 것을 기억한다.				

(4) 발달 기술

대화에 대해 배우고, 대화의 방법, 듣기의 방법 그리고 대화하기 위해 사용하는 언어를 배우는 것은 복잡한 과정이다. 발달은 맥락과 학습 상황에 따라 다르게 이루어진다. 국가수준 교육과정의 수준 기술은 아동에게 성취 수준을 정해주는 표지로 행해질 수 있는 말하기와 듣기의 양상들을 나타낸다. 우리는 특정 아동이 도달한 성취 수준을 결정하는 데 도움을 줄 수 있는 약간 단순화된 형태의 수준 기술을 채택해 왔다.

(5) 적절한 수준 결정

이 평가는 두 단계로 실행된다. 시작할 때는 아동과 교사가 함께 <표 6.5>를 완성한다. 이는 화자와 청자로서 태도와 능력에 관한 세부사항에 아동 자신이 집중하도록 하는 것이다. 인터뷰 역시 아동들이 평가 기준에 비추어보도록 하고, 말하기와 듣기에 대한 학습 기회를 제공한다. 몇몇 아동들은 서로 인터뷰하고 협력하여 그 인터뷰를 완성할 수 있으며, 이런 활동은 말하기와 듣기에 도움을 줄 것이다. 일단 인터뷰가 완성되면 교사는 <표 6.6>과 같은 수준 기술을 근거로 하여 아동의 성취 수준을 결정할 수 있을 것이다.

〈표 6.5〉 말하기·듣기: 평가 인터뷰

코드: N= 없음   S= 때때로   U= 자주   AA= 거의 항상   A= 항상

말하기 · 듣기에 있어 내가 할 수 있는 것

	날짜:	날짜:	날짜:	날짜:
나는 주의 깊게 듣는다.				
나는 주의 깊게 들으려고 노력한다.				
나는 분명하게 말한다.				
나는 새로운 단어들을 배우고 사용한다.				
나는 질문한다.				
나는 학급대화에 참여한다.				
나는 모둠대화에 참여한다.				
나는 문제에 대해 견해를 말한다.				
나는 설명을 듣는다.				
내가 읽은 것을 기억한다.				
내가 의도한 것을 설명할 수 있다.				
나는 토의에서 대화순서를 교대한다.				
나는 라임을 구별할 수 있다.				
나는 어떤 것을 묘사할 수 있다.				
나는 말하지 않아야 할 때를 안다.				

말하기 · 듣기에 있어 내가 생각하는 것

나는 말할 때 누가 듣고 있는지 생각한다.				
나는 말하는 이유를 설명할 수 있다.				
나는 다른 사람에게 그들의 근거를 물을 수 있다.				
나는 다른 사람들의 근거와 아이디어에 대해 생각한다.				
나는 크게 소리내어 읽는 것을 좋아한다.				
나는 이야기하기를 좋아한다.				
나는 농담을 할 수 있다.				
나는 나에 대해 말하는 것을 좋아한다.				
나는 말놀이에 참가하는 것을 즐긴다.				
나는 말하는 것보다 듣는 것을 좋아한다.				
나는 친구들에게 이야기하는 것이 좋다.				
나는 소리내어 읽는 것을 즐긴다.				

〈표 6.6〉 국가수준 교육과정 말하기·듣기의 수준 기술 요약

	듣기	말하기의 명료성	어휘
수준 1	다른 사람에게 귀를 기울인다. 보통 적절히 응답한다.	들을 수 있다.	단순하다.
수준 2	주의해서 듣는다. 적절히 응답한다.	분명하다.	증가한다.
수준 3	더 많은 상황맥락 속에서 자신 있게 듣는다.	자신감 있다.	더욱 다양화된다.
수준 4	토론에서 주의 깊게 듣는다.	더 많은 상황맥락에서 자신감 있다.	발전한다.
수준 5	보다 공식적인 상황맥락에서 말하거나 들을 수 있다.	광범위한 상황맥락에서 명료하다.	다양한 어휘와 표현.
수준 6	다른 상황맥락들의 요구에 적응한다.	유창하다.	다양성과 유창성을 보여준다.

	토의	설명	보다 명료한 설명
수준 1	의미를 전달한다.	세부 사항을 제공한다.	생각을 확장하기 시작한다.
수준 2	다른 이들의 말을 인식하고 있음을 보인다.	몇몇 관련 있는 세부사항을 포함한다.	상황맥락에 어휘와 어조를 맞추기 시작한다.
수준 3	주제에 대해 이해하고 있음을 보인다.	말을 청자의 필요에 적응시키기 시작한다.	표준 영어를 어느 정도 인식한다. 생각을 설명하고 의사소통 할 수 있다.
수준 4	질문을 하고 다른 이의 견해에 반응한다.	목적에 따라 말한다.	표준 영어를 어느 정도 사용한다. 생각을 완전히 발전시켜 의견을 정확히 전달한다.
수준 5	매우 집중하고, 질문하며, 다른 사람들을 고려한다.	세부사항을 포함시켜 청자의 관심을 끈다.	적절하게 표준 영어를 사용하기 시작한다. 생각에 민감하게 반응한다.
수준 6	능동적인 역할을 하고, 이해하고 있다는 것과 민감함을 보인다.	다양한 표현을 통해 점점 관심을 끈다.	보통 형식적인 상황에서 표준 영어를 유창하게 사용한다. 자신감이 증가한다.

5. 발달 과정의 확인과 점검

말하기와 듣기가 교실 생활의 일상적인 모습이기 때문에 발달을 나타내는 미묘한 차이들을 발견하기가 어려울 수 있다. 자신감을 가지고 더 자주, 더 분명히 말하는 아동의 특성은 스스로 확신이 없는 아동들보다 더 쉽게 평가될 수 있다. 이것은 역설적으로, 발달을 위해 가르침과 도움을 주어야 하는 아동들은 후자임을 나타낸다. <표 6.7>은 국가수준 교육과정의 수준 기술을 보충할 수 있는 지속적인 기록을 위해서 교사들이 만든 것으로 아동들의 자세한 발달을 측정할 수 있다(Bearne and Elding 1996: 15).

<표 6.7> 대화에서 주목할 만한 특징

		날짜	날짜	날짜
초보적인 화자·청자는 다음을 할 수 있다.				
수준 1	의사소통을 한다.			
	간단한 언어적 구조를 이해한다.			
	질문에 답한다.			
	모둠에 참가한다.			
향상된 화자·청자는 다음을 할 수 있다.				
수준 1~2	사진을 보고 이야기한다.			
	책의 내용에 대해 이야기한다.			
	간단한 메시지를 전달한다.			
	어떤 것에 대해 정확히 질문한다.			
	친구와 대화한다.			
	관련된 질문한다.			
유능한 화자·청자는 다음을 할 수 있다.				
수준 3	이야기를 꾸며 말한다.			
	학급과 모둠 토의에 참여한다.			
	메시지에 대해 말로 대답한다.			
	개인적 경험을 생각해 내고 자세히 이야기한다.			
	라임이 되는 단어들을 안다.			
	하고 있는 일을 설명한다.			
	친숙한 주제에 대해 토의한다.			
숙련된 화자·청자는 다음을 할 수 있다.				
수준 4~5	순서대로 생각과 이야기를 설명한다.			
	질문을 만든다.			
	청중을 위한 일들을 생각해낸다.			
	말할 때 청자를 고려한다.			
	다른 이의 견해를 듣고 곰곰이 생각한다.			
	이야기에서 대화의 말차례를 준비한다.			
	토의에서 결정적인 질문을 한다.			
유창한 화자·청자는 다음을 할 수 있다.				
수준 6	순서대로 생각이나 이야기를 설명한다.			
	간단한 말로 된 설명을 이해한다.			
	추론을 근거로 의견을 말한다.			
	다양한 여러 가지 주제에 대해 토의한다.			
	다양한 상황맥락에서 언어적 자신감을 보인다.			
	대화를 시작하고 지속한다.			

이 <표 6.7>은 대화에서 아동 능력에 대한 전반적인 모습을 누가적으로 기록하고, 발달을 점검하기 위해 주목할 만한 것들을 목록화 하였다. 이 양식을 이용해 얻어진 전반적인 모습을 통해 능력에 있어서 분명한 차이를 확인할 수 있다.

6. 교육과정과 국가 문식력의 연계

말하기·듣기의 평가 기회들은 이 전의 장들에서 대부분 설명하였듯이 영어과 교육과정 내의 다양한 상황맥락 속에서 발생한다. 스토리텔링, 큰소리로 읽기, 시 함께 읽기, 드라마 활동, 테이프 듣고 비디오 보기, 협동 작문과 조사, 보고하기와 설명하기 등의 모든 것이 평가를 위한 기회들을 제공한다. 이와 같은 상황맥락은 아동들이 다양한 목적으로 말하기, 듣기, 읽기, 쓰기를 통합하는 전체적인 계획 속에 포함되어야 한다. 학교 교육과정 평가 위원회(SCAA 1997b: 6)는 문식력 교수법에 읽고 쓰기뿐 아니라 듣기 말하기를 포함시키는 것의 중요성을 강조하였다. 국가 문식력 전략의 틀은 쓰고, 읽기를 더 강조하고 있지만, 이것은 또한 말하기와 듣기의 중요성에 대한 문제를 제기한다.

7. 4학년 말하기·듣기의 선택적 평가

Key Stage 2의 국가적 평가는 문제시되어 왔다. 교사들 관심의 증가는 교육과정 관리 위원회(QCA)의 Key Stage 2의 4학년 정도에서 활용할 수 있는 선택적 평가를 시도하였다. 이것들은 학교에서 현재 사용되고 있는 평가 과정들을 보완하고 지원한다. 영어, 수학, 과학의 평가는 학교에서 Key Stage 2 4학년 계획을 지원하기 위해 설계되었으나, 교육과정 개발을 위해 사용될 수도 있다. Key Stage 2의 제도적 평가인 총괄 평가는 외부적으로 점검된 것이지만, 선택적 평가들은 교사들에게 현재 있는 평가 과정들을 보충하기 위해 사용될 수 있는 아동의 성취 기회를 제공한다. 이 단계에서 아동들의 성취 증거들은 계획을 세우고 목표를 정하는데 사용될 수 있다.

Key Stage 2에서 명시된 평가와 달리 이러한 평가들은 말하기·듣기를 포함하고 있으며, 영어 학습 프로그램이 구어의 효과적인 사용을 강조하고 있다는 것도 고려하고 있다.

4학년을 위한 말하기·듣기 평가는 다음과 같은 사항을 강조한다.

- 적절한 장소에서 표준 영어 사용하기
- 의미있고 효과적인 형식에 대해 적응하기
- 이해하며 듣고, 다른 이들의 생각에 반응하기
- 토의에 참여하여 말차례를 바꾸고, 적절한 내용 말하기(QCA 1997)

말하기·듣기를 위한 활동들은 교사가 이와 같은 측면의 자료를 모을 수 있도록 기회를 제공하고, 그들 자신의 평가를 보충하는데 이용할 수 있도록 한다. 다음의 두 가지 활동은 말하기와 듣기의 교수·학습과 평가를 지원한다. 이것들은 학급 전체 활동들을 요구한다. 첫째 활동으로 교사는 마을 중심부에 차가 다닐 수 없게 하는 안건을 토의하는 역할놀이를 아동들 스스로 계획하도록 한다. 둘째 활동으로 모둠에서 짧게 녹화된 학교 관광 안내를 준비하도록 한다. 교사는 모둠 평가 및 자기 평가 질문이 포함된 대화 일지를 이용하는 평가 과정에 아동들을 참여시킬 것이다. 예를 들면 다음과 같다.

- 친구들이 모둠에서 생각을 설명하고, 근거를 대고, 서로 듣는 것을 얼마나

잘 하는가? 여러분은 얼마나 자신의 역할을 잘 하였는가?

- 여러분이 잘 하였다하고 생각하는 말풍선에 빗금을 그어라. 말풍선은 다음의 진술을 나타낸 것이다. 예를 들면, 다른 이들의 말에 귀 기울이기/짝과 말하기/생각 설명하기/모둠 이끌기/질문하기/말차례 바꾸기/다른 친구 돕기/대집단에서 생각 발표하기/모둠이 잘 하도록 돕기(QCA/97/021).

둘째 활동은 다음과 같은 요소(지시에 따르기 쉬운가/새로운 학생에게 도움이 되는가/명확한 화자인가/목소리가 듣기 좋은가/세부사항이 흥미로운가/생동감 있게 발표하는가)들을 평가하면서 테이프 녹음하기, 계획지 완성하기, 다른 모둠에 의한 평가를 포함한다(QCA/97/022).

첫째 활동의 목적은 모둠과 반 전체의 토론에서 제시된 견해를 표현하는 아동의 능력을 발전시키도록 한다. 평가는 다음에 초점을 둔다.

- 협력적인 기능들: 예를 들어 말차례 바꾸기, 다른 이의 견해를 듣고 반응하기, 질문하고 답하기, 모둠 활동 지원하기
- 토의에서 논쟁하고 견해를 뒷받침하는 능력
- 의견을 분명하게 표준 영어로 말하는 능력

둘째 활동의 목적은 활동을 계획하고 표현하기 위해 구어를 사용하는 능력을 발전시키도록 한다. 평가는 다음에 초점을 둔다.

- 분명하게 지시하는 능력
- 전달의 명확성
- 청자의 필요 인식

첫째 활동에서 평가 자료는 교사의 관찰 기록지와 아동들의 대화 일지가 사용된다. 둘째 활동에서 평가 자료는 아동들의 녹음된 말, 교사의

관찰 기록지와 아동들의 평가지가 사용된다. 이러한 활동들은 교사가 아동의 활동과 수준 기술 사이에서 가장 적당한 것을 선택하도록 돕는 세부적인 기준을 제공한다.

이런 종류의 매우 구체적이고 구조화된 활동 평가에 접근하는 것은 Key Stage 1, 2에서 말하기·듣기의 평가 모델을 분명히 제공할 것이다. 4학년에서 이러한 활동의 성공은 아동이 이전에 했던 비슷한 활동 경험과 말하기·듣기를 위해 수업을 계획하고 조직하는데 대한 자신감에 달려있다. 4학년 선택적 평가의 소개 부분에 이를 분명히 밝히고 있다.

> 활동이 성공하기 위해서 아동들이 그들의 생각을 탐구, 발전, 설명, 방어할 기회를 가지는 것이 중요하다. 그것은 만약 남학생과 여학생이 섞여있는 능력 집단에서 또 학급 전체 토의에서 활동 경험을 갖고 있을 때 가장 효과적이다. 그리고 다른 역할을 맡는 활동에는 드라마적 요소가 있다. 그리고 교사들은 많은 격려를 해야 하고 아동들이 그들의 역할을 탐구하고 그들의 생각을 발전시키도록 지지해 주어야 한다(QCA/97/021: 3).

이 장에서 평가가 학습활동과 동시에 계획될 수 있는 방법을 기술해왔다. 이것은 여러분이 아동들에게 대화의 가치를 명확하게 해주는 방법으로 수업을 조직하고, 자료를 만들 수 있게 해 준다. 잘 계획된 수업 조직은 화자와 청자로서 아동의 능력을 관찰, 평가, 기록하기에 적합한 상황들을 만들어 낸다. 지속적인 평가의 과정은 아동들의 언어 경험 속에 유용하게 통합될 수 있다.

8. 맺음말

저학년에서 아동의 교육과정과 관련된 학습은 구어를 통해 평가될 수 있다. 이 단계에서 아동들은 학습의 도구로서 구어를 사용하기 시작한다. 아동들은 다른 사람들과 새로운 생각이나 지식에 대해 말하면서 그들의 어휘를 증가시키고 이야깃거리를 확장시키며 다른 과제와 상황맥락에 의한 다양한 요구들을 이해하게 된다. 평가의 목적은 교육과정 지식의 이해와 이것을 적절하게 표현하는 능력 모두를 점검하는데 있다. 평가에 있어 구어는 아동의 가장 가치 있는 학습 도구임을 인정해야만 한다.

 더 읽을거리

Bearne, E. and Elding, S. (1996). 'Speaking and listening. Describing Progress', *Primary English Magazine* 2(2), 15-19.

Clarke, S. (2000). *Targeting Assessment in Primary Classrooms*, London: Hodder & Stoughton.

Clarke, S. (2001). *Unlocking Formative Assessment*. London: Hodder & Stoughton.

Howe, A. (1997). *Making Talk Work.* Sheffield : National Association for the Teaching of English(NATE).

후기
아동들에게 귀 기울이기

　　수업대화를 연구하는 사람들은 그렇게 많은 노력을 들여서 '학생들의 수업대화를 문자화하고 그것을 분석하는 것이 학습에 대한 어떤 증거를 보여주며, 그것은 어떤 의미가 있는가?' 라는 질문을 자주 받는다. 일반적으로 교사들은 자신의 교실 상황을 보여주고 싶어 하지 않고, 학생들의 학습 장면은 천태만상으로 바뀌는데, 수많은 시간과 노력을 들여 수업 장면을 녹음·녹화하고, 문자와 기호를 사용해 옮겨 적고, 관찰하고 분석하는 것이 무슨 의미가 있으며 그 방법이 과연 교육 연구에 효과적인가 하는 의문의 질문이다.

　　결론적으로 말하면, 수업 장면의 대화를 기록하고 분석한 것은 기존의 교육 연구에서 설명할 수 없었던 것들을 설명할 수 있게 하고, 보지 못했던 것을 발견하게 하는 기여를 했다. 이는 마치 청진기로 환자를 들여다보는 진찰 방법이 CT나 MRI와 같은 단층 촬영을 통해서 환자의 장기 등의 신체 내부를 들여다보는 방법으로 바뀐 것과 같다. 후기에서는 '국가 구술력 프로젝트(NOP)' 의 말하기·듣기 교육 연구과정에서 드러난 놀라운 일들과 새로 발견한 사실들과 얻어낸 성과들에 대해서 연구자들이 자신의 경험과 자료를 가지고 설명하고 있다.

후 기

아동들에게 귀 기울기

여섯 살 된 세 명의 여자 아이들이 사진을 보고 있다.

23.	이 사진 좀 보여 줘 봐.
24.	어두워.
25.	바람이…
26.	아주 어두워.
27.	바다는…
28.	바다는 항상 물결치고 있어.
29.	그래.
30.	물결치고…
31.	우중충해.
32.	그래, 정말 우중충해.
33.	어두워, 그리고 흐릿해.
34.	차갑고, 어둡고, 축축해.

....

85.	파도가 땅에, 육지에 오고 있지 않니?
86.	물결치면서.
87.	파도가 육지에 닿고 있어.
88.	그래.

89.	그것은 진흙투성이처럼 흐려, 정말 흐려.
90.	맞아, 진흙투성이야.
91.	그게 바다야.
92.	그럼.
93.	floody, tuddy, puddy.
94.	진흙 덩어리.
95.	그래, 진흙 덩어리들.

어린 아동들은 언어와 소리를 이용하여 놀고 있고, 시에 가깝게 여러 음을 대응시켜 만들어 낸다.

96.	달은 거기에 있지 않아.
97.	그것은 어둡고 차가워.
98.	그 불빛을 봐.
99.	불빛이 내려오고 있어.
100.	떨어지고 있어, 떨어지고 있어.
101.	왜냐하면 물방울이 나무에서 떨어지고 있기 때문이야.
102.	바위가 바다로 빠지고 있어.
103.	어디?
104.	저기 가라앉고 있는 걸 봐.
105.	바람이 정말 세게 불고 있네.
106.	그래.
107.	휘감고 있어, 휘감고 있어…
108.	파도가 굽이치고 있어.
109.	그래.
110.	바람 때문에 나뭇잎이 몸을 뒤틀고 있고, 이리 저리 돌아 다니고 있어.

초등교육학 학부과정의 4학년 학생들은 아동들을 협력 대화에 끌어들 이라는 과제를 받았다. 이것은 교육과정의 어떤 영역에서도 할 수 있지

만, 아동들이 함께 활동한다는 증거를 보여줄 수 있는 부분을 문자화해야 한다. 로즈마리가 맡고 있는 학급은 날씨를 주제로 한 수업을 하고 있었다. 지리학적 지식과 이해를 증진시키는 동안 로즈마리는 아동들에게 모둠 토의와 협동 작업을 시키는 활동을 주고자 하였다. 아동들은 지방 학교(유치원/1학년/2학년)의 25명으로 이루어진 학급의 6살 어린이들이며, 이 대화자료는 세 명의 여자 어린이들이 바람 부는 사진을 보고 있을 때 기록된 것이었다. 로즈마리는 항상 화자를 확인할 수 있는 것은 아니었지만 그들이 아주 흥미진진하게 이야기를 전개시키는 방법을 확인할 수 있었다. 먼저, 아동들은 다음과 같은 토의 유형을 사용하였는데, 이는 묘사적인 진술과 반응 양식이었다(Phillips 1988). 이는 말차례의 관습에 대한 학생들의 지식을 보여준다. 대화가 이어질수록 아동들은 더 망설이고 생각을 많이 하게 되었다. 발화 27부터 34를 보면, 로즈마리는 아동들이 단어를 반복하여 토의를 진행하고 발전시키고 있다는 것을 알았다. 대화가 진전될수록 로즈마리는 대화 형태에서 두드러진 변화를 느꼈다. 한 아동이 사진에 관한 주요 화제에서 빗나갔고, 한동안 협력 대화를 지속하였다. 로즈마리는 다음 문자화 자료에서 이런 과정이 어떻게 일어나는지 보여주었다.

51. A: 나비는 주위에 있지 않아, 꽃들은 자라지, 꽃들은 계속
          자라지.
          (확실하게 말함-이것이 화제를 시작한다.)

52. B: 아냐, 그렇지 않아.
          (첫 번째 의견 불일치 신호)

53. B: 꽃들은 죽어가, 나이 들고 그리고…
          (이제 머뭇거리고 확신하지 못함.)

54. B: 아니야, (아무튼)죽지 않아…
           (권위와 주도권을 잡음으로써 그녀의 입지를 세우려함.)

55. C: 그들은 죽지 않아. 꽃들이 어떻게 죽을 수 있니?
           (C는 B의 입장을 받아들인다. 그녀의 질문이 이야기를 계속하게 한다.)

56. B: 아니야, 꽃들은 죽을 수 있어.

57. A: 그래, 사람이 죽는 것과는 달라. 꽃들은 사람이 죽는 것처럼 죽지는 않아.
           (빗나간 이 대화가 심화된 대화를 이끈다.)

58. C: 진짜 어둡다.
           (이것은 모둠이 과제로 돌아가려고 시도하였지만 실패하였다.)

59. A: 사람은 죽을 수 있어. 왜냐하면 정말로 추우면 죽어…
           (A는 추론을 이끌어 내는 논거를 들며 주장을 계속 고집한다.)

60. C: 비가 오고 있어.
           (C는 더 나은 성과를 시도한다.)

61. B: 장대가 넘어진 것 같지 않니?
           (B의 질문은 과제에 대해 심화된 논평을 끌어들이고 세부 화제의 종결을 지시한다. B는 토의의 주도권을 가진다.)

62.   그래.

63.   그래.
           (B의 주도권을 수용하고 과제로 되돌아간다.)

이 문자화 자료에 대한 로즈마리의 분석은 모둠에서 인간관계의 증진을 보여준다.

A는 미심쩍게 새로운 생각을 제안하고 확신과 확인을 기대한다. B는 권위적이다. C는 거의 참여하지 않지만 모둠의 과제를 계속하도록 시도한다. 이 토의의 일부에서 A는 더욱 많이 질문하고 조사하는 입장에서, 추론적인 주장을 시도하는 심화된 과정을 보여준다.

로즈마리는 문자화 자료 전체를 보고, 관찰한 것을 열거하는 초기 단계에서 이와 같이 좀 더 협동적이고, 탐구적인 대화로 꾸준히 발전하는 것을 확인할 수 있었다.

처음에 아동들의 대화는 오로지 바람에 대한 시각적인 효과에만 초점이 맞춰져 있었다. 즉, '봐봐, 나무들이 넘어지고 있어./그리고 간판이 떨어졌어./건물들이 넘어지고 있어./나무들이 흔들리고 있어.'와 같은 것들이다. 이것이 발전하여 더 묘사적으로 되었고, 날씨를 묘사하는데 더 적절한 언어를 사용하였다.

15.	축축해. 날씨가 고약해.
16.	안개 끼었어.
32.	그래, 정말 우중충해.
34.	춥고, 어둡고, 습해.

아동들의 대화는 기후 조건에 맞는 적당한 옷의 필요에 관한 지식을 보여준다. 다음에서 아동들이 그들의 경험을 사진 속에 찍힌 상황에 적용한다는 것을 알 수 있다.

70.	그는 코트를 입었어.
71.	그리고 그는 보온성이 좋은 카굴을 입었어.
81.	그는 따뜻한 조깅복과 부츠를 신었어.
82.	그래, 그는 부츠를 신었어, 축축한 부츠를.
128.	그는 장갑같은 건 끼지 않았어.
129.	글쎄 그의 손이 얼지 않을까?

기록된 자료를 주의 깊게 들여다보면서 로즈마리는 이 모둠의 아동들이 배우고 있는 것이 무엇인지에 대해 약간의 시험적인 관찰을 할 수 있었다. 로즈마리는 학생들을 두 가지 방식으로 평가할 수 있었다. 먼저 아동들의 구어 사용과 그들의 대화를 통해 증거가 되는 지식 및 이해를 살피는 것이다.

다음은 아동 대화를 평가한 것으로, 모둠은 다음과 같은 방식으로 활동하고 있었다.

- 자신의 말하기와 듣기에 확신을 가지고 있었다.
- 서로에게 귀를 기울여 들었다.
- 다른 사람들의 말을 경청하고 이해하였다.
- 의미를 전달하기 위해 적절한 말을 사용하였다.
- 새로운 상황에 자신의 경험을 연관시켰다.
- 명확하게 말하였다.

이러한 요인들은 아동들이 모둠으로 '화자/청자의 경험을 얻는다는 것을 제시하고'(Bearne and Elding 1996), 국가수준 교육과정의 수준 기술을 근거로 하면 아동들은 수준 1이나 2 정도가 될 것이라고 하였다. 아동

A는 대화에서 심화된 기능을 보여 주었다. 아동 A는 아이디어를 제시하기 시작하였고, 논리적으로 주장을 조직화 할 수 있었다. 그렇게 하는 데서 아동 A는 거의 확실한 수준 2의 능력임이 드러난다.

대화를 통한 평가에는 여러 방면의 지리학적 지식과 이해가 나타난다. 바람의 시각적인 효과, 방향 지시, 기후 조건 등이 신체와 인간의 모습에 어떤 영향을 주는가? 그리고 적절한 의복의 필요성은 무엇인가? 등이 그러한 것이다.

신체와 사람의 모습을 묘사하는데 적절한 어휘를 사용하거나 사진으로부터 정보를 선택하고, 보여지는 환경에 대해 그들의 관점을 표현하는 능력은 지리학적 기능과 이해가 수준 2라는 것을 가리킨다. 그 증거는 아동 C가 수준 1이거나 수준 2로 발전하고 있는 중이라는 것을 나타낸다 (DfE 1995b).

흥미롭게도 아동들의 대화에서 드러나지 않았던 지리학적인 사고는 모둠 대화를 통해 일어나고 있다. 이것은 아동들이 그들이 발견한 것을 학급에서 발표할 때 확실히 알 수 있다. 다음은 흔하게 일어나는 일이다. '아동들의 대화는 종종 학습하고 있는 것에 대하여 놀라울 정도로 정보가 거의 없다는 것을 나타내지만, 아동들에게 발표를 하도록 할 때, 많은 귀중한 통찰력을 얻을 것이다'(NOP 1991: 17). 이 모둠이 발표를 하였을 때, 그들은 바람을 묘사하기 위해 전문 영역의 용어를 사용하며, 더 나은 수준의 지리학적 언어를 사용하였다. 그들은 또한 풍력의 증거에 대해 말하였고, 그 말에 근거를 제시하였다. 게다가 세계 지도에서 사진을 맞추어 보려고 하였다.

로즈마리는 이런 평가가 다음과 같은 모둠 활동에 더 심화된 기회를 제공할 수 있는 방법을 제시해왔다고 결론지었다. 그것은 사고, 아이디어 또는 언어를 개발하기 위해 짝을 이루어거나 모둠으로 활동하는 것이고, 그 다음에는 가능하면 학급 전체 상황이나 직소와 같은 다른 모둠의 전략을 사용하는 것을 통해 그들의 발견을 공유하는 것을 의미한다. 로즈마리는 말하기가 전 학교 차원 접근의 일부로서 교육과정상에 계획되고 지원되며 촉진될 필요가 있다고 생각하였다.

> 성인의 삶이나 일의 세계에서 대화는 읽기나 쓰기보다 훨씬 더 중요하다... 만약 학교가 대화를 경시한다면 그들은 어린 학생들의 매우 중요한 학습 수단을 부정하는 것뿐만 아니라 학생들에게 삶을 준비시켜주는 것도 실패할 것이다(Jones 1988: 29).

로즈마리의 문자화 자료로 돌아가서, 이 모둠이 사전 경험이 거의 없는 상태에서 어떻게 만족할 만한 결론을 이끌어내는지 관찰하는 것은 흥미로운 일이다.

113.	동물들이 겨울잠을 자고 있어.
114.	그래.
115.	내가 생각하기에…
116.	편지함이 떨어졌어.
117.	그건 편지함이 아니야.
118.	여름새들이 없어.
119.	그래, 새들이 없어.
120.	왜냐하면 거기에 없기 때문에, 왜냐하면 새들은 모두 둥지에 있거든.
121.	베개를 가지고.
122.	그들은 베개를 가지고 있지 않아.
123.	건초를 가지고 있어.
124.	아니야, 풀을 가지고 있어.
125.	새들은 그들의…에 알을 낳고, 새 둥지를 찾아.
126.	그래.
127.	그리고 햇볕이 나지 않아.
128.	그는 장갑조차도 끼지 않았어.

129.	그렇지만 그의 손은 시리지 않을 거야, 그렇겠지?
130.	그는 코트의 지퍼를 올렸어.
131.	토끼들은 그들의 구멍으로 들어가고 있고, 고양이들은 안으로 들어가고 있어.
132.	그래.
133.	오리들아, 너희들은 뭐하니?
134.	음…
135.	그들은 농장으로 들어가고 있고 겨울잠을 자고…
136.	오리들은 겨울잠을 자지 않아!
137.	그리고 코끼리들은, 누워있어. 그리고…
138.	염소는, 겨울잠을 자고 있지. 모든 동물들이 (그렇듯이)
139.	고슴도치들은 공 속에서 (몸을) 둥글게 말고 있어.
140.	여우들은 겨울잠을 자고 있어. (낄낄 웃음)
141.	이제 우리는 충분히 말한 것 같아.
142.	아니, 아무도 밖으로 나오지 않았어. 그들은 모두 그들의 집에 머무르고 있어. 왜냐하면 바람이 너무 불고 있기 때문이지.

역시 아주 어린 아동들을 가르치고 있는 린다는 국가수준 교육과정의 요구사항이 비형식적인 대화로부터 보다 공식적인 말하기로 바뀌는 것을 우려하였다. 즉, 협동학습 상황에서 일어나는 대화(짧은 대화길이, 비종결문, 끼어들기, 주장을 위한 일화의 사용)에 나타나는 특징들이 없는 언어 수행 양식으로 강조점이 변하고 있음을 우려하였다. 교사들은 아동들의 대화를 평가할 때 이러한 차이들을 알고 있을 필요가 있다. 5살 된 3명의 아동들의 협력 대화 분석에서 린다는 학습의 증거를 찾고 있었는데 학생들이 의사소통하기 위하여 어떻게 언어를 사용하는가, 교사가 준 과제의 의미를 어떻게 받아들이고 이해하는가와 같은 것이다. 그녀는 두 명의 여학생과 한 명의 남학생으로 구성된 모둠이 함께 이야기(3장에서 학생들에 의해 기술된 것들 보다 더 의욕적인 프로젝트)를

전개해 나가길 원했다. 학생들의 나이와 경험의 부족을 고려하여 린다는 역할놀이를 통해 이것을 실행하고자 하였다.

　　나는 역할놀이를 선택하였다. 왜냐하면 그것은 말하기, 듣기, 이야기 하기에서 아동들의 자신감을 증진시키는데 중요한 기여를 할 수 있기 때문이다. 왜냐하면 역할놀이는 아동들의 삶이나 생활에 대해 그들이 알고 있는 것과 학습하고 있는 것을 이런 상황에 적용함으로써 경험의 의미를 형성하는 효과적인 장치이다(Graham and Kelly 2000: 79).

　그녀는 아동들에게 눈을 감고 커다란 눈을 가진 봉제인형들로 가득 찬 아름다운 가게를 떠올리라고 하면서 시작하였다.

A:	그것을 볼 수 있어. (흥미롭게) 모자를 쓰고 있는 것을 볼 수 있어.
G:	내 신발처럼… 아름다운 눈을 가지고 있는 걸 볼 수 있어.
S:	짧은 머리를 하고 있는 것을 볼 수 있어.
A:	립스틱을 발랐어. 손(목)에 팔찌를 했고 얼굴에 볼터치를 했고 반지를 끼었어.
G:	메니큐어를 발랐어.
A:	그래. (흡족해하며 고개를 끄덕인다.) 메니큐어.

　이어지는 대화의 분석에서 린다는 아동들이 단지 사물을 기술하기만 하는 약간은 평이한 말차례로부터 협력적인 결정으로 옮겨감을 관찰하였다. 먼저, 아이디어가 빠르게 이어지며 만들어 질 때, 학생들은 그것을 즉각 표현하고자 했고, '내가 말할 게.(내가 말하고 싶어.)'와 같은 말로 말차례에 끼어들기도 하였다. 그러나 역할놀이가 전개됨에 따라 부서진 장난감 역할을 하며 도와주는 린다와 함께 그들이 공동으로 창조해내고 있는 이야기에 푹 빠져 드는 것처럼 보였다.

교사: 인형 수리공이 우리를 수리해 주지 않고 있어… 어떻게 해야 할까요?

G: 아무도 우리를 살 수 없을 거고 아무도 너희들이 예쁘다고 생각하지 않을 거야. '저 인형은 그리 좋지 않아, 그래서 나는 저걸 사지 않을 거야. 나는 더 예쁜 것을 살 거야.'라고 말할 거야. 그게 나야.

S: 망치…와 연장들…이 있으면… 연장들… 망치를 가지고 우리를 고치면 어떨까?

G: 아 좋아.

A: 밖에 나가 연장들과 스푼들을 더 가지고 스푼으로 우리의 솜을 끄집어내는 게 어떨까?

G: 만약 네가 수리할 도구가 없다면, 다른 가게에 가서 연장들을 더 사야해.

S: 그가 연장 몇 개를 이곳에 두었어, 망치와 나사와 드라이버.

A: 나사로 다리를 고쳐, 다리에 못을 박고 솜을 퍼내고, 우리와 같은 다른 인형을 만들고 거기에 단추를 다는 거야. 그러면 그 인형이 우리 목소리를 내고 우리는 밖으로 뛰어나갈 수 있고 다른 물건도 살 수 있어.

G: 그런 다음 우리는 책을 살 수 있고, 수리하는 부분을 찾을 때까지 책을 읽을 수 있어. 그리고 문으로 걸어가 우리의 큰 눈으로 밖을 보고 말하지(그녀는 팔을 밖으로 뻗으며 일어선다.) '마술풀, 마술 마술풀, 마술, 마술, 대장 인형을 고치기 위한 망치와 솜들아 우리에게 와라.'

S: 내 팔이 부러졌어.

G: 나도 그래.

S: 병원에… 가는 게 어떨까?

G: 나를 위해 새 신을 구해줄 수 있지.

A: 가게에 가서 사는 게… 어떤 것을 사서… 새 신이나 연장과 같은 물건을 구하는 게 어떨까?

이야기 전체 문자화 자료에 대한 세밀한 분석에서 린다는 아동들의 각기 다른 능력에 주목하였다. 린다는 이 인용문을 언급하면서 다음과 같은 제안을 하였다.

　　S는 마지못해 말하는 화자임에도 불구하고 여러모로 깊이 생각한 아이디어를 내놓기 시작한다. '망치와 연장들' 그리고 '…하는 게 어떨까?'와 같은 제안을 한다. 이 제안은 G로부터 즉각적인 동의를 얻고 G는 그것의 타당성을 알고 '오 그래!'라고 외친다. S의 아이디어는 S의 처음 반응 즉, '밖에 나가…약간의 연장과 스푼…을 구하는 게 어떨까?'를 반복한 A에 의해 이어지고 확장된다. 이는 그녀가 정보를 듣고, 자기 것으로 이해하는 방법과 연장 사용법을 말하면서 자신 없는 토의를 진행해 가기 위해 이것을 어떻게 이용하는지 보여준다.

린다는 학생들이 과제를 이해하기 위해 그들의 선행 지식과 경험에 어떻게 의지하는지 보여주었다.

　　대부분의 아이디어는 '팔이 부러졌어', '병원에 가는 게 어떨까?'와 같은 그들의 일상적 경험에서 비롯된다. 그러나 G가 딜레마의 실제적인 해결 방법으로 인정받지 못한 가상의 선택을 열심히 설명했지만… 이 제안은 채택되지 않고 무시되거나, 아마도 인정받지 못할 것이다. G의 대화는 청중을 거의 고려하지 않는 것을 특징적으로 보여준다. A는 '연장들과 숟가락들'과 같은 자기의 아이디어가 자기 외의 사람들로부터 채택되지 않자 아이디어를 새로 만들어 낸다. '나사로 다리를 고치고, 다리에 못을 박자, 그리고 솜을 퍼내자.'와 같이 다른 사람이 제안했던 방식으로 아이디어를 재조직하고 아이디어들이 더 수용될 수 있게 만들며, S의 '망치와 나사 그리고 드라이버'와 같은 아이디어를 지지한다. A는 모둠의 적절한 도구 모음에 못을 첨가한다. 이 문자화 자료의 마지막에서 A는 절충하는 능력을 보여준다. A는 모둠 내에서 응집적인 힘을 가지고 있고 사고와 추론의 정교한 수준을 드러낸다.

아동들의 대화에 대한 린다의 꼼꼼한 분석으로 각각의 아동 발달에 대한 평가를 할 수 있었다.

대화를 통해 학생들이 말하고 학습하는 방법의 양식이 드러난다. S는 아주 조금 말하지만, 그가 말하는 것은 과제의 진전에 결정적 역할을 한다. 그의 대화는 잘못된 시작과 반복으로 어수선하지만, 이는 S가 생각할 동안 자기의 입장을 고수한다는 것을 암시할 수도 있다 (Maclure *et al*. 1988: 81). S의 사고는 실제적이고 특별하며 신속한 문제 해결 능력을 드러낸다. 그러나 그는 다른 사람의 관점을 지지하거나 이의를 제기하지도 않고, 친구들의 제안에 대해 어떤 언급도 하지 않는다. A는 모둠에서 구심적인 역할을 한다. A는 S의 기여를 평가하고 그의 생각을 지지하면서 동시에 자신의 평가와 생각도 형성한다. A는 골똘히 듣고 자기가 듣는 것과 앞에 이야기 된 것을 연결시키는데, 이것이 다음에 말할 것의 정보가 된다. A가 단지 시험적으로 자신의 생각을 표현하고, 그것들이 상대방에 의해 즉각적으로 인정되지 않으면 토의의 관점을 계속 유지하는 데 문제가 있다는 말을 취소한다 할지라도, A는 분명하게 듣고 깊이 생각하는 것을 통해 학습하는 것이다. G가 항상 상대방에게 귀를 기울이며 논리적인 전개나 앞선 화자의 논점을 따르는 것은 아니자만, G는 상상력이 풍부하고 창의적인 생각들도 보여 준다. 토의를 자기 의도대로 하려는 강한 욕구가 있기 때문에 G는 주도적인 역할을 하는 듯하다.

모든 아동들은 아이디어를 가정하고, 예측하며, 탐구하고, 평가하는 예를 포함한 생각하기의 증거를 보여준다. 문제에 대한 아동들의 이해는 그들의 선행 경험을 되돌아보고 끌어들이는 대화를 통해서 분명해진다. 이해하기는 추상적인 아이디어와 실제적인 장면과의 연결에 의해 일어나는 것처럼 보인다. 반복하기는 그들이 아이디어를 형상화하는 데 도움을 준다. 가상의 가능성을 탐구하는 대화를 통해 아동들은 드라마나 영어 시간뿐만 아니라 모든 과목에 관련된 의사소통과 협력적 의사 결정에 능숙해질 것이다.

최근에 Key Stage 1, 2에서 말하기·듣기는 전적으로 교사의 평가에 의한다는 보고가 있다. 자신이 가르치는 아동들에 대한 로즈마리와 린다의 체계적인 평가는 학생들의 대화를 듣는 것이 '언어사용자로서 학생의 성취에 대하여 좀 더 완전한 모습을 제시한다.'는 것을 보여준다(NOP 1991: 61). 처음에 아주 어린 아동들 간의 모둠 상호작용이 조금은 임의적이고 위압적인 것처럼 보였던 것에 대한 꼼꼼한 분석은 그들이 말하고 있는 것을 아주 주의 깊게 듣는 것이 중요함을 보여준다. 그들은 아동들의 능력에 대해 많은 것을 배웠다. 그러나 대화의 평가가 이런 종류의 세밀한 분석을 포함해야만 한다거나 포함할 수 있다는 것을 제안하는 것은 아니다. 그것은 정말로 아주 많은 시간이 소모되는 활동이다. 그러나 벽에 달라 붙은 파리처럼 엿듣고 적기, 관찰하고 듣기, 자신이 가진 장점과 전략을 인식하기 위해 비판적으로 듣고 기록하기 등은 5장과 6장에서 제안했던 바와 같이 실행가능하고 유익하다. 또 우리는 모둠 대화가 참여자들에게 쉽다는 인상을 주고 싶지 않다. 5장은 그 문제에 대해 토의했고 해결 방안들을 제시한다.

여러분 중 많은 사람들은 이 과제를 다루는 학생들의 설명에 기술된 것과 유사한 상황들을 학교에서 만날 것이다. 그리고 사람들은 '학생들의 협력 대화에 대한 문자화 자료의 분석이 학습에 대한 어떤 종류의 증거를 가져올 수 있는가?'라는 질문을 받아 왔다. 또 종종 학생들이 협력적으로 활동하는 것에 익숙하지 않다는 것을 발견하였다. 즉, 학생들은 구조화된 도움을 필요로 하였다. 비브는 자체적으로 활동하고 있는 6학년 모둠이 더 나아질 수 있다고 느꼈을 때, 끼어들 준비를 하였다. 그들은 소설에 관한 대화를 위해서 질문(Chamber 1992)을 사용하고 있었다. 질문 하나가 텍스트 안에 '숨겨진 메지지'가 있는지, 그렇지 않은지 생각하도록 하였다.

E:	도덕을 의미하지 않을까?
C:	그것이 단지 이야기라고 생각하구나, 그러나 앞에서 이야기했듯이, 그것은 사실일 수도 있어.
E:	글쎄, 거기에 나쁜 말이 전혀 없기 때문에 나는 18세 관람가 등급 비디오라고 생각하지 않아. 아마, 어린 학생들은 도망치는 것이 좋은 생각이라고 여길지도 모르지.
C:	… 그리고 좋다, 도망가자…라고 생각할거야.
E:	… 그리고 성냥을 가지고 놀거야.
	(이 문제에 관해 토의에 참여하지 않았던 않은 비브는 이 시점에서 그들이 도움이 되는 질문이 필요함을 알아챘다.)
Vyv:	좋아, 그러나 가령, 토마스(Routh Thomas)는 여러분들이 그 이야기에서 어떤 메시지를 떠올리기를 바란다고 생각하니?

그리고 그 토의는 계속되었다. 비브는 자신이 문자화 자료를 만들고 분석한 대화를 되돌아보면서 다음과 같은 결론을 쓴다.

> 최종적으로 말하자면 대화는 학습의 매개체로서 그 공헌한 바가 거의 유일한 듯하다. 일단 기본적인 대화 기술과 규칙이 한 번 습득되면, 풍부한 협력 학습이 일어날 수 있다. 모둠원 모두의 기능, 지식, 이해를 공유함으로써, 탐구 대화를 통해 일어난 학습은 어쨌든 모둠 지식의 합보다 더 많다. 학습은 또다른 차원으로 전이되고, 거기에서 모든 구성원은 풍부해진 학습 경험으로부터 이익을 얻는다. 생각, 아이디어, 통찰들을 결합하면서 최종 결과물은 결코 그것의 단순한 부분 합이 아닌, 각 참여자의 풍부하고 특별한 경험으로 등장한다.

이 책의 처음을 말하기와 듣기를 위한 교실 환경 만들기의 문제와 그 즐거움에 직면했던 실습생들의 생각으로 시작했던 것처럼 그렇게 끝맺는다. 각 장은 잠재적으로 가장 즉각적인 아동의 요구에 창조적으로 반응하는 다양한 방법과 아동과 함께 활동하는 만족스러운 양상, 그리고 여러분들의 모든 교수법을 가능하게 할 수 있는 수단에 대해 설명하였다.

참고문헌

Anderson, H. and Hilton, M. (1997). 'Speaking subjects: the development of a conceptual framework for the teaching and learning of spoken language', *English in Education* 31(1), 12-23.

Baddeley, G. (1991). *Teaching Talking and Listening in Key Stage 2*. York: National Oracy Project(NOP)/National Curriculum Council(NCC).

Barnes, D. (1973). *Language in the Classroom. Educational Studies: A Second Level Course Language and Learning. Block 4*. Milton Keynes: Open University Press.

Barnes, D. (1976). From Communication to Curriculum. Harmondsworth: Penguin.

Barnes, D. and Sheeran, S. (1992). 'Oracy and genre: speech style in the classroom', in Norman, K. (ed.) *Thinking Voices. The Work of the National Oracy Project.*. London: Hodder & Stoughton.

Barnes, D., Britton, J. and Rosen, H. (1969). *Language, the Learner and the school*. Harmondsworth: Penguin.

Barrs, M. *et al.* (1998). *The Primary Language Record. Handbook for Teachers*. London: Centre for Language in Primary Education(CLPE).

Baumfield. V. (1996). 'Spiritual development. The power of the story', *Pirmary English Magazine* 1(2), 29-31.

Bread, R. (ed.) (1995). *Rhyme, Reading and Writing*. London: Hodder & Stoughton.

Bearne, E. and Elding, S. (1996). 'Speaking and listening. Describing progress', *Primary English Magazine* 2(2), 15-19.

Bennett, N. and Dunne, E. (1992). *Managing Classroom Groups*. London: Simon & Schuster.

Brice-Heath, S. (1993). *Ways with words. Language, Life and Work in Communities and Classrooms*. Cambridge: Cambridge University Press.

Browne, A. (1996). *Developing Language and Literacy 3-8*. London: Paul Chapman Publishing.

Bruce, T. (1987). *Early Childbook Education*. London: Hodder & Stoughton.

Bruner, J. (1983). *Child's Talk*. Oxford: Oxford University Press.

Bruner, J. (1986). *Actual Minds. Possible Worlds*. Cambridge, Mass.: Harvard University Press.

Bryant, P. E. and Bradley, L. (1985). *Children's Reading Difficulties*. Oxford: Blockwell.

Bunting, R. (2000). *Teaching English in the Primary Years*, 2nd edn. London: David Fulton Publishers.

Chambers, A. (1992). *Tell Me*. Stroud: The Thimble Press.

Clarke, S. (2000). *Targeting Assessment in Primary Classroom*. London: Hodder & Stoughton.

Clarke, S. (2000). *Unlocking Formative Assessment*. London: Hodder & Stouhton.

Clay, M. M. (1979). *The Early Detection of Reading Difficulties*, 3rd edn. New Zealand: Heinemann.

Colwell, E. (1991). *Storytelling*. Stroud: The Thimble Press.

Corden, R. (1999). 'Shameful neglect: speaking, listening and literacy', *FORUM* 41(3).

Corden, R. (2000). *Literacy and Learning Through Talk. Strategies for the primary classroom*. Buckingham: Opening University Press.

David, T. (1990). *Under Five-Under Educated?* Milton Keynes: Open University Press.

Dawes, L., Mercer, N. and Fisher, E. (1992). 'The quality of talk at the computer', *Language and Learning*(October).

Dawes, L., Mercer, N. and Wegerif, R. (2000). *Thinking Together: A programme of activities for developing thinking skills at KS2*. Birmingham: Questions Publishing.

Department for Education (DfE) (1995a). *The National Curriculum*. London: HMSO.

Department for Education (DfE) (1995b). *Geography in the National Curriculum*. London: HMSO.

Department for Education and Employment(DfEE) (1998a). *Requirement for Courses of Initial Teacher Training. Circular 4/98*. London: DfEE.

Department for Education and Employment (DfEE) (1998b). *Circular 4/98. Teaching: High Status, High Standards. Requirement for Courses of Initial Teacher*

Training. London: DfEE.

Department for Education and Employment (DfEE) (1998c). *The National Literacy Strategy. Framework for Teaching.* London: DfEE.

Department for Education and Employment (DfEE)/Qualifications and Curriculum Authority (QCA) (1999). *The National Curriculum: Handbook for Primary Teacher in England and Wales.* London: DfEE/QCA.

Department for Education and Employment (DfEE)/Qualifications and Curriculum Authority (QCA) (2000). *Curriculum Guidance for the Foundation Stage.* London: DfEE/QCA.

Department of Education and Science (DES) (1975). *A Language for Life*(The Bullock Reprot). London: HMSO.

Department of Education and Science (DES) (1998). *Report of the Committee of Inquiry into the Teaching of English Language* (The Kingman Report). London: HMSO.

Des-Fountain, J. and Howe, A. (1992). 'Pupils Working together on understanding', in Norman, K. (ed.) *Thinking Voices. The Works of the National Oracy Project.* London: Hodder & Stoughton.

Dombey, H. (1992). 'Early lessons in reading narratives'. IEDPE Conference Barcelona, Imprime par l'Université Paris-Nord.

Donaldson, M. (1978). *Children's Minds.* London: Fontana.

Edwards, D. and Mercer, N. (1987). *Common Knowledge: The Development of Understanding in the Classroom.* London: Methuen/Routlege.

Elliot, J. (1991). *Action Research for Education Change.* Milton Keynes: Open University Press.

Fisher, E. (1993) 'Distinctive features of pupil-pupil classroom talk and their relationship to learning: how discursive exploration might be encouraged', *Language and Education* 7(4) 239-57.

Fox, C. (1998). 'Poppies will make them grant', in Meek, M. and Mill, C. (eds) *Language and Literacy in the Primary School*, 53-68. Lewes: The Falmer Press.

Fox, C. (1989). 'Children thinking through story', *English in Education* 23(2), 25-36.

Fox, C. (1993). *At the Very Edge of the Forest. The Influence of Literature on Storytelling by Children.* London: Cassell.

Garton, A. and Pratt, C. (1989). *Learning to be Literate.* London: Blackwell.

Goodwin, P. (2001). (ed.) *The Articulate Classroom. Talking and Learning in the Primary School*. London: David Fulton Publishers.

Goswami, U. (1994). 'Phonological skills, analogies, and reading development', *Reading* 28(2), 32-7.

Goswami, U. and Brynat, P. E. (1990). *Phonological skills and Learning to Read*. London: Lawrence Erlbum Associates.

Graham, J. and Kelly, A. (2000). *Reading Under control. Teaching Reading in the Primary School*, 2nd edn. London: David Fulton Publishers.

Grainger, T. (1997). *Traditional Storytelling in the Primary Classroom*. Leamington Spa: Scholastic.

Gregory, E. (1996). *Making sense of a New World. Learning to Read in a second Language*. London: Paul Chapman Publishing.

Grugeon, E. (1988). 'Children's oral culture: a transitional experience', in Maclure, M. et al. *Oracy Matters: The Developing of Talk and Learning in Education*. Milton Keynes: Open University Press.

Grugeon, E. (1989). 'Becoming storytellers', *Early Years: Journal of TACTYC* 10(1), 10-15.

Grugeon, E. and Gardner, P. (2000). *The art of storytelling for Teachers and Pupils. Using Stories to Develop Literacy in Primary Classrooms*. London: David Fulton Publishers.

Grugeon, E., Rix, C. and Yiannaki, E. (1998). 'Finding the right words: some observation on learing to use the language of science', *Education 3-13* 26(1).

Gura, P. (ed.) directed by Bruce, T. (1992). *Exploring Learning: Young Children and Blockplay*. London: Paul Chapman Publishing.

Hammersley, M. (1993). 'On the teacher as researcher', in Hmmersley, M. (ed.) *Educational Research: Current Issues*. London: Paul Chapman with the Open Unuversity.

Hollindale, P. (1997). *Signs of Childness in Children's Books*. Stroud: The Thimble Press.

Housego, E. and Burns, C. (1994). 'Are you sitting too comfortably?' a critical look at "Circle Time" in primary classrooms', *English in Education* 28(2), 23-9.

Howe, A. (1997). *Making Talk Work*. Sheffield: National Association for the Teaching of English(NATE).

Howe, A. and Johnson, J. (1992). Common Bonds: Storytelling in the Classroom. London: Hodder & Stoughton.

Hughes, M. (1999). 'Oracy within the National Literacy Strategy', *English 4-11* 7.

James, F. (1996). *Phonological Awareness: Classroom Strategies*. Cheshire: University Kingdom Reading Association.

Jones, P. (1998). Lipservice: The Story of Talk in Schools. Milton Keynes: Open University Press.

Keiner, J. (1992). 'A brief history of the National Oracy Project', in Norman, K. (ed.) *Thinking Voices. The work of the Nationa Oracy Project*, 247-55. London: Hodder & Stoughton.

Literacy and Numeracy National Project (1997). *The National Literacy Project Draft Framework for Teaching*. London: HMSO.

Liteacy Task Force(1997). *A Reading Revolution*. London: HMSO.

Maclure, M., Phillips, T. and Wilkinson, A. (eds) (1988). *Oracy Matters: The Development of Talking and Learning in Education*. Milton Keynes: Open University Press.

McTear, M. (1987). *Children's Conversation*. Oxford: Blackwell.

Meek, M. and Mills, C. (eds) (1988). *Language and Literacy in the Primary school*. Lewes: The Falmer Press.

Mercer, N. (1995). *The Guided Construction of Knowledge: Talk amongst Teachers and Learners*. Clevedon: Multilingual Matters.

Mercer, N. (1996). 'The quality of talk in children's collaborative activity in the classroom', *Learning and Instruction* 6(4), 359-78.

Mercer, N. (2000). *Words and Minds. How we use language to think together*. London: Routledge.

Mills, R. and Mills, J. (1993). *Bilingualism in the Primary School: A Handbook of Teachers*. London: Routledge.

Mosley, J. (1993). *Turn Your School Round*. Cambridge: Leaning Development Aids(LDA).

Mosley, J. (1996). *Quality Circle Time*. Cambridge: Learning Development Aids(LAD).

Mosley, J. (2000). *More Quality Circle Time*. Cambridge: Learning Development Aids(LAD).

Mosley, J. (ed.) (1994). *The Excellence of Play*. Milton Keynes: Open University Press.

National Association for the Teaching of English (NATE) (1996). 'News from NATE. Inspection Talk', *Primary English Magazine* 2(1), 5.

National Literacy Strategy (NLS) (2000a). *Support Pupils Learning English as an Additional Language.* London: DfEE.

National Literacy Strategy (NLS) (2000b). *Grammar for Writing.* London: DfEE.

National Literacy Strategy (NLS) (2000c). *Developing Early Writing.* London: DfEE.

National Oracy Project (NOP) (1991). 'Assessing Talk in Key Stages 1 and 2', *Occasional Paper in Oracy No. 5.* York: National Curriculum Council(NCC)/NOP.

Newsom, E. and Newsom, J. (1975). 'Intersubjectivity and the transmission of culture: on the social origins of symbolic functioning', *Bulletin of the British Psychological Society* 28.

Normank, K.(ed.) (1992). *Thinking Voices. The Work of the National Project.* London: Hodder & Stoughton.

Norman, K. and Baddeley, G. (1991). 'Assessing talk in Key stages 1 and 2', *Occasional Paper in Oracy No. 5.* York: National Curriculum Council(NCC)/National Oracy Project(NOP).

Nutbrown, C. (1994). Threads of Thinking: Young Children Learning and the Role of Early Education. London: Chapman Publishing.

Office for Standards in Education (OFSTED) (1995). *The OFSTED Handbook. Guidance on the Inspection of Nursery and Primary Schools.* London: HMSO.

Office for Standards in Education (OFSTED) (1999). *An Evaluation of the First Year of the NLS.* London: HMSO.

Opie, I. and Opie, P. (1959). *The Lore and Language of schoolchildren.* Oxford: Oxford University Press.

Papert, S. (1993). *The children's Machine: Rethinking in the Age of the computer.* Hemel Hempstead: Harvester Wheatsheaf.

Phillips, T. (1988). 'On a related matter: why successful small group talk depend upon not keeping to the point', in Maclure, M. *et al.* (eds) *Oracy Matters: The development of Talking and Learning in Education.* Milton Keynes: Open University Press.

Pozzi, S. Healy, L. and Hoyles, C. (1993). 'Learning and interaction in groups with computers: when do ability and gender matter?' *Social Development* 3(3), 233-41.

Price, S. (2001) 'Ask the children', *Practical Pre-School 27* (updated June 2001).

Qualification and Curriculum Authority (QCA) (1997). *Optional Assessment Units during*

Key Stage 2. London: QCA.

Qualification and Curriculum Authority (QCA) (1999). *Teaching Speaking and Listening in KS1 AND 2*. (Supplementary document). London: QCA

Qualification and Curriculum Authority (QCA) (2000). *A language in common: Assessing English as an additional language*. London: QCA.

Rosen, B. (1988). *And None of it was Nonsense*. London: Mary Glasgow Publications.

Rosen, H. (1984). *Stories and Meanings*. Sheffield: National Association for the Teaching of English(NATE).

Rosen, H. (1988). 'The irresistible genre', in Maclure, M. et al. (eds) *Oracy Matters: The Development of Talking and Learning in Education*. Milton Keynes: Open University Press.

Sampson, J., Grugeon, E. and Yiannaki, E. (1998). 'Learning the language of history: teaching subject specific language and concepts', in Hoodless, P.(ed.) *Language and History*. London: Routledge.

School Curriculum and Assessment Authority (SCAA) (1996a). *Teaching English as an Additional Language: A Frame for Policy*. London: SCAA.

School Curriculum and Assessment Authority (SCAA) (1996b). *Speaking and listening: Key stages 1 to 3. Level 1 to 8. Exemplification of Standards*. London: SCAA

School Curriculum and Assessment Authority (SCAA) (1997a). *Looking at Children's Learning. Desirable Outcome for Children's Learning on Entering Compulsory Education*. London: SCAA

School Curriculum and Assessment Authority (SCAA) (1997b). *Planning Progression in English at Key Stages 1 and 2*. London: SCAA.

School Curriculum and Assessment Authority (SCAA) (1997c). *Use of Language: A Common Approach*. Hayes: SCAA.

Scrimshaw, P. (1993). *Language, Classroom and Computer*. London: Routledge.

Shields, M. M. (1978). 'The Child as Psychologist: construing the social world', in Lock, A. (ed.) *Action, Gesture, Symbol*. London: Academic Press.

Siraj-Blatchford, I. (1994). *The Early Years: Laying the Foundation for Racial Equality*. *Stoke-on-Trent*: Trentham Books.

Smith, F. *et al*. (1991). *Looking at Language Varieties*. Cambridge: eastLINC.

Swann, J. (1992). *Girls, Boys and Language*. London: Blackwell.

Sylvester, J. (1991). *Start with a story*. Birmingham: Development Education Centre.

Taffoni, P. and Hughes, M. (2000). 'Providing opportunities for language and literature', in *Planning Play in the Early Years*. Oxford: Heinemann.

Tizard, B. and Hughes, M. (1984). *Young Children Learning*. London: Fontana.

Wegerif, R. and Dawes, L. (1997). 'Computers and exploratory talk: an intervention study', in Wegerif, R. and Scrimshaw, P. (eds) *Computers and Talk in the Primary Classroom*. Clevedon: Multilingual Matters.

Wegerif, R. and Scrimshaw, P. (eds) (1997). *Computers and Talk in the Primary Classroom*. Clevedon: Multilingual Matters.

Wegerif, R. *et al*. (1997). 'Research Note: The Talk, Reasoning and Computers(TRAC) Project', *Journal of Computer Assisted Learning* 13(1), 68-72.

Wells, G. (1987). *The Meaning Makers: Children Learning Language and Using Language to Learn*. London: Hodder & Stoughton.

Wells, G.(1992). 'The centrality of talk in education', in Nroman, K. (ed.) *Thinking Voices. The Work of National Oracy Project*. London: Hodder & Stoughton.

Whitehead, M. (1999). *Supporting Language and Literacy Development in the Early Years*. Buckingham: Open University Press.

Wilkinson, A., David, A. and Berill, D. (1991). *Spoken English Illuminated*. Milton Keynes: Open University Press.

Wilkinson, A. M. (1970). 'The Concept of Oracy', *English Journal* 59, 71-7.

Wilkinson, A. M., David, A. and Atkinson, D. (1965). 'Spoken English', in *Educational Review: Occasional Publication NO. 2*. Birmingham: University of Birmingham School of Education.

Wilson, M. (1994). 'Teenagers and oral narrative', *Lore and Learning* 2.

Woods, P. (1993). Critical Event in Teaching and Learning. Brighton: Falmer Press.

Woods, P. and Jeffrey, R. (1996). *Teachable Moments. The Art of Teaching in Primary Schools*. Milton Keynes: Open University Press.

Wray, D. and Lewis, M. (1997). *Extending Literacy. Children Reading and Writing Non-Fiction*. London: Routledge.

[아동문학]

Aardema, V. (1985). *Bimwili and the Zimwi*. London: Macmillan Children's Book.

Agard, J. (1991). *I Din Do 'Nuttin'*. London: Little Mammoth.

Agard, J. and Nicholls, G. (1991). *No Hickory, No Dickory, No Dock*. London: Viking.

Ahlberg, A. (1997). Buralar Bill. London: Heinemann.

Barker, J. (1991). *Window*. London: Julia McRae Books.

Bennett, J. (ed.) (1987). *Noisy Poems*. Oxford: Oxford University Press.

Berenstrein S. and J. (1975). *He Bear, She Bear*. London: Collins.

Blake, Q. and Yeomans, J. (1985). *The wild Washerwomen*. Harmondsworth: Picture
    Puffin.

Blythe, G. and Sheldon, D. (1990). *The Whales' Song*. London: Hutchinson.

Bradman, T. (1998). *Adventure on Skull Island*. London: Puffin.

Browne, A. (1983). *Gorilla*. London: Julia McRae Books.

Burningham, J. (1978). *Would You Rather?* London: Jonathan Cape.

Burningham, J. (1984). *Granpa*. London: Jonathan Cape.

Burningham, J. (1986). *Where's Julius?* London: Jonathan Cape.

Carle, E. (1988). *The Mixed Up Chameleon*. London: Picture Puffin.

Causley, C. (1992). *I Saw A Jolly Hunter and My Mother Saw A Dancing Bear*. Collected
    Poems. London: Macmillan.

Cole, T. and Cressey, J. (1976). *Fourteen Rats and a Rat-Catcher*. London: A & C Black.

Dahl, R. (1970). *Fantastic Mr Fox*. Harmondsworth: Penguin Books.

Dahl, R. (1992). *The Vicar of Nibbleswicke*. Harmondsworth: Penguin Books.

Dodd, L. (1983). *Hairy Maclary from Donaldson's Dairy*. Barnstaple: Spindlewood.

Durant, A. (1996). *Mouse Party*. London: Walker Books.

Fine, A. (1990). Bill's New Frock. London: Puffin Books.

Foreman, M. (1974). Dinosaurs and all that Rubbish. Harmondsworth: Puffin Books.

Gag, W. (1976). Millions of Cats. London: Methuen.

Haley, G. E. (1972). *A Story, A Story*. London: Methuen.

Hawkins, C. and J. (1989). *Mr Bear's Aeroplane*. London: Orchard.

Hawkins, C. and J. (1990). *Noah Built an Ark One Day*. London: Little Mammoth.

Hester, H. (1983). 'The six blind men and the elephant', in *Stories in the Multilingual Classroom*. London: ILEA.

Hoffman, M. and Binch, C. (1991). *Amazing Grace*. London: Frances Lincoln.

Hunt, R. (1996). *Rockpool Rap*. Oxford Reading Tree Series. Oxford: Ocford Uninversity Press.

Hutchins, P. (1968). *Rosie's Walk*. London: Bodley Head.

King-Smith, D. (1989). *George Speaker*. London: Puffiin.

Lobel, A. (1971). *The Frog and Toad Stories*. Tadworth: World's Work.

Lobel, A. (1976). *Owl at Home*. Tdaworth: World's Work.

Mahy, M. (1972). *The Man Whose Mother was a Pirate*. London: Dent.

Mahy, M. (1988). *When the King Rides By*. Bookshelf series. Cheltenham: Stanley Thornes Publishers.

Mahy, M. (1994). *The Horrendous Hullabaloo*. London: Puffin.

Ormerod, J. (1984). *Chicken Licken*. London: Walker Books.

Oxford University Press (1982). *A Packet of Poems.*

Rosen, M. (1989). *We're Going on a Bear Hunt*. London: Walker Books.

Sansom, C. (1981). 'The Song of the Train' in *Tiny Tim. Verses for Children*. Chosen by Jill Bennett. London: Heinemann.

Seuss, Dr(1966). *Fox in Socks*. London: Collins and Harvill.

Storychest Series *Smarty Pants*. Ashton: Scholastic.

Summerfield, G. (1970). *Junior Voices. Book 2*. London: Penguin Books.

Topiwalo the Hatmaker. Harmony Publishers, 14 Silverstone Way, Stanmore, Middx. HA7 4HR.

Tolstory, A. (1972). *The Great Big Enormous Turnip*. London: Pan Books.

Umansky, K. (1991). *The Fwog Pwince*. London: Puffin.

Wagner, J. (1977). *John Brown, Rose and the Midnight Cat*. Melbourne: Kestrel.

Wells, R. (1976). *Noisy Nora*. London: Collins.

Williams, S. (1996). *Good Zap, Little Grog*. London: Walker Books.

Wilson, B. (1982). *Stanley Bagshaw and the Fourteen Foot Wheel*. London: Picture Puffin.